SVEN EGGERS

SO LÜGT DAS FERNSEHEN

Die 100 größten Betrugsfälle auf dem deutschen TV-Bildschirm

FZ-VERLAG

Druck: DSZ-Druck GmbH München, 81238 München
Printed in Germany
ISBN 3 - 924309 - 34 - 5

Inhalt

Vorwort . . . . Seite 4

Einleitung . . . . Seite 6

Faszination Fernsehen
... und die Gefahr des Mißbrauchs . . . . Seite 6

Kommt Fernseh-Hitler?
Die Bewältigungs-Psychose . . . . Seite 7

Immer in der ersten Reihe?
Die Lebenslüge des Fernsehens . . . . Seite 9

Gefälscht, gelogen, manipuliert
Die alltägliche Fernseh-Täuschung . . . . Seite 22

Die Quoten-Lüge
Wie sich TV-Bonzen rechtfertigen . . . . Seite 31

„Unüberprüfbares, wirres Zeug"
Zitate zur Fernseh-Manipulation . . . . Seite 33

Ein gewaltiger Propagandafeldzug
Golfkrieg: Zwischen TV-Welt und Realität . . . . Seite 36

Der „Russen-Hitler"
Das Fernsehen und Schirinowskij . . . . Seite 41

Das braune Gespenst
Fernsehen und der „rechte Terror" . . . . Seite 45

TV-Zielscheibe: DVU
Eine Rechtspartei im Fadenkreuz . . . . Seite 69

Gefahr von rechts - was stimmt?
Die Antwort an Fernseh-Schwindler . . . . Seite 78

Das Fernsehen macht es vor
TV-Wirklichkeit und Nachahmung .... Seite   81

Das Fernsehen und Ausländer
Oder: Der Mörder ist immer der Deutsche .... Seite   84

Probleme mit der Einheit
Das Fernsehen und die Wiedervereinigung .... Seite   94

Probleme mit Nationalstolz
Das Fernsehen und der Sport .... Seite   96

Die Geschichte fälschen
Das Fernsehen und antideutsche Lügen .... Seite   99

Es hat schon Tradition
Antideutsche Lügen in der Vergangenheit .... Seite 139

Die Anpassungsjournalisten
Wie TV-Prominente beschaffen sind .... Seite 143

Was bringt die Zukunft?
Fazit und Ausblick .... Seite 153

Der Hetze trotzen!
Anschriften von Fernsehsendern .... Seite 155

Personenverzeichnis .... Seite 157

Der Verfasser:
Sven Eggers, Jahrgang 1965, geboren in Hamburg, verheiratet, Vater zweier
Kinder. Er hat zahlreiche Artikel zum Thema des Buches sowie zeitge-
schichtliche Beiträge in der nationalfreiheitlichen Wochenpresse verfaßt. Seit
mehr als zehn Jahren ist er verantwortlicher Redakteur der „Deutschen National-Zeitung" und der „Deutschen Wochen-Zeitung". Sven Eggers ist En-
kel des Dichters und Schriftstellers Kurt Eggers.

Vorwort

Das Propagandamittel Fernsehen ist in unserer heutigen Gesellschaft mit einer unglaublichen Machtfülle ausgestattet. Die Verantwortlichen, die an den Schaltstellen dieser Macht sitzen, beeinflussen nahezu willkürlich die öffentliche Meinung. Der Mißbrauch dieses Instruments aber gehört zu den Tabu-Themen. Um so wichtiger erscheint mir, daß mit der vorliegenden Dokumentation SO LÜGT DAS FERNSEHEN in diesen Bereich der unbewältigten Gegenwart vorgedrungen wird.

Daß ein solches Buch notwendig ist, beweisen mir nicht zuletzt meine eigenen Erfahrungen, die ich in den vergangenen Jahrzehnten machen mußte. Weder als Herausgeber der nationalfreiheitlichen Wochenblätter noch als Bundesvorsitzender der Deutschen Volksunion habe ich jemals ein sachliches, geschweige denn positives Wort über mein Wirken oder über das Anliegen unserer Sache von seiten des Fernsehens vernommen. Konsequenz ist, daß uns die Möglichkeit der öffentlichen Darstellung, auf die jede andere Kraft, jedes andere Produkt zwingend angewiesen ist, genommen wird und wir dies nur mit erheblichem finanziellen Aufwand ausgleichen können, indem wir uns ans Volk direkt wenden.

Zu dieser Totschweigetaktik des Fernsehens gesellt sich je nach Bedarf die Diffamierung. Wollte ich gegen jede Verzerrung, Falschdarstellung oder Lüge, die uns betrifft, vorgehen, käme ich über Jahre hinaus wegen Arbeitsüberlastung keiner weiteren Verpflichtung mehr nach. Wehren kann sich beispielsweise die DVU nur gegen besonders krasse und weitreichende Fälschungen.

Wie stünde die deutsche Rechte heute da, herrschte im Fernsehen volle Gleichberechtigung? Auch für das benachbarte Ausland gilt: Die Rechte ist stets so erfolgreich, wie dies von der Meinungsindustrie zugelassen wird.

Meinungsfreiheit und auch Meinungsvielfalt sind Grundpfeiler einer demokratischen Ordnung. Wer diese Pfeiler zum Einsturz bringt, kann nichts Gutes ernten. Die unüberbietbare Einseitigkeit des „deutschen" Fernsehens führt dazu, daß jede nationale Normalisierung in der Bundesrepublik Deutschland mit der „Faschismus-Keule" niedergeknüppelt wird. Je länger der Zweite Weltkrieg zurückliegt, desto drastischer wird er zu Lasten unseres Volkes bewältigt. Lügen über die deutsche Vergangenheit begleiten uns nahezu täglich durch alle Fernsehprogramme.

Dabei schrecken Meinungsmacher auch nicht davor zurück, selbst nachfolgende Generationen kollektiv in Haftung für vergangenes Unrecht zu nehmen. Doch sind wir gerade in jüngster Zeit an einem Punkt angekommen, an dem die Mehrheit der deutschen Bevölkerung nicht länger bereit ist, diesen Weg der Sühne für alle Ewigkeit mitzumarschieren. Vor allem junge Menschen stehen der Glaubwürdigkeit des Fernsehens zunehmend skeptisch gegenüber. 1996 hat der Skandal um den Fernsehfälscher Born, der insbesondere für „stern TV" wahre Lügenmärchen drehte, manchem die Augen geöffnet.

Zurecht schätzt man hierzulande das Fernsehen im Prinzip als Mittel der Massenkommunikation und der Unterhaltung. Es vor Machtmißbrauch zu schützen, sollte jedem Wahrheitsliebenden am Herz liegen. In diesem Sinne möge SO LÜGT DAS FERNSEHEN aufrütteln.

Dankbar bin ich daher jedem, der zu einer möglichst weiten Verbreitung dieser wichtigen Dokumentation beiträgt.

Dr. Gerhard Frey, München im September 1996

„Jeder hat das Recht, seine Meinung in Wort, Schrift und Bild frei zu äußern und zu verbreiten und sich aus allgemein zugänglichen Quellen ungehindert zu unterrichten. Die Pressefreiheit und die Freiheit der Berichterstattung durch Rundfunk und Film werden gewährleistet. Eine Zensur findet nicht statt."
(Grundgesetz für die Bundesrepublik Deutschland, Artikel 5, Absatz 1)

„Niemand darf wegen seines Geschlechtes, seiner Abstammung, seiner Rasse, seiner Sprache, seiner Heimat und Herkunft, seines Glaubens, seiner religiösen oder politischen Anschauungen benachteiligt oder bevorzugt werden."
(Grundgesetz für die Bundesrepublik Deutschland, Artikel 3, Absatz 3)

So lügt das Fernsehen

Einleitung

Dies ist kein Anti-Fernseh-Buch. Vor uns liegt die Protestschrift gegen einen schleichenden und gefährlichen Machtmißbrauch, von dem jedoch hierzulande mancher überhaupt nichts ahnt. Fernsehen ist Macht. Hier werden – ob wir es wahrhaben wollen oder nicht – Meinungen gemacht. Hier findet Massenbeeinflussung statt. Wo Macht ist, ist Machtmißbrauch nicht weit. Die damit zusammenhängenden Gefahren müssen dem TV-Mächtigen und auch dem Konsumenten bekannt und bewußt sein, um fatale Folgen zu vermeiden. Doch sind wir mit den Fernseh-Oberen noch auf einer „Wellenlänge"? Machen die wirklich noch Programm für uns? Täglich, wenn nicht stündlich, wird uns eingetrichtert, wir lebten in der „bestinformierten Gesellschaft aller Zeiten", wir erführen „Transparenz durch Medien" und säßen „in der ersten Reihe". Daß wir mittlerweile in einer manipulierten Gesellschaft leben, durch Medien so etwas wie eine „Transparenz der Lügen" erfahren und dabei in der letzten Reihe, wenn nicht gar auf dem ungemütlichen Notsitz uns befinden, das soll hier aufgezeigt werden.

Wir greifen dabei zur Veranschaulichung weit mehr als hundert Fernsehlügen auf. Der Leser möge sich dabei die für ihn „100 größten Betrugs-Fälle auf dem deutschen TV-Bildschirm" heraussuchen. Es hätten auch tausend oder mehr TV-Fälschungen zusammengetragen werden können. Eine Fortsetzung der Dokumentation ist also denkbar. Nicht nur, wer „seinen" größten Fernseh-Betrug vermissen sollte, sei aufgefordert, dem Verlag mit Anregungen und Zuschriften für weitere Zusammenstellungen behilflich zu sein.

Faszination Fernsehen
... und die Gefahr des Mißbrauchs

Der verfassungsgemäße Auftrag des Fernsehens ist klar umrissen. Das Urteil des Bundesverfassungsgerichts vom 28. Februar 1961 sagt für Rundfunk- und Fernsehanstalten deutlich aus: a) die Rundfunk- und Fernsehanstalten dürfen weder dem Staat noch einer gesellschaftlichen Gruppe ausgeliefert werden; b) sie müssen so organisiert sein, daß alle in Betracht kommenden gesellschaftlichen Kräfte in ihren Organen Einfluß haben und im Gesamtprogramm zu Wort kommen; c) für den Inhalt des Gesamtprogramms müssen Grundsätze aufgestellt werden, die ein Mindestmaß an inhaltlicher Ausgewogenheit, Sachlichkeit und gegenseitiger Achtung gewährleisten; d) der Staat darf weder unmittelbar noch mittelbar eine Anstalt oder Gesellschaft beherrschen, die Rundfunk- oder Fernsehsendungen ausstrahlt.

Ist es nicht so, daß sich die Fernseh-Wirklichkeit längst von diesen Geboten weit entfernt hat? Ist hier nicht eine weitere Gewalt im Staate entstanden? Mißbrauchen nicht Parteien ihren Einfluß auf das Propagandamittel Fernsehen? Gibt es eigentlich noch eine Kontrolle dieses Mittels der Massenbeeinflussung? Im Staatsvertrag über die Errichtung des Zweiten Deutschen Fernsehens (ZDF) heißt es: „In den Sendungen soll den Fernsehteilnehmern ein umfassendes Bild der deutschen Wirklichkeit vermittelt werden." Ist das noch gegeben? Während der Zeitungsleser immerhin noch entscheiden kann, welche Zeitung er kauft, wird das Fernsehen mit Gebühren sozusagen zwangsfinanziert. Ist das zeitgemäß?

Eine deutsche Erfindung

Blicken wir zurück: Das Fernsehen ist eine deutsche Erfindung. Das Prinzip der Übertragung von Bildern über eine größere Entfernung tüftelte der Ingenieur Paul Nipkow (geboren 22. August 1860 in Lauenburg/Pommern, gestorben am 24. August 1940 in Berlin) aus. Mit seiner Nipkow-Scheibe war er der eigentliche Vater des Fernsehens. Erfinder des PAL-Farbfernsehsystems, des erfolgreichsten der Welt, war Professor Walter Bruch (1908 - 1990). Er hatte schon 1937 ein Ikonoskop-Fernsehgerät vorgestellt, war am ersten vollelektronischen TV-Studio der Welt (eröffnet 1938 am Reichskanzlerplatz in Berlin) maßgeblich beteiligt und wirkte im Zweiten Weltkrieg am deutschen Raketenforschungszentrum in Peenemünde, als es galt, die Raketenstarts mit Fernsehen zu überwachen.

Keine Frage: Das Fernsehen ist eine faszinierende Erfindung zur Massenkommunikation. Wie segensreich könnte es wirken, läge die Programmgestaltung in den richtigen Händen und hätten Mißbraucher keine Chancen! Doch heute trägt das Fernsehen entscheidend dazu bei, die Gesellschaft zu täuschen. Es ist nicht nur die unerträgliche, extrembewältigende Volkspädagogik, die zu Kritik Anlaß gibt.

Kommt Fernseh-Hitler?
Die Bewältigungs-Psychose

Der US-Publizist Neil Postman klagte schon vor Jahren, daß das Fernsehen desinformiere und die Fähigkeit, abstrakt zu denken, verkümmern lasse. Und er geht sogar noch weiter: Der nächste, uns alle verführende und kontrollierende „Hitler" werde ein telegener, freundlicher Herr sein, der mit sonorer Stimme vom Bildschirm spreche. Droht also eine Massenpsychose via Mattscheibe? Wahr ist, daß sich kein anderes Medium besser zur Verführung von Millionen und zur raffinierten Propaganda eignet als das Fernsehen. Dies hat ganz besonders der Golfkrieg bewiesen, als die US-Propaganda es verstand, mit Lügen und Fälschungen weltweit Meinung zu machen.

Auch und gerade deutsche Fernsehmacher verstehen ihr Handwerk. Bezeichnend ist dabei, wie diese Umerzieher ihre Manipulations-Maschen durch eine unerträgliche Arroganz vertuschen. Bestes Beispiel ist die Vergangenheitsbewältigung zu Lasten unseres Volkes. Manchmal wird man den Eindruck nicht los, daß die sich so aufklärerisch gebenden TV-Moralwächter morgens mit dem gleichen Gedanken aufwachen, mit dem sie am Abend zuvor eingeschlafen sind: Hitler, Hitler, Hitler! – Je länger der NS-Diktator und sein Regime tot sind, desto heftiger und „mutiger" scheint er bekämpft zu werden.

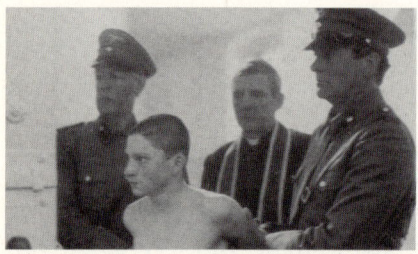
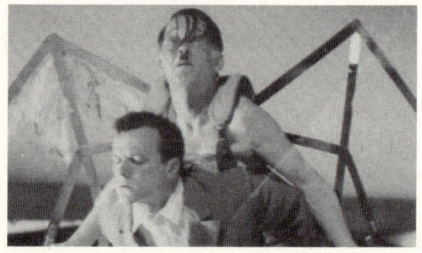

Mit einer regelrechten Orgie an einseitiger Vergangenheitsbewältigung wartete das Zweite Deutsche Fernsehen im November 1995 auf. Da kam der Streifen „Das Heimweh des Walerjan Wrobel" mit den bösen Deutschen als Peinigern von Kindern zur Ausstrahlung (Szenenbild oben links), dann trieb ein „fanatischer Jung-Nazi" namens Kurt sein Unwesen im Streifen „Luftwaffenhelfer" *(Bild unten), und schließlich sah man die „Ballett-Bewältigung" von „des Teufels Mephisto" durch den Theatermacher Kresnick (Szenenbild oben rechts: „Gustaf Gründgens" schleppt „Hitler" als „Ikarus mit gebrochenen Stahlflügeln" übers Parkett).*

ZDF-Chefredakteur Klaus Bresser bestätigt: „Sechzig Jahre nach 1933 werden wir Adolf Hitler noch immer nicht los!" – Warum wohl, Herr Bresser? Weil das Fernsehen immer und immer wieder in Sachen Bewältigung die braune Suppe aufbrüht.

Hätte das Fernsehen Hitler verhindert?

„Kein Medium ist besser geeignet als das Fernsehen, einen Mann wie Hitler durchschaubar zu machen", klopfte sich Bresser anerkennend auf die Schulter, als er für seinen Sender die sechsteilige TV-Serie „Hitler – Eine Bilanz" ankündigte. Und sein Kollege Guido Knopp trieb es auf die Spitze: „Wenn es schon 1933 Fernsehen gegeben hätte, wäre Hitler vielleicht schon damals von den gnadenlosen Kameras entlarvt worden." Sie lachen? Das ist exemplarisch für die Arroganz, die zuvor angesprochen wurde.

 *Bilden sich offenbar ein, sie hätten Hitler verhindern können: Guido Knopp, verantwortlicher Redakteur der Mammut-Serie „Hitler – Eine Bilanz", die 1995 als Höhepunkt der TV-Bewältigung zum 50. Jahrestag der Kapitulation im ZDF zur Ausstrahlung kam, und ZDF-Chefredakteur Klaus Bresser, rechtes Bild.*

Das Fernsehen hätte Hitler verhindert? Wahr ist, daß das Fernsehen unter Hitler erst laufen lernte. Der weltweit erste Fernsehsender wurde 1935 in Berlin eingeweiht. Die erste regelmäßige Fernsehübertragung gab es 1936 bei den Olympischen Sommerspielen in Berlin, was das Hitler-Regime nicht ins Wanken brachte, sondern stabilisierte. Dr. Goebbels mit seinem Volksempfänger hätte sich die Finger geleckt, hätte ihm bereits das Fernsehen als Mittel der Massenlenkung zur Verfügung gestanden.

Immer in der ersten Reihe?
Die Lebenslüge des Fernsehens

Bresser & Co. spielen heute Hofberichterstatter für Altparteien. Wer eine „politisch unkorrekte" Gesinnung hat, wird in der Programmgestaltung schlicht und einfach nicht berücksichtigt. Klappe zu! Während Etablierte in Nachrichtensendungen, sogenannten Talk-Shows, Polit-Magazinen, „Specials" usw. täglich auf dem Bildschirm erscheinen, werden politisch Unbequeme totgeschwiegen. Läßt man ansonsten allen möglichen gesellschaftlichen Randgruppen breiten Raum zur Selbstdarstellung, spielt etwa die deutsche Rechte in der Fernsehberichterstattung nur als Haßobjekt eine Rolle.

Daß dies seine Gründe hat, kann man erahnen, führt man sich die Summen vor Augen, die z. B. die kommerzielle Werbung auch für wenige Fernseh-Sekunden auszugeben bereit ist. Berechnet man, was eine Werbeminute im Fernsehen kostet, so kommt Reklame im Werte von Hunderten Millionen Mark zusammen, die auf der bundesdeutschen Mattscheibe für etablierte Parteien, einschließlich Grüne und PDS-Kommunisten, gratis gewährt wird.

Würden sich die Fernseh-Gewaltigen z. B. einigen, einem bestimmten Waschmittelhersteller keine Werbezeit mehr zur Verfügung zu stellen, so wäre dies auf Dauer der Todesstoß für das entsprechende Produkt. Manchmal hat man den Eindruck: Alle Gewalt geht vom Fernsehen aus. Was gekauft wird, bestimmt die Fernseh-Werbung. Was gewählt wird, bestimmen Polit-Sendungen und Nachrichtenmagazine. Das Ungleichgewicht zwischen politisch Bequemen und Unbequemen im Fernsehen verzerrt unsere Demokratie und ist ein Riesen-Betrug am Gebührenzahler. Einer der vielen unbewältigten TV-Skandale unserer Zeit.

Bestätigt wird dies durch eine Erhebung von „Media-Control". Thema: „Medienpräsenz der Parteien in Nachrichten-, Magazin- und Infosendungen von ARD, ZDF, RTL und SAT.1". Ermittelt wurde, wieviel Sendezeit welchen Parteien alltäglich eingeräumt wird. Der Beobachtungszeitraum war 1. Juni bis 31. August 1994. Ergebnis: Spitzenreiter bei der TV-Präsenz ist die CDU. Auf sie entfielen 2130 Minuten, also 35,5 Fernsehstunden (ARD 494 Minuten und 7 Sekunden, ZDF 839:14, RTL 321:26, SAT 475:26). Die SPD folgt mit 1864 Minuten, also rund 31 Fernsehstunden (ARD 542:09, ZDF 780:58, RTL 309:02, SAT 232:45). Die FDP steht mit 710 Fernsehminuten (knapp 12 Stunden) an dritter Stelle (ARD 207:01, ZDF 278:06, RTL 136:32, SAT 88:36). Die CSU kam auf 408 TV-Minuten, also knapp sieben Stunden (ARD 115:26, ZDF 160:54, RTL 53:45, SAT 78:35). Auf Bündnis 90/Die Grünen entfielen 313 Fernsehminuten, das sind über fünf Stunden (ARD 90:56, ZDF 156:55, RTL 18:10, SAT 47:37). Und die PDS-Kommunisten wurden mit 257 Minuten, also über vier Stunden Sendezeit bedacht (ARD 94:50, ZDF 98:31, RTL 12:11, SAT 51:53).

Und die deutsche Rechte? Sie wurde zwischen dem 1. Juni und dem 31. August 1994 bei allen TV-Marktführern zusammengerechnet mit etwa 12 Minuten berücksichtigt; und zwar in erster Linie in Gestalt der Republikaner. Das sind 0,19 Prozent der Gesamtfernsehzeit für damals wahlwerbende Parteien.

Seit ihrer Gründung im Jahre 1987 ist über die Deutsche Volksunion, maßgebliche Kraft der deutschen Rechten, allein an Wahlabenden nach aufsehenerregenden Erfolgen bei Landtagswahlen berichtet worden. Weitere Berichterstattung, von haßtriefenden TV-Fälschungen und „Enthüllungen" abgesehen, fand nicht statt. Seit 1987 war es lediglich einmal SAT.1-Moderator Ulrich Meyer, der dem DVU-Bundesvorsitzenden Dr. Gerhard Frey Gelegenheit gab, mehr als zwei oder drei zusammenhängende Sätze „live" im Fernsehen zu sprechen. Nämlich zum Thema „Todesstrafe" während einer „Einspruch"-Sendung im Jahre 1991.

Übrigens hat die erwähnte Untersuchung von „Media-Control" nicht einmal TV-Werbespots erfaßt, die vor den meisten Wahlen den Parteien kostenlos zur Verfügung gestellt werden. Auch hier gilt: Massenhaft Werbespots für Etablierte, während beispielsweise die DVU um jede einzelne Fernsehminute noch gerichtlich klagen muß.

Dabei ist es nicht etwa so, daß eine Normalisierung der Verhältnisse erkennbar wäre. Im Gegenteil: Je länger der Zweite Weltkrieg zurückliegt, desto antideutscher wird die Propaganda, desto einseitiger wird das Fernsehprogramm. Während der 50er und 60er Jahre war längst noch nicht abzusehen, wohin die TV-Dekadenz einst führen würde. Schmuddel-Fernsehen, Randgruppen-Glorifizierung, Soldatenhetze, übersteigerte Vergangenheitsbewältigung – dies alles führte in der TV-Welt der frühen Bundesrepublik allenfalls ein Schattendasein. Auch war kein Druck „von außen" festzustellen, daß sich dies einst würde grundlegend ändern müssen. Alles in allem erlebte man in den 50er und 60er Jahren eine Fernseh-Welt, die den Zuschauer mit spannender und lockerer Unterhaltung erfreute und auch informierte.

Es war die hausgemachte Radikalumerziehung Ende der 60er Jahre, die das Bild grundlegend veränderte. Die „heile Welt" wurde abgelöst durch unerträgliche Dekadenz und Volkspädagogik. Trotzdem: Sogar noch bis in die 80er Jahre hinein war es immerhin so, daß hin und wieder auch sogenannte Rechte zu Fernseh-Diskussionen eingeladen wurden. Und wenn Nationale und Linke verbal die Klingen kreuzten, entstanden problemlos TV-Sternstunden, mit denen auch durchaus „Quote zu machen" war.

Ein Beispiel aus dem Jahre 1984: Der Bayerische Rundfunk ließ in einer Diskussionsrunde rechte und linke Jugendliche zu Wort kommen. Zwar war die Moderation einseitig, zwar war das Publikum ausgesucht, zwar war dadurch die Chancengleichheit für die Rechten eingeschränkt, doch waren die Zuschauer fasziniert von dem spannenden Wortgefecht. Nach Ende der Sendung verlangten zahlreiche Anrufer eine Fortsetzung der Streitgespräche. Und tatsächlich: Nur eine Woche später ging die Diskussion weiter. So in etwa stellt man sich kontroversen Meinungsaustausch im Fernsehen vor.

Und heute? – Wo findet heute der Austausch kontroverser Meinungen statt? Etwa in sogenannten Talk-Shows? Man wird doch hier vielfach den Eindruck nicht los, als wenn immer die gleichen „Talk"-Teilnehmer zu immer den gleichen Themen immer die gleichen Ansichten vertreten. Konsequenter Austausch verschiedener Meinungen? – Fehlanzeige! Kienzle und Hauser in „Frontal"? Hier wird doch – so sehen es viele – Meinungsverschiedenheit allenfalls als peinliches Kasperletheater dargeboten ...

Interessant ist in Sachen Einseitigkeit auch eine Untersuchung des Meinungsforschungsinstituts „Phylax": Die Medienexperten haben die Hauptnachrichtensendungen von ARD und ZDF, RTL, SAT.1 und PRO 7 über einen Zeitraum von nur vier Wochen (5. Juni bis 2. Juli 1995) beobachtet.

Analysiert wurden alle Beiträge, in denen eine Partei oder einer ihrer Repräsentanten – mit welcher zeitlichen Dauer auch immer – zu Wort kam oder in denen über sie gesprochen wurde. Dies war in 848 Beiträgen der Fall. In diesen 848 Fernsehbeiträgen der Nachrichtensendungen hatten 1446mal Vertreter von Parteien einen Auftritt. Und zwar 509mal Politiker von CDU/CSU, 495mal Vertreter der SPD, 251mal Repräsentanten der FDP, 148mal Sprecher der Grünen und 35mal „Köpfe" der PDS.

Für die sogenannten „Sonstigen" verblieben insgesamt acht Erwähnungen. So sieht also die Ausgewogenheit auf dem bundesdeutschen Bildschirm aus! Selbst von einer „abgestuften Chancengleichheit" (die unterschiedlichen Gruppen kommen entsprechend ihrem Wähleranteil zu Wort) kann nicht entfernt die Rede sein bei einem Verhältnis von 1438 zu acht.

Im übrigen ist Bundestagspräsidentin Süßmuth im Jahre 1994 von allen Politikerinnen am meisten im Fernsehen aufgetreten. Sie kam auf insgesamt 172 Berichte (vier Stunden, 38 Minuten und 44 Sekunden). Auf Platz zwei folgte die FDP-Politikerin Irmgard Adam-Schwaetzer (127 Berichte) vor Bayerns SPD-Chefin Renate Schmidt (123 Berichte).

Bei den Herren Politikern war die Sache noch eindeutiger. Die Zeitschrift „Medien-Kritik" faßt zusammen: „Zur abendlichen Fernsehstunde wiederholte sich in der letzten Woche vor der Wahl ein ums andere Mal das Angebot des ewig Gleichen: Helmut Kohl auf SAT.1, Rudolf Scharping in der ARD, Kohl beim ZDF, Scharping bei RTL, SAT.1 und Scharping, die ARD und Kohl, der Oppositionsführer im ZDF, der Kanzler bei RTL." Und wer lag nach den beiden auf Platz drei in der Mediengunst? Gregor Gysi, PDS-Sprachrohr! Er, den sie alle zu bekämpfen vorgeben, wurde als „Star" von „Talk"-Runde zu „Talk"-Runde weitergereicht.

MDR

23.00 Show

Ein gerngesehener Gast in (fast) allen Talk-Shows: Neben Max Schautzer wird Gregor Gysi als deutsche Rock-'n'-Roll-Hoffnung in der »N8chtschicht« auftreten

Gregor Gysi, Kopf der zur PDS umetikettierten Mauermord- und Stasi-Partei SED, gefällt sich in der Rolle eines „Paria", „Außenseiters", „Underdog" der bundesdeutschen Gesellschaft. Tatsächlich ist er so etabliert, daß er im Fernsehen fast ebenso häufig auftreten kann wie die Mainzelmännchen und daß er für sein Produkt, nämlich den Steinzeit-Kommunismus, ungefähr so oft werben kann wie etwa der „Melitta"-Filtertütenmann oder „Herr Kaiser" von der „Hamburg-Mannheimer" für ihre Unternehmen. Der Unterschied: „Melitta" und „Hamburg-Mannheimer" zahlen für die Werbung viel Geld, PDS-Gysi bekommt die Reklamezeit kostenlos.

Auch hierzu gibt es eine interessante Untersuchung von „Phylax": Darin heißt es zum Umgang des Fernsehens mit der PDS wörtlich: „Zum Ende des Jahres (1995) hat sich das Bild, das die Sendungen von der PDS vermitteln, vollständig gewandelt. Nun sind zwei Drittel der wertenden Aussagen zum Charakter der PDS positiv. Dieses Ergebnis entsteht vor allem durch die Berichterstattung in zwei Nachrichtensendungen: in den Tagesthemen und im heute-journal."

Weiter stellen die Meinungsforscher fest: „Sie ('Tagesthemen' und 'heute-journal') befassen sich weit überdurchschnittlich häufig mit der PDS. Dabei sind in den Tagesthemen 77 % aller wertenden Aussagen positiv; im heute-journal sind es 71 % der Bewertungen. Von den positiven Bewertungen können die meisten von der PDS selbst vorgetragen werden."

Und bei allen Fernsehauftritten – ob für Gysi oder Kohl – gilt: Etablierte müssen nicht etwa Hetz-Beiträge oder zweifelhafte „Enthüllungen" über sich ergehen lassen, sondern bekommen Hofberichterstattung der manchmal peinlichsten Art. Aber: Obwohl Altparteien nun schon seit Jahrzehnten das wichtigste Massenmedium des ausgehenden Jahrtausends praktisch in der Hand haben, rutscht ihr Ansehen im Volke immer mehr in den Keller. Es bejahen nur noch wenige Bundesbürger die berühmte Frage, ob sie diesen Herrschaften auch einen Gebrauchtwagen abkaufen würden. Nach neuesten Meinungsumfragen fühlen sich zwei Drittel der Bundesbürger von den Politikern hintergangen.

Wie wählen Fernseh-Macher?

Die Einseitigkeit der Fernseh-Berichterstattung verwundert nicht, führt man sich die parteipolitischen Vorlieben unserer TV-Macher vor Augen. Gemäß einer Studie zweier Kommunikationswissenschaftler, Wolfgang Donsbach und Thomas E. Patterson, ordnet sich die große Mehrheit der deutschen Fernseh-Nachrichtenredakteure „eindeutig links von der Mitte" ein. Von denen, die konkretere Angaben darüber machen wollten, welcher Partei sie nahestehen, nannten 44 Prozent die SPD, 24 Prozent die CDU, 19 Prozent die FDP und 13 Prozent die Grünen.

Dazu ein bemerkenswertes Zitat: „Vor der letzten Bundestagswahl haben wir auf der Gesamtkonferenz eine interne Abstimmung unter den Redakteuren organisiert. Das Ergebnis war, daß 40 Prozent die SPD, 34 Prozent die Grünen, 25 Prozent die FDP und nur ein Prozent die CDU wählen wollten. Eigentlich erzähle ich dies in der Öffentlichkeit ja nicht." (Theo Sommer, Umerzieher und Chefredakteur der Wochenzeitung „Die Zeit" in einer Diskussion mit Frankfurter Studenten über „Journalistische Ethik heute").

Wie denkt der Zuschauer?

Wenn die Zuschauer zum Ansehen der Fernsehsender befragt werden, treten stets ähnliche Ergebnisse zutage: Vor Jahren veröffentlichte das Emnid-Institut eine Umfrage, nach der 63 Prozent der Befragten erklärten, der WDR „steht der SPD zu nahe". Über ein Drittel der Befragten meinte, beim WDR herrsche Postenklüngel, und es werde zu großzügig mit Geld umgegangen. Führt man sich dies vor Augen, so drängen sich einige Fragen auf: Ist die Abhängigkeit Herrschender vom Massenmedium Fernsehen nicht gefährlich? Öffnet sie dem Mißbrauch nicht Tür und Tor? Rundfunkräte, durchsetzt von Parteienvertretern – ist das wirklich noch zeitgemäß? Sind nicht Parteien und Politiker ohnehin Gegenstand ungezählter Fernsehberichte? Muß denn wirklich – so der Gedanke des langjährigen Chefredakteurs des Bayerischen Rundfunks, Heinz Burghart – aus dem „Gegenüber" auch noch ein „Obendrüber" werden?

Die vielen Fernseh-Fäden in der Hand weniger. Da stimmt das Verhältnis einfach nicht mehr. Da wird einseitige Berichterstattung zur Methode und die Werbefloskel von der „ersten Reihe" zur faustdicken Lüge. Das Motto: Ein Skandal wird erst zum Skandal, wenn er im Fernsehen kommt. Und umgekehrt: Ein Skandal wird kein Skandal, wenn er nicht im Fernsehen kommt. Was Skandal zu sein hat, bestimmen Massenmedien.

Politisch spielen TV-Macher ihre gewichtige Position voll aus. Ist dies jemals zuvor auf derart unverschämte Weise geschehen? Kommen – wie vorgeschrieben – „alle gesellschaftlich relevanten Kräfte" zu Wort? Wird die Freiheit der Berichterstattung wirklich nicht beeinträchtigt? Enthält das jeweilige Gesamtprogramm ein Mindestmaß an inhaltlicher Ausgewogenheit, Sachlichkeit und gegenseitiger Achtung?

Das deutsche Fernsehvolk merkt oft kaum, wie es nach Strich und Faden betrogen wird. Die Mächtigen an den Schalthebeln der Meinungsindustrie machen und zerstören nach Belieben Karrieren, manipulieren politische Verhältnisse usw.

Von Fernsehschäden und den Konsequenzen

Dabei reden ausgerechnet Fernsehmacher viel von Moral und „Volkspädagogik". Wahr aber ist, daß kein anderes Medium durch menschenverachtende Gewaltverherrlichung, Sexismus usw. soviel zur gesellschaftlichen Verkommenheit beiträgt wie das Fernsehen. Übermäßiger Fernsehkonsum kann außerdem zu schwerwiegenden Verhaltensstörungen bei Kindern, Jugendlichen und auch Erwachsenen führen. In den Chefetagen bundesdeutscher TV-Macher ist diese Tatsache wohlbekannt.

Doch Konsequenzen werden bewußt nicht gezogen. Dabei legen die TV-Bonzen eine unerträgliche Arroganz an den Tag. Sie versuchen, die Schuld auf das Fernsehvolk abzuwälzen. Statt endlich die Mattscheibe von Schund und Schmutz, Pornographie usw. zu befreien, lassen die TV-Bosse via Meinungsindustrie verbreiten, die Eltern seien selbst schuld, wenn Kinder zu viel fernsehen, weil sie ihre Aufsichtspflicht verletzten. Dabei wäre eine umfassende Abschottung der Kinder von der schädlichen TV-Bestrahlung nur um den Preis einer strengen Totalbeaufsichtigung und somit weltfremder Erziehung möglich.

Selbst in der Kinderstunde flimmert heutzutage oft, als kindgerecht getarnt, der sprichwörtlich letzte Dreck über den Bildschirm. Die Sender scheuen sich auch nicht, Vorankündigungen mit übelsten Szenen zur Kinderfernsehzeit zu bringen. Außerdem können selbst die aufmerksamsten Eltern nicht verhindern, daß die Kinder, wenn sie bei Freundinnen und Freunden zu Besuch sind, mit Schund und Gewalt konfrontiert werden.

Der Hinweis auf den „Aus-Knopf", den TV-Bosse gerne geben, zeugt von skandalöser Überheblichkeit. Denn das Fernsehvolk bezahlt direkt oder indirekt Unsummen für das Programm und darf deshalb erwarten, daß die Hochdotierten gute Arbeit leisten. Es nützt herzlich wenig, wenn manchmal etablierte Vertreter der Altparteien in den Chor der Empörung mit einstimmen und „Abrüstung auf dem Fernsehschirm" oder ähnliches verlangen. Es muß gehandelt werden! Wer sitzt denn in den Aufsichtsgremien für Funk und Fernsehen? – Vertreter der Altparteien ...

Manfred Heinemann, Direktor der Mainzer Universitätsklinik, warnt: Der hohe Fernsehkonsum von Kleinkindern im Vorschulalter führt verstärkt zu Störungen in der Sprachentwicklung. Untersuchungen seiner Universität haben ergeben, daß bereits jedes vierte Kind betroffen ist. Der Anteil von Dreijährigen mit Sprachstörung habe 1982 noch bei vier Prozent gelegen und sei innerhalb von zehn Jahren auf 25 Prozent gestiegen. Zu häufiges Fernsehen sei ursächlich z. B. für Sprachverweigerung, Stottern, Entwicklungsrückstände sowie Lese- und Rechtschreibschwächen.

Der amerikanische Psychiater Professor Paul Kettl hat einen Zusammenhang zwischen steigender Depressivität und dem zunehmenden Fernsehkonsum festgestellt. In regelmäßigen Abständen hat der Wissenschaftler zunehmend auftretende Depressivität mit dem wachsenden Fernsehkonsum verglichen. Sein Fazit: „Wenn man die gesellschaftlichen Veränderungen seit dem Zweiten Weltkrieg betrachtet und die Gründe für wachsende Depressivität sucht, darf man den übermäßigen Fernsehkonsum nicht außer Acht lassen. Wir müssen endlich erkennen, daß das Fernsehen in unserer Kultur keine harmlose Wirkung hat."

Vor dem Fernseher würden Kinder ständig sinnlose Gewalt erleben, was nicht nur zu Aggressivität, sondern auch zu anderen Gemütskrankheiten führe, ermittelte der Professor. Ferner dränge übermäßiges Fernsehen die Kinder in die Isolation: „Das Fernsehen stiehlt den Kindern drei bis vier Stunden pro Tag von ihrem Leben. Eltern müssen beunruhigt sein – nicht nur über die Fernsehinhalte, allein schon über die unglaubliche Menge."

Daß das Fernsehen eine Gefahr für Geist und Gemüt sein kann, ergaben zudem auch Studien des jüdischen Professors Mosche Aronson von der Universität Tel Aviv. Diesem Hirnforscher zufolge führt viel Fernsehkonsum zu häufigerem Auftreten der Alzheimerschen Krankheit, also der chronischen Gehirnzerstörung, die mit zunehmender geistiger Verwirrung einhergeht. Ursächlich sei die „einzigartige psychische Belastung des Gehirns durch das Fernsehen". Zuschauer seien einem Trommelfeuer an Bildern und Tönen ausgesetzt, was eine geistige Verknüpfung der Eindrücke nicht mehr erlaube. Der passiv im Wohnzimmer sitzende Dauerfernsehzuschauer vermöge angesichts der pausenlosen Wahrnehmung von Gewalt, Sex oder Werbung eine zunehmende innere Spannung nicht mehr freizusetzen. Die Folge sei eine Anhäufung von Streßhormonen in der Gehirnregion. Diese Hormone seien aggressive Zerstörer von Nervenzellen.

Mit „zunehmend aggressivem Verhalten bei Kindern und Jugendlichen" beschäftigte sich auch der 42. Deutsche Ärztekongreß in Berlin im Juni 1993. Psychiater betonten dort, daß die Überflutung mit Gewaltszenen im Fernsehen mitursächlich für Verhaltensauffälligkeiten bei jungen Menschen sei. Gewalt im Fernsehen, so Professor Gerhardt Nissen von der Universität Würzburg, sei „eindeutig aufpeitschend". Was selbstverständlich auch für die Darstellung „ausländerfeindlicher Gewalt" gilt, erst recht, wenn – wie so oft – überzogen wird.

Die dramatische Entwicklung kann man erahnen, führt man sich vor Augen, daß es noch im Frühjahr 1986 einen bundesweiten Proteststurm gab, weil in der ZDF-Serie „Schwarzwaldklinik" eine – in der Tat abstoßende – Vergewaltigungsszene mit anschließendem Mord inszeniert wurde. Zu befürchten ist, daß heute – gut zehn Jahre später – solche Szenen eher achselzuckend von Jugendlichen wie auch Erwachsenen zur Kenntnis genommen werden. Eine Abstumpfung ist in jedem Fall feststellbar.

Heutzutage sind andere Kaliber an der Tagesordnung. Im Frühjahr 1996 ermittelte die Staatsanwaltschaft gegen die Pro-7-Sendung „Liebe Sünde" wegen Verbreitung pornographischer Szenen. Kaum waren die Ermittlungen abgeschlossen, lieferte die angeblich so „fortschrittliche" Sendung gleich den nächsten Skandal: Ein einschlägig bekannter Kinderschänder erhielt Gelegenheit zur Selbstdarstellung. Originalton des Perversen: „Für mich ist es die Faszination, die von 12- und 13jährigen ausgeht. Sie sind kurz vor der Pubertät und noch sehr, sehr offen. Sie besitzen das, was man eine Blüte nennt. Und wenn sie 17 sind, sind sie für mich verblüht." Reaktion des Kinderschutzbundes: „Ein unverantwortlicher Beitrag!"

Weiteres Beispiel: Am 14. März 1996 flimmerte zur Mittagszeit (gleichbedeutend mit Kinderfernsehzeit) die SAT.1-Peinlichkeit „Vera am Mittag" über den Sender. Mehrere Personen plauderten ausgiebig über ihre sexuellen Neigungen. Titel der Sendung: „Sex, das Spiel ohne Grenzen". Erniedrigungen des Partners, Zuführungen von Schmerz und Kot- und Urin-Spiele wurden ausführlich beschrieben. Die Landeszentrale für private Rundfunkveranstalter (LPR) Rheinland-Pfalz sah dadurch Jugendschutzbestimmungen erheblich verletzt. 200 000 Mark Bußgeld sollte SAT.1 zahlen.

Mord und Totschlag

Alarmierend ist eine Untersuchung des Medienforschers Groebel von der Universität Utrecht zur Thematik Gewalt im Fernsehen: Danach werden in Deutschland allwöchentlich 4000 Morde auf dem Bildschirm gezeigt. Nach Groebels Berechnungen ließe sich jede Woche ein 25 Stunden langer Horrorfilm von Mord und Totschlag produzieren, wenn man die TV-Gewaltszenen der bundesdeutschen Mattscheibe aneinanderreihen würde.

Bei Jugendlichen zwischen 14 und 19 Jahren ist der Fernsehkonsum in den vergangenen zehn Jahren um 50 Prozent angestiegen. Für Kinder im Alter von 6 bis 13 Jahren ist das Fernsehen nach dem Spielen die zweitliebste Freizeitbeschäftigung. Nach zehn Schuljahren hat der Schüler durchschnittlich 15 000 Schulstunden erfahren, jedoch 18 000 Stunden vor dem Fernsehgerät verbracht. Ein Zwölfjähriger in den USA hat bereits 18 000 Fernsehmorde „verarbeitet".

Gewalt im Fernsehen wird sogar in den Vereinigten Staaten von Amerika zunehmend diskutiert. Hillary Clinton, Gattin des Präsidenten, hat im Juni 1996 zu einem Boykott gegen Gewalt im Fernsehen aufgerufen. Ihr Vorschlag: Amerikanische Eltern mögen keine Produkte mehr kaufen, deren Hersteller mit Werbung die Gewalt im Fernsehen finanzieren. Sie verspricht sich davon, daß auf diese Weise den Programmachern die Erwartungen von Bürgern und Eltern mitgeteilt würden. Hillary Clinton argumentierte, es lägen ausreichend Erkenntnisse darüber vor, wie das Fernsehen und insbesondere Gewaltdarstellungen die Kinder abstumpften. Sie rief dazu auf, die Fernsehgeräte bei gewalttätigen Fernseh-Darstellungen abzuschalten. Dies sei die beste Art, um die Aufmerksamkeit der Verantwortlichen zu wecken.

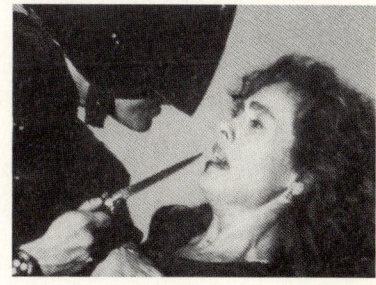

Gewalt auf dem Bildschirm. Und wenn der letzte Blutstropfen verronnen ist, predigen Fernsehmoderatoren Moral ...

Beispiel Los Angeles: Allein im ersten Quartal des Jahres 1994 wurden hier 176 Morde und 7999 Raubüberfälle registriert. Das Fernsehen ist immer dabei. Junge US-Amerikaner haben längst eine Marktlücke entdeckt: Sie hören den Polizeifunk ab, rasen zum entsprechenden Tatort und filmen die Toten. Bis zu 300 Dollar sind auf diese Weise pro anschließend gesendeter Fernsehminute zu verdienen. ZDF-Mitarbeiter Gero von Boehm meint: „In ein, zwei Jahren ist es auch bei uns soweit."

Und sogar auf einer Fachtagung der Gewerkschaft Erziehung und Wissenschaft Ende Mai 1993 in Frankfurt am Main wurde festgestellt, daß die Brutalisierung und Verherrlichung von Gewalt im Fernsehen dramatisch zunehme. Gezüchtet werde ein „Kult der Rambos", womit die „soziale Verwahrlosung Jugendlicher" einhergehe. „Exzessive Gewaltdarstellung" sei im Fernsehen alltäglich geworden.

Die Sache mit den „rechten Terrortaten"

Dies sind Zahlen, die wachrütteln sollten, ohne von den inhaltlichen Problemen abzuweichen, der Falschberichterstattung und den Lügen. Ein gutes und aktuelles Beispiel sind hier die „rechten Terrortaten". TV-Macher sind sofort zur Stelle, wenn sie einen „Aufhänger" zu sehen glauben, um den Deutschen „Ausländerfeindlichkeit" anzudichten. X-beliebige Straftaten werden Rechten angelastet, auch – oder gerade – wenn es sich um Rausch- oder Exzeßtaten Einzelner handelte, auch wenn nicht der geringste politische Hintergrund besteht. Lichterketten und „Protestaktionen" folgen; die selbsternannten Mahner und TV-Macher haben es dann nicht selten auf das ganze deutsche Volk abgesehen. In ungezählten Fällen stellt sich später heraus, daß die entsprechenden Straftaten eben „nicht von Neonazis, wie zunächst angenommen" begangen wurden. Richtigstellungen jedoch erfolgen allenfalls mit kleinstem Aufwand.

Auch die angebliche Sorge um bedrohte Ausländer kann von den TV-Gewaltigen nur geheuchelt sein. In Wahrheit geht es darum, jeden Ansatz nationaler Normalisierung im deutschen Volk mit der „Faschismus-Keule" niederzuknüppeln und die Anhänger des nationalen Lagers als Mitglieder einer kriminellen Verschwörung erscheinen zu lassen.
Schlimm ist die Doppelzüngigkeit unserer TV-Pädagogen. Gerade jene Meinungsmacher, die am lautesten über eine „deutsche Ausländerfeindlichkeit" schreien, üben sich im Fremdenhaß: Für traditionelle Lebensformen anderer, vornehmlich islamisch-orientalischer Völker, haben sie oft nur haßverzerrte Kommentare übrig. Deren Sitten und Gebräuche kommen hiesigen Links-Journalisten „rückständig" vor, passen nicht ins „fortschrittliche" Weltbild. Die kinderreiche, familientreue „Kopftuchtürkin" erscheint bundesdeutschen Dauer-Linken als Horror.
Dieselben Medien, die sich über „Ausländerfeindlichkeit des deutschen Volkes" aufregen, wenn abscheulicherweise Brandflaschen gegen ein Asylbewerberheim mit Orientalen fliegen, klatschen frenetisch Beifall, wenn die sogenannte westliche Wertegemeinschaft wieder einmal zum Kreuzzug gegen morgenländische Menschen nach dem Muster des Golfkrieges aufbricht. Holocaustbombardements gegen Hunderttausende Frauen und Kinder finden immer wieder Zustimmung von TV-Saubermännern.

Born als „Einzeltäter"?

Als der Fernsehfälscher Michael Born mit seinen Lügen aufflog und Massenmedien einräumen mußten, in wahrscheinlich etwa 30 Fällen auf TV-Berichte, die letztlich plumpe Fälschungen waren (die Sendung „stern TV" hatte es besonders toll getrieben), hereingefallen zu sein, herrschte Katzenjammer bei den TV-Machern. Sie waren auf frischer Tat beim Lügen ertappt worden. Doch es war ein verlogener Katzenjammer. Auffällig oft war von einem „schwarzen Schaf" die Rede, das nun allesamt wie im Chor verurteilten.

Einige Blätter erinnerten uns rückblickend noch einmal an die „größten" und „miesesten TV-Fälschungen" der vergangenen Jahrzehnte. Beispiele gefällig? Bei der Sendung „Traumhochzeit" seien die Dialoge vorher abgesprochen. Und Thomas Gottschalk sei vor knapp zehn Jahren einmal von einem Mann hereingelegt worden, der in „Wetten daß ..." die Farbe von Buntstiften schmecken konnte. Aber er hatte geschummelt. Das sind in den Augen der Medienmafia die „schlimmsten Lügen" der TV-Geschichte! Peinlicher und volksverdummender geht es nicht mehr. Fernseh-Fälschungen der handfesten Art gehören zur bitteren Realität.

Schlimm auch, wie die TV-Verantwortlichen versuchen, die Schuld an eigenen Fälschungen unter dem Deckmantel des „Quoten-Drucks" auf die Gebührenzahler und damit die Fernsehzuschauer abzuwälzen: Der „Quoten-Druck" sei an den vielen Lügen schuld. Dies bedeutet letztlich, daß die Fernsehzuseher die TV-Lüge herbeisehnen würden. Dies ist natürlich Unsinn. In Wahrheit wird spannende Fernseh-Unterhaltung gewünscht. Die wöchentlichen wahren Quoten, veröffentlicht in zahlreichen Fernseh-Illustrierten, weisen eindrucksvoll aus, was das Fernseh-Volk wirklich will: Spannende Sportveranstaltungen, spezielle Fußballspiele oder Box-Kämpfe, fesselnde Krimis, Natur- und Tierfilme. Hier liegt die wahre Quote.

Es sind also andere Gründe, warum gelogen wird. Sie lügen ja nicht, weil es ihnen Spaß macht, sie lügen, weil System dahintersteckt. „Rechter Terror" zur Unterdrückung jedweden Nationalgefühls hierzulande. Lügen über mißliebige politische Strömungen zur Beeinflussung von Wahlergebnissen. Lügen über den Golfkrieg zur Rechtfertigung der US-Aggression. Lügen über die deutsche Vergangenheit zur Aufrechterhaltung eines deutschen Kollektivschuld-Gefühls.

Was ist mit den zahllosen Lügen und Fälschungen gegen Rechte? Alles Borns Verschulden? Die frei erfundenen Fälle, in denen das Fernsehen „Opfer" präsentierte, die von „Nazis" überfallen worden sein wollten? Born? Die Heldin von Halle? Die Heldin von Potsdam? Blutige Hakenkreuze im Gesicht? Alles Fälschungen, denen das Fernsehen breiten Raum gab. Oder Österreich: In der ORF-Sendung „Report" wurde „enthüllt", daß ein „Überfall von Rechtsextremen" auf Zigeuner stattgefunden habe. Beweise? Keine. Aber gesendet und damit für viele Bürger Tatsache. Lübeck: Stunden- und tagelang flimmerten über alle Fernsehprogramme Berichte, die kaum Zweifel ließen: „Rechtsextreme" haben einen Anschlag auf ein Ausländerwohnheim verübt. Zehn Tote. Kameras waren auf die Familien dreier festgenommener „Skinheads" gerichtet. Alles falsch!

Manipulation von Wahlkämpfen: Fernseh-Lügen über politisch Mißliebige; Werbezeit für „politisch Korrekte". So entsteht Meinung. Dieses Ungleichgewicht ist Meinungsmache pur. Ist es nicht auch Fälschung und Manipulation, nur das zu senden, was in den antideutschen Kram paßt? Weglassungen, sinnentstellendes Schneiden von Beiträgen ... Täglich werden so Abermillionen Zuschauer hinters Licht geführt.

Immer wieder kommen neue Fernseh-Lügen zutage. Stützen des Fernsehens sind etliche Programmzeitschriften. Auch hier wird es immer wieder bunt getrieben. Beispiel: Die „Funk Uhr" behauptete in Heft 31/90, das Deutschlandlied sei verboten. Ein Leser beschwerte sich daraufhin beim Springerblatt. Auszüge aus dessen Antwort vom 31. August 1990: „Wir verstehen, daß Sie mit unserer mißverständlichen Formulierung von der 'verbotenen ersten Strophe des Deutschlandliedes' nicht einverstanden waren. Der Begriff war jedoch nicht im streng juristischen Sinne gemeint ('Verbotene Früchte' sind schließlich auch nicht im strengsten Wortsinn verboten). Die Formulierung sollte vielmehr ein journalistischer Hinweis auf den umstrittenen Text der ersten Strophe sein, der sich quasi von selbst verbietet." Alles klar? – Überhaupt gehört die Verunglimpfung des Liedes der Deutschen schon zum „guten Ton" linker TV-Verantwortlicher. Im Jahre 1983 beispielsweise meldeten die „Westfälischen Nachrichten": „Die Kölner Staatsanwaltschaft wird sich mit der Sendung der WDR-Fernsehserie 'Pachls Talkshow' zu beschäftigen haben. Unter dem Aktenzeichen 121 Js 247/83 ist dort eine Anzeige registriert, die gegen die Sendung erstattet wurde. Der angegebene Grund: Verächtlichmachung des Deutschlandliedes. Der Nationalhymne wurde ein Text unterlegt, der als hämisch und böswillig empfunden wurde. In derselben Sendung kam ein Text vor, der von nicht wiedergebbaren Obszönitäten strotzte." Solche und ähnliche Schurkenstücke werden mit unseren Fernsehgebühren finanziert.

Auch Finanzskandale hat es innerhalb der Fernsehanstalten schon manche gegeben. Ein Beispiel: Am 16. Februar 1990 meldete die „Deutsche National-Zeitung": „Das Zweite Deutsche Fernsehen (ZDF) hat 24,8 Millionen Mark an der Börse verspekuliert. Dies fand jetzt der Landesrechnungshof Rheinland-Pfalz bei der Prüfung der Finanzen der öffentlich-rechtlichen Anstalt heraus. Die Verluste entstanden durch waghalsige Anlagemanöver und durch ungünstige Verkäufe. Der Rechnungshof rügt auch die Höhe vieler Gehälter beim ZDF sowie Verstöße gegen die Beschaffungsordnung. Beispielsweise seien elektronische Geräte von einer Firma gekauft worden, deren Angebot um 35 000 Mark über jenem einer Konkurrentin gelegen habe. Als nicht in Ordnung bewerten die Kassenprüfer, daß das ZDF gewisse Mitarbeiter mit Geldzuwendungen geradezu überschütte." Nicht nur dem ZDF, sondern auch anderen öffentlich-rechtlichen Rundfunk- und Fernsehanstalten wurde von Rechnungshöfen Geldverschwendung in Millionenhöhe nachgewiesen. Gleichzeitig beklagen sich die Sender über ihre angeblich schwierige Finanzlage.

Wofür Geld hingegen da ist: „Telepool", gegründet 1963, ist dafür zuständig, ARD-Fernsehproduktionen weiterzuverkaufen und für das erste deutsche Programm Fremderzeugnisse einzukaufen. Gesellschafter des Unternehmens sind der Bayerische, der Mitteldeutsche, der Süddeutsche Rundfunk sowie der Südwestfunk. Auch das Schweizer Fernsehen SRG ist mit von der Partie.

Anfang 1996 hat „Telepool" mit dem US-Konzern „Dreamworks" einen „großen Deal" gedreht: Für die nächsten zehn Jahre gehen die deutschsprachigen Rechte aller „Dreamworks"-Neuproduktionen an „Telepool". Der Preis beträgt rund 480 Millionen Mark, also annähernd eine halbe Milliarde. Die deutschen Fernsehdirektoren befanden das geschäftliche Paket als „für die ARD programmlich wünschenswert". Hinter „Dreamworks" verbirgt sich übrigens ein neuer Hollywood-Riese, der von den Produzenten Steven Spielberg, Jeffrey Katzenberg und David Geffen geführt wird.

Der deutsche Fernsehmichel ist also ausreichend versorgt. Und in jedem Paket, das solche Gesellschaften für viele Millionen erwerben, befinden sich – davon können wir ausgehen – weitere Lügen und Fälschungen. Wer setzt dem Fernseh-Betrug endlich ein Ende? Die Schmerzgrenze ist für viele Bürger erreicht: Die abenteuerlichen Lügen über Wladimir Schirinowskij, der uns als blutrünstiger Russen-Hitler immer wieder vorgestellt wurde, haben gezeigt, wozu TV-Umerzieher fähig sind. Bild, Text und vor allem die Wahrheit passen bei Berichten über ihn selten zueinander. Oder Lügen im Golfkrieg. Die sich so aufgeklärt fühlende „Weltöffentlichkeit" wurde nach allen Regeln der Kunst mit Lügen und Fälschungen gefüttert. Wer Fälschungsmechanismen im Golfkrieg erkannt hat – und sogar Verantwortliche an den allerhöchsten Schaltstellen der Medienmacht haben später erhebliche Manipulationen eingeräumt –, der mag auch erahnen, in welchem Ausmaß über den Zweiten Weltkrieg gelogen wurde und gelogen wird.

Fernseh-Lügen über den Zweiten Weltkrieg gehören nach wie vor zum Spezialgebiet der TV-Fälscher. Rund um die „Befreiungs"-Feierlichkeiten im Jahre 1995 haben wir hier erneut Anschauungsunterricht erhalten, mit welchen Methoden verfälscht wird. Dies hat natürlich Auswirkungen nicht nur auf das Geschichtsbild, sondern auch auf die Gesellschaft von heute.

Denkbar, daß die Rechnung antideutscher Medienmacher auf Dauer nicht aufgeht. Schon heute steht das Fernsehen bei den Deutschen nicht mehr in hohem Ansehen. Sein „Objektivitätsimage" hat in den vergangenen Jahren Schaden genommen. Stimmten 1970 noch 60 Prozent der Befragten der Feststellung zu: „Das Fernsehen berichtet wahrheitsgetreu und gibt die Dinge immer so wieder, wie sie in Wirklichkeit sind", waren es Anfang der 90er Jahre nur noch rund 30 Prozent. Diese Zahl dürfte nach Golfkrieg, Lübeck und dem Skandal rund um „stern TV" weiter gesunken sein.

Gefälscht, gelogen, manipuliert
Die alltägliche Fernseh-Täuschung

„Wie viele Sterne hat der Abendhimmel? – Ich bin nur ein kleines Rad im Getriebe." – Bemerkenswerte Selbsteinschätzung des Fernseh-Fälschers Michael Born. Auf den 37jährigen deuteten nach dem Auffliegen seiner Fälschungs-Machwerke ungezählte moralische Zeigefinger. TV-Macher, die weit mehr Dreck am Stecken haben, versuchten, die gesamte schmutzige Wäsche auf den „Fall Born" abzuladen. Die Wahrheit aber sieht anders aus. Fernseh-Fälschung hat Methode.

„Man kann in diesem Geschäft nicht sofort damit rechnen, daß jemand (...) kriminell ist." – So der Tenor der TV-Verantwortlichen. Wirklich nicht? Was ist wahr am Fall des Michael Born? – Tatsache ist, daß der TV-Fälscher auf der Jagd nach Sensationen zwischen 1991 und 1995 bis zu dreißig Filmbeiträge gestellt und frei erfunden hat. 19 seiner gefälschten Filme sind nachweislich gesendet worden. Von „stern TV", von „Spiegel TV", von Vox, vom ZDF, von der ARD („ZAK"-Moderator Friedrich Küppersbusch: „Michael Born hat uns mit einem Beitrag über Schlepperbanden an der österreichischen Grenze gelinkt"), von Pro 7, vom MDR, von RTL, von SAT.1, von S-Zett, vom Schweizer Fernsehen usw. Insbesondere „stern TV" hatte an ihm seine Freude.

Interessant ist, daß Born später aussagte, ohne Mitwisser in den Redaktionen hätte er viele seiner Geschichten nicht verkaufen können. Daß seine Produktionen teilweise nicht echt gewesen sind, sei vielfach bekannt gewesen, so Born. Es habe so etwas wie eine „stillschweigende Duldung" gegeben. Und über „stern TV" sagt Born: „Denen hätte ich auch die Landung auf dem Mars gedreht."

Bis zu 35 000 Mark hat er pro Fälschung erhalten, insgesamt etwa 300 000 Mark abkassiert. Auf den Redaktionssitzungen der Jauch-Sendung war er gerngesehener Gast. Born: „Diese Sitzungen sind mir als bloße Selbstbeweihräucherung in Erinnerung geblieben." Immer wieder wurde Born ermuntert, weitere Beiträge zu liefern. Und der filmende Märchenonkel wußte, was die gierigen TV-Macher sehen wollten: „Rechter Terror".

Seine frei erfundene Reportage vom 7. September 1994 über „Neonazis" im „Ku-Klux-Klan-Gewand" (Born hatte ein paar Bekannte in selbstgeschneiderte weiße Kutten und Kapuzen gesteckt und zum Kreuzverbrennen in die Eifel geschickt) zog weite Kreise; sie ließ auch Massenmedien, die in riesengroßer Aufmachung „mitzogen", auf Auflagensteigerung hoffen. Born über die geringen Schwierigkeiten, solche Fälschungen beim Sender unterzubringen: „Es gab keine vertieften Nachprüfungen. Ich war vollkommen überrascht, daß es so einfach war, die beanstandeten Szenen unterzubringen." Die Zeitung „TM – Transparenz der Medien" kommentierte treffend: „Daß dies über Jahre hinweg von den betreffenden Redaktionen angeblich unbemerkt geblieben sein soll, wirft ein bezeichnendes Licht auf die deutsche 'Fernsehwirklichkeit' und journalistische Arbeitsauffassung anno 1996."

„Stern TV" hatte es so dreist getrieben, daß selbst etablierte Massenmedien anschließend nicht stillschweigend darüber hinweggehen konnten. Die verkleideten „Ku-Klux-Klan"-Gestalten gaben vor den „stern TV"-Kameras allerhand Volksverhetzendes von sich. Dann flog der Schwindel auf. Die Kapuzenträger waren Freunde des Filmproduzenten Michael Born, die offenbar gegen gutes Geld „Neonazis" spielten. Realer Hintergrund: Keiner. Alles frei erfunden und der antideutschen Phantasie des Reporters entsprungen.

Born wurde vorgeworfen: Volksverhetzung, Verunglimpfung des Andenkens Verstorbener, Beleidigung, Aufstachelung zum Rassenhaß, Verstoß gegen das Waffengesetz, Tierquälerei, Urkundenfälschung, Vortäuschung einer Straftat, Fahren ohne Führerschein, Sachbeschädigung u.a. Auch gegen einige seiner direkten Mittäter wurden Ermittlungsverfahren eröffnet.

Einer seiner ersten Fälle: „Spiegel TV" verkaufte er im Jahre 1990 ein Interview mit einem Asylantenschlepper, den er selbst spielte. Honorar: 4500 DM. Born flog nach Jahren schließlich auch deswegen auf, weil er in seinen diversen Lügen-Filmen stets die gleichen Schauspieler auftreten ließ. Mitarbeiter von Ermittlungsbehörden, die den „Ku-Klux-Klan"-Darstellern wegen des Verdachts auf Volksverhetzung auf den Fersen waren, stutzten beim genauen Ansehen der Beiträge. Stimmenvergleiche ergaben z. B.: Einer der „Nazis" war zuvor in einem anderen Born-Streifen gleichzeitig auch als Kokainhändler aufgetreten. Den Fernseh-Machern selbst wären die Born-Fälschungen wohl bis heute nicht aufgefallen. Mag das daran liegen, daß nach heutiger Rechtsprechung die TV-Bosse der Sender für das Ausstrahlen der Fälschungen nicht belangt werden können?

Schnell flogen weitere „stern TV"-Lügen auf: Eine Reportage über indische Kinder, die für „ikea" Teppiche knüpfen mußten (25. Januar 1995): Nachgestellt. Nachbarskinder des Born hatten vor irgendeiner Kamera irgendeinen Teppich geknüpft. Reportage über kurdische Bombenbastler: Frei erfunden! Film-Schocker über Drogenschmuggel aus Basel (4. November 1992): Lüge! Die Wahrheit: Ein Mann passiert mit einem Sack Mehl die Grenze. Ein Schocker über Katzenmörder in Deutschland: Reine Phantasie. Die Wahrheit: Ein Bekannter des Filme-Machers hatte sich in ein Jägerkostüm gezwängt und vor laufender Kamera eine Katze, die vorher aus einem Tierheim geholt wurde, erschossen.

Sendefertig war auch ein „Interview" mit dem Briefbomben-Attentäter auf die dunkelhäutige TV-Moderatorin Arabella Kiesbauer. Ebenfalls erstunken und erlogen! Den „Nazi-Briefbomber" spielte ein Bekannter des Meinungsmachers. Die Ideen für seine Fälschungen hatte sich Born aus der aktuellen Berichterstattung der Boulevard-Presse geholt.

Weitere Born-Produkte: Im Jahre 1992 erstellte er einen Film über eine angebliche „Exhibitionistin". Frei erfunden! Im August 1992 drehte er mit einem Kumpan einen Film über Transport von Betäubungsmitteln aus der Bundesrepublik in die Schweiz. Auf diesem Wege würde gleichzeitig auch noch Kokain mitgeschmuggelt, wurde in dem Born-Streifen behauptet. Alles frei erfunden und dennoch vom Schweizer Fernsehen und auch von „stern TV" dankbar abgenommen. Die Jauch-Sendung war es auch, die einen Born-Schocker über angeblichen Bombenterror in Bethlehem abnahm. Tatsächlich aber handelte es sich um Archivaufnahmen ohne jeden aktuellen Bezug.

Anfang 1993: Born gestaltete einen Film über „militante Jagdgegner", die u.a. einen Hochsitz ansägten und umrissen. Totalfälschung! Ebenfalls 1993 drehte Born über „Unruhen an der albanischen Grenze". Gelogen! Blutspuren wurden mit Tomatenketchup inszeniert. „Vox" griff zu! Am 26. Oktober 1994 strahlte „stern TV" eine Born-Fälschung über das angebliche Betäubungssekret einer „Colorado-Kröte" aus. Zum Entsetzen der Zuschauer wurde ein Süchtiger gezeigt, der das Kröten-Gift verzehrte und sich davon einen Rauschzustand versprach. Das Krötengift war in Wahrheit Dosenmilch.

Born hatte sich übrigens früher schon einmal in der Öffentlichkeit versucht. Als Schlagersänger. Name der Gruppe: „Flop". Bekanntestes Lied: „Ich bin ein jämmerlicher Lump".

Peinlich berührte Medien versuchten unter allen Umständen den Eindruck zu vermeiden, es gäbe zahlreiche Borns unter den TV-Machern. Neuester Dreh linker Massenmedien: Born wird als heimlicher „Rechtsradikaler" zielsicher „enttarnt": Er habe privat gern Soldatenlieder gehört und dann mitgesungen. Die Hektik der Meinungsmacher ist nachvollziehbar. Denn der Fall Born ist durchaus geeignet, die Glaubwürdigkeit des mächtigsten Mediums aller Zeiten selbst in den Augen des wohl gutmütigsten Publikums aller Zeiten erheblich zu erschüttern. Irgendwann ist eben jedes Maß voll.

Innerhalb der Redaktions-Chefetagen herrschte nach Auffliegen des Märchenonkels eifrige Betriebsamkeit . Günther Jauch wurde von mehreren Saubermann-Kollegen heftig attackiert. Dabei kam es zu einer Kette von Peinlichkeiten: „Monitor"-Chef Bednarz und die ZDF-„Frontal"-Redaktion schossen giftige Pfeile in Richtung Jauch. Allerdings trafen die Herrschaften immer wieder daneben. „Frontal" zeigte „Aufnahmen von Michael Born", dann enthüllte „stern TV" dies als Fälschung. Der Gezeigte war tatsächlich nicht Born. Der „falsche Born" jedoch – rechtfertigte sich „Frontal" anschließend – sei ebenfalls tief in Fernseh-Fälschungen verstrickt. Minuspunkt für „stern TV".

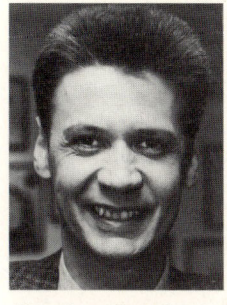

Günther Jauch

Es folgte ein Versuch der Rechtfertigung von „stern TV", diesmal gegen „Spiegel TV". Die Jauch-Sendung behauptete, daß „Spiegel TV" ebenfalls einer plumpen Born-Fälschung aufgesessen sei. Ein Beitrag hatte in Wort und Bild „enthüllt", daß Linksextreme Jagd auf die Asche des verstorbenen „Neonazi-Führers" Kühnen gemacht hätten. Von einem „Urnenkrieg" war die Rede. Alles Unsinn, enthüllte „stern TV" in großem Aufwand. Doch wieder daneben! „Spiegel TV" wies der Konkurrenz von „stern TV" erneute Manipulation nach. Der kritisierte (und in der Tat verfälschte) Bericht war von „stern TV" zusätzlich so entstellt worden, daß nicht mehr zu erkennen war, daß es sich bei der „Spiegel TV"-Dokumentation eigentlich um eine Satire gehandelt hatte. TV-Aushängeschild Günther Jauch bekam die Bezeichnung „Kujauch" in Anlehnung an den Hitler-Tagebuch-Fälscher verpaßt.

Jauch-Kritiker Klaus Bednarz hat die „Saubermann"-Rolle auch nicht gerade erfunden. Der Linksjournalist gehört zu den eifrigsten Vergangenheitsbewältigern im „deutschen" Fernsehen. Ausgebildet wurde er u.a. an der Universität Moskau. Bednarz gefiel sich darüber hinaus als Buchautor („Mein Moskau"). In einem Interview gestand er: „Ich empfinde links." Überhaupt nimmt Bednarz jede noch so unpassende Gelegenheit wahr, sein antideutsches Süppchen am Kochen zu halten. Auf die Frage „Was ist die schlimmste Sendung in einem deutschen Fernsehprogramm?" antwortete er: „Ich kann Ihnen nur sagen, wobei ich regelmäßig einschlafe: Bei der Nationalhymne."

„Monitor"-Saubermann Klaus Bednarz, hier als Buchautor

Zurück zum eigentlichen Fall Born: Der Lügen-Reporter habe ständig unter Druck gestanden, erklärte er später. Einer seiner Aufträge: Filmbeitrag mit Szenen, wie Westdeutsche die neuen Bundesländer ausplündern. Born: „Ich lieferte einen sehr sachlichen Beitrag. Doch 'stern TV' wollte Sensationen. Also fuhr ich noch einmal raus und stellte die Szenen nach." Später habe er festgestellt, daß „die Redaktion kein großes Interesse daran hatte, Manipulationen festzustellen ... Die wollten immer mehr Blut und Tränen".

Wer gehört hier wirklich auf die Anklagebank? Born oder die unverschämten Umerzieher, die vor keiner Lüge zurückschrecken und seit Jahrzehnten das deutsche Fernseh-Volk nach Strich und Faden belügen und betrügen?

So nachvollziehbar der Versuch der Fernsehgewaltigen auch sein mag: Es ist sinnlos, die traurige und lange Geschichte der Fernsehfälschungen auf einen Mann namens Michael Born abzuwälzen und ihn zum Sündenbock abzustempeln. Die Hauptverantwortlichen einer gewaltigen Fälschungs- und Manipulationsmaschinerie sitzen ganz, ganz weit oben an den Schalthebeln der Medienmacht.

Gerade Bednarz & Co. hätten in Sachen Fernseh-Manipulation genug in eigener Sache zu bewältigen. Nachfolgend streifen wir einige Alltags-Betrugsfälle, wie sie uns immer und immer wieder präsentiert werden.

„Monitor" und die falschen Anklagen

Mitte der achtziger Jahre: „Monitor-Bericht" zum Höhepunkt der damaligen „U-Boot-Affäre". Gezeigt wird schemenhaft ein U-Boot in einer südafrikanischen Werft, welches mit deutscher Hilfe gebaut worden sein soll. Ein deutschsprachiger Ingenieur tritt – Stimme und Bild verzerrt – als Kronzeuge auf. Seltsam: Der „Kronzeuge", der angeblich um sein Leben fürchtete, hätte mit Leichtigkeit identifiziert werden können. Und der Inhalt des Filmberichtes erwies sich später ebenfalls als sachlich unrichtig.

Meinungsmache bei „Monitor" hat Tradition: Denken wir z. B. an den Fernseh-Schocker über angeblich wurmverseuchten Fisch (in Wahrheit war eine gesundheitliche Gefährdung nie akut). „Monitor" brachte es fertig, über Nacht die ganze Fischindustrie in Verruf zu bringen. Im Jahre 1989 schoß „Monitor" auf üble Weise gegen die Bundeswehr und das Soldatentum. Unter dem Titel „Du sollst nicht töten" sendete „Monitor" einen Hetzfilm gegen Soldaten mit der Behauptung, daß der Dienst an der Waffe eine „Ausbildung (sei), andere Menschen zu töten". Im WDR-Schulfernsehen hieß es darüber hinaus, daß der Wehrdienst eine „Ausbildung zum Killer" darstelle.

Beispiellos war auch die „Monitor"-Kampagne gegen Daimler-Benz. 1987 wurde die Behauptung aufgestellt, die Regierung Chiles habe sich Daimler-Benz-Fahrzeugen bedient, um mit Polizeieinsatz Oppositionelle gewaltsam niederzuhalten. Obgleich logisch war, daß die chilenische Polizei ebensogut amerikanische oder italienische Autos nach Belieben hätte kaufen können, prangerte das deutschsprachige Fernsehen hierzulande ausgerechnet das deutsche Unternehmen in gehässiger Art und Weise als Mitverantwortlichen für angebliche Menschenrechtsverletzungen in Chile an.

Dabei mußte in der Sendung sogar zugegeben werden, daß seitens des Hauses Daimler lediglich Fahrgestelle geliefert worden waren. „Monitor"-Bednarz schwang damals auf abstoßende Weise den moralischen Zeigefinger. Er nahm sogar Anstoß daran, daß die Fahrzeuge in Santiago de Chile von der dortigen Daimler-Benz-Werkstatt technisch gewartet und falls nötig auch instandgesetzt wurden. Hätte Daimler-Benz in diesen Fällen etwa auf die örtlichen Werkstätten von Fiat, Ford oder General Motors verweisen sollen?

„Monitor" und der falsche moralische Anspruch

Oder denken wir an die „Monitor"-Kampagne gegen den Schwarzkopf-Konzern, in dessen Haarpflegeprodukten mal „Dioxan", mal „Dioxin" vermutet wurde. Auch hier in Wahrheit: Nur „heiße Luft". Und so rechtfertigt sich Klaus Bednarz: „Monitor hat nicht wie eine Nachrichtensendung einfach Nachrichten wertfrei zu verbreiten, sondern explizite Wertungen zu liefern." Eine Protestflut löste Bednarz zum Beispiel mit seiner „Monitor"-Sendung vom 24. Juli 1989 aus. Dabei glorifizierte er in den Augen vieler Fernsehzuschauer Deserteure und Fahnenflüchtige. Die anschließende Beschwerdewelle veranlaßte den WDR zu folgendem Schreiben: „Wir verstehen die Betroffenheit vieler Zuschauer bei dieser Problematik, aber es sollte möglich sein, auch die von Klaus Bednarz vertretene Position weiter zu diskutieren. Wenn man davon ausgeht, daß Krieg generell verhindert werden muß, warum dann nicht auch durch Desertion?"

Noch einmal „Monitor": Sendung vom 15. Februar 1996. In einem Beitrag ging es um den mangelnden Brandschutz in Asylbewerberheimen. Nach dem „rechten" Brandanschlag von Lübeck wollte „Monitor" offensichtlich über Berichte von einer „menschenunwürdigen Unterbringung" von Asylbewerbern doch noch den Bogen hin zur „Ausländerfeindlichkeit" spannen. Bednarz & Co. halfen bei ihrem Bericht allerdings nach. Die Asylantenunterkunft in Augsburg, bei der „Monitor" nach „mangelndem Brandschutz" forschte, ist in Wahrheit voll gesichert. Ausreichend funktionstüchtige Feuerlöscher sind vorhanden. „Monitor" hingegen zeigte als „Beweis" für das Gegenteil einen leeren Feuerlöscherhalter.

Die Regierung von Schwaben teilte auf Anfrage dem Verein „Bürger fragen Journalisten" unmißverständlich mit: „Der Brandschutz im 'Fabrikschloß' war weder in der Vergangenheit noch zum Zeitpunkt des Besuchs des WDR-Teams am 13. 2. 1996 gefährdet." Anschließend wurde bestätigt, daß die Brandschutz-Anlagen im Heim ständig überprüft werden. Stellungnahme von „Bürger fragen Journalisten": „Was den 'Monitor'-Redakteuren nicht ins Konzept paßte, wurde entweder nicht gefilmt oder fiel während der Bearbeitung der Schere zum Opfer." Bleibt nachzutragen, daß der von „Monitor" als Kronzeuge angeführte Brandschutzexperte, der die „schweren Brandschutzmängel" entdeckt haben wollte, nach Auskunft der Regierung von Schwaben beim Besuch des WDR-Teams gar nicht anwesend war.

Der MDR und die falschen Bilder

Im Jahre 1994 wurde ein vom Mitteldeutschen Rundfunk (MDR) ausgestrahlter Fernseh-Beitrag des TV-Machers Martin Lettmayer für den Grimme-Preis nominiert. Der Film sorgte in der Öffentlichkeit für hitzige Diskussionen. Thema: „Verschlußsache Atomtod – Chronik einer verschwiegenen Strahlenkatastrophe im Ural". Die Fernseh-Bilder waren schockierend: Entstellte Säuglinge, Kinder mit schwersten körperlichen Schäden. Darf das Fernsehen solche Bilder zeigen? Das war die Frage, die später Massenmedien bewegte. Lettmayer gewann mit seinem Streifen immerhin 3000 Mark. Dann stellte sich heraus: Der TV-Film war falsch. Die schrecklichen Bilder waren zwei Jahre alt und in einem Moskauer Krankenhaus gedreht worden. „Das ist ein branchenüblicher Kunstgriff", verteidigte sich der Autor anschließend.

„S-Zett" und die falschen Mädchen

Am 22. März 1994 strahlte das Fernsehmagazin „S-Zett" der „Süddeutschen Zeitung" ebenfalls einen Lettmayer-Film aus. Titel: „Mädchen, Models, Morde". Es ging um Mädchenhandel in Osteuropa. Wieder die gleiche Masche: Da nicht alle Bilder spektakulär erschienen, wurde auf Archivbilder zurückgegriffen, ohne dies dem Zuschauer in irgendeiner Form zur Kenntnis zu geben. Auch hier als Rechtfertigung nur Achselzucken des Martin Lettmayer. 150 bis 200 Filmbeiträge habe er auf diese Weise zusammengebastelt: „Wer böswillig ist, kann jedes nicht gekennzeichnete Archivbild als Fälschung bezeichnen. Aber keiner ist heilig in dieser Branche."

„Arabella Kiesbauer" und der falsche „Callboy"

Entlarvend auch der Fall eines „Talk-Show"-Königs, der sich gleich in fünf verschiedene Magazin-Sendungen in diversen Rollen einschlich. Im Herbst 1994 erschien er in der Sendung „Arabella Kiesbauer" (Pro 7) und plauderte für 300 Mark über seine Erfahrungen als „Callboy". Der 29jährige später: „Alles erlogen". Beim „Boulevard-Magazin KUK" schwindelte er sich als Detektiv durch und erläuterte vor laufender Kamera, wie er als „Miß Marple für Mißtrauische" im Auftrag von eifersüchtigen Männern die Treue der entsprechenden Partnerinnen überprüfte. Frei erfunden. Der Schwindler: „Ich wurde kaum überprüft". Seine Detektiv-Geschichte brachte er auch in der Sendung „Jack und Jack" (ARD) vom Mai 1995 unter. Bei „Hautnah" (Pro 7, Sommer 1995) mimte er zur Abwechslung wieder den „Callboy". Bei der Sendung „Fliege" (Dezember 1995, ARD) trat er dann erneut als „Treue-Tester" auf.

„Panorama" und das falsche Dokument

„Panorama" vom 9. Februar 1995: Das Polit-Magazin mit neuen Enthüllungen im Fall Barschel: Ein Brief von Barschel an Gerhard Stoltenberg soll beweisen, daß Stoltenberg von Wahlkampf-Manipulationen gewußt hat. Gelogen! Der Brief war eine plumpe Fälschung!

„Stern TV" und falsche Sprachschüler

Weitere Fernseh-Lüge bei „stern TV": Im Sommer 1995 brachte die Jauch-Sendung einen Beitrag über Sprachreisen deutscher Schüler nach England. „Stern TV" enthüllte den „wahren" Hintergrund dieser Reisen: In einem Beitrag waren betrunkene, grölende und sexgierige junge Leute zu sehen, die, statt zu lernen und Vokabeln zu pauken, sich körperlich zugrunderichteten, Drogen nahmen. Originalton „stern TV": „Kiffen, tanzen, jede Menge Alkohol und Sex. Das sind Exzesse, die viele Kids nach Eastborn locken." Dann aber kam heraus: Die Jugendlichen, die durchs Bild torkelten, waren keine deutschen Sprachschüler, sondern stammten aus England und Norwegen; völlig andere Personen als von „stern TV" behauptet.

Der betroffene Sprachreisen-Anbieter stöhnte anschließend logischerweise über eine zusammengebrochene Geschäfts-Nachfrage. „Stern TV" hatte insbesondere Eltern von potentiellen Sprachschülern abgeschreckt. Der Geschädigte: „Der Bericht ist in vielen Teilen gefälscht. Die Reporter haben mit den übelsten Methoden gearbeitet. Sie filmten dort Jugendliche, die überhaupt nichts mit uns zu tun hatten. Für Falschaussagen boten sie einem Lehrer sogar Geld an."

„Spiegel TV" und die falsche Hure

23. Januar 1996: „Spiegel-TV" wartet mit einem Schocker auf. Auf besonders reißerische Art und Weise wird das Leben der „Prostituierten" Anita aus Kuba geschildert, immer auf der Suche nach Sexual-Partnern unter den Touristen. Dann hat sie Erfolg: Georg Hohmann aus München „beißt an". Der Fernseh-Zuschauer glaubt zu sehen, wie sich beide näherkommen und schließlich, nach feucht-fröhlichem Abend, gemeinsam im Taxi verschwinden. „Spiegel-TV" immer dabei: Der Zuschauer vermutet das Paar aufgrund der gezeigten Bilder und des entsprechenden Kommentars vor einer gemeinsamen Liebesnacht. Was stimmt wirklich?

„Alles gelogen" sagte später der deutsche Tourist, übrigens Redakteur der „Süddeutschen Zeitung". Er habe einen Kuba-Urlaub mit dem Besuch eines Filmfestivals verbunden. Im Hotel traf er sowohl auf die Fotografin Anita als auch auf das „Team" von „Spiegel-TV". Er berichtet: „Das waren ganz nette Leute. Sie erzählten, daß sie einen Film über junge Kubaner drehen, die sich selbständig machen wollen und daß sie Anita für eine Langzeitreportage begleiten wollen." Georg Hohmann hatte schließlich nichts dagegen, daß die „Spiegel-TV"-Leute ihn in ein Restaurant begleiteten, wo dann zudem noch zufällig eine Kollegin des Touristen Geburtstag feierte. Auch Fotografin Anita war dabei. Das TV-Team hätte gern gesehen, daß Georg und Anita gemeinsam tanzten. Doch der Münchner wollte nicht. Nach fröhlichem Abend fuhr die Gesellschaft mit mehreren Taxen heim. Tourist Georg und Anita saßen zufällig in einem Wagen. Er setzte sie in der Innenstadt ab. Das war's.

In „Spiegel-TV" wurde er dann zum sexgeilen Touristen gestempelt. Anita wurde zur Hure. Statt netter Geburtstagsfeier ging es in „Spiegel-TV" um Sex und Dollars. „Ich glaubte, ich bin im falschen Film", stammelte Georg Hohmann anschließend entnervt.

Der Bayerische Rundfunk und die falschen „Terrorkids"

Der Bayerische Rundfunk (BR) und die „Terrorkids" von Nürnberg: Am 12. Februar 1996 berichtete das 3. Fernsehprogramm über Mitglieder der Jugendbande „Crips". Die jugendlichen Kriminellen hatten 1993 und 1994 zahlreiche Beutezüge durch Nürnberg veranstaltet und für Aufsehen gesorgt. 1994 sind die Mitglieder dieser Gruppe gestellt, festgenommen und verurteilt worden. In dem Filmbeitrag wurde nunmehr fälschlicherweise der Eindruck erweckt, als tobe der Krieg der „Crips" noch immer. Jugendamtschef Klaus Wagner sprach von einem „höchst verantwortungslosen Sensationsjournalismus". Auch die Polizei war entsetzt: „Wir fühlen uns gelinkt", sagte der leitende Polizeidirektor Johann Pribill.

Mittelfrankens Polizeipräsident Peter von der Brill verlangte eine Richtigstellung. Die Szenen seien gestellt worden. Ein Jugendlicher habe unter Drohgebärden eine Waffe gezeigt. Tatsächlich sei ihm diese auf Bitten der zuständigen Redakteurin des Bayerischen Rundfunks nicht abgenommen worden. Außerdem wurde ein „herkömmlicher" Einbrecher, der sich durch einen Sturz verletzt hatte, als Opfer der Jugendbande dargestellt.

NDR und die falschen „Altnazis"

18. August 1995, NDR, Sendung „Extra III": Bericht über ein Segelflug-Oldtimertreffen in Oberschleißheim bei München. Mehr oder weniger geschickt brachte es der NDR fertig, aus dem Treffen eine Zusammenrottung von „Altnazis" zu inszenieren. Vom Treffen selbst wurden nämlich kaum Bilder gezeigt, wohl aber wurde die Zurschaustellung des Motorflugzeuges Me 108 ausgewalzt. Das Ganze wurde in Wochenschau-Manier dargeboten. Am Ende des Beitrags hieß es dann: „Wenn das der Führer noch erlebt hätte ..."

Ein Betroffener schrieb an den Sender: „Ich erhebe Beschwerde gegen dieses Machwerk wegen vorsätzlicher und absolut wirklichkeitsfremder und wahrheitswidriger Charakterisierung ..." Der Sender wies die Kritik von sich und verschanzte sich hinter dem „Stilmittel der Satire", auf das man hier zurückgegriffen habe. Übrigens eine beliebte Antwort von TV-Anstalten, wenn es darum geht, Fälschungen und Falschdarstellungen nachträglich zu rechtfertigen.

WDR und die falsche Satire

„Blasphemie, Gotteslästerung und Verunglimpfung des Christentums und der katholischen Kirche" habe sich der WDR „über alles erträgliche Maß hinaus" geleistet, kritisierte Anfang des Jahres 1996 der Kölner Erzbischof Joachim Kardinal Meißner und fand deutliche Worte: „Nicht ein Bruchteil an Häme und Verhöhnung dürfte das Judentum oder den Islam treffen, dann gäbe es einen Aufschrei in der Öffentlichkeit, und das ist gut so." Kardinal Meißner protestierte so scharf, nachdem die ARD-Sendung „ZAK" im Zusammenhang mit dem Kruzifix-Urteil des Bundesverfassungsgerichts mit haßerfüllter Polemik gegen gläubige Christen aufwartete. Verantwortlicher Moderator der Sendung war der links-„fortschrittliche" Friedrich Küppersbusch, der bis heute glaubt, ein „unbequemes" Fernseh-Magazin abzuliefern, das aber in Wahrheit absolut „politisch korrekt" und stromlinienförmig ist.

„Ilona Christen" und der falsche Betrüger

„Ich laß' mich aushalten" – So das Thema einer der „Ilona-Christen"-Sendungen auf RTL im Frühsommer des Jahres 1996. Der 20jährige Rico aus Hamburg prahlt: Er betrüge Sozial- und Arbeitsämter, ergaunere Waren von Versandhäusern und „verdiene" somit etwa 15 000 Mark Monat für Monat. Fünfzehn Minuten nach diesem „Geständnis" stand bereits die Polizei vor der Studio-Tür, um den Sozialbetrüger zu schnappen. Panne Nummer eins: Die Sendung, die stets den Eindruck erweckt, als werde sie originalübertragen, wurde bereits Tage vorher aufgezeichnet. Panne Nummer zwei: Die ganze Geschichte war frei erfunden. Der Phantasie-Betrüger: „Ich habe mir die Geschichte nur ausgedacht, um die Gage (500 D-Mark) zu kassieren. Ich habe auch bei Bärbel Schäfer ('Talk'-Konkurrentin auf gleichem Sender) zum Thema Eifersucht geschwindelt."

Selbst dieser kleine Streifzug durch TV-Lügen des Alltags wirft die zwingende Frage auf: Was kann man dem Fernsehen überhaupt noch glauben? Man könnte eine solche Reihe beliebig fortsetzen. Sogar der Bereich „Tierfilme" ist zuletzt in Sachen Glaubwürdigkeit erschüttert worden. Der amerikanische Tierfilmer Marty Stouffer (47), dessen Beiträge auch in der ARD zur Ausstrahlung kamen, steht unter Fälschungs-Verdacht. Für die TV-Reihe „Wild America" soll er Wölfe und Löwen auf zahme Rehe gehetzt haben. Hasen sollen als Köder an Holzpfosten gebunden worden sein, um Waschbären vor die Kamera zu locken. Mit Feuerwerkskörpern sollen Vögel aufgescheucht worden sein usw. Insgesamt hat der Beschuldigte 110 TV-Dokumentationen erstellt. Offenbar gibt es für Sensationsjäger wirklich keine Schmerzgrenze mehr.

Die Quoten-Lüge
Wie sich TV-Bonzen rechtfertigen

Was ist das Fazit dieser alltäglichen TV-Manipulationen? Die Fernseh-Lüge lebt. Jeden Tag. Im Kleinen wie im Großen. Doch die Verantwortlichen üben sich in Unverfrorenheit. So führen sie immer wieder ins Feld, im Grunde seien sie unschuldig an den ungezählten TV-Manipulationen. Man sei, so behaupten die Täuscher, selbst Opfer einer „gnadenlosen Jagd nach der Quote" geworden. Umkehrschluß: Das deutsche Fernsehvolk wünsche die Lüge. Je größer der Schwindel, desto höher die Quote. Damit schieben die Roten den Schwarzen Peter ausgerechnet dem Gebührenzahler zu.

Natürlich wünscht das Publikum spannende Unterhaltung und prickelnde Polit-Berichterstattung. Doch es gibt wahrlich genug an tatsächlichen Skandalen, die aufzudecken wären und die vor allem Mächtige zu verantworten haben. Beispielsweise mit solchen Enthüllungen könnte man durchaus „Quote machen". In Wahrheit findet täglich eine Abstimmung mit der Fernbedienung statt, die allerdings ganz anders ausfällt, als linke Dekadenzlinge und „Volksaufklärer" sich dies wünschen. Als Beispiel dienen die Quoten-Spitzenreiter der TV-Woche vom 16. bis zum 22. März 1996, ausgewiesen von „Media Control":

ARD-Spitzenreiter: Fußball (Nottingham gegen Bayern München; über elf Millionen Zuschauer). ZDF-Spitzenreiter: Eduard Zimmermann (Ganovenjagd bei „Aktenzeichen XY ungelöst"; 7,25 Millionen Zuschauer), RTL-Spitzenreiter: Fußball (Ajax Amsterdam – Borussia Dortmund; 8, 22 Millionen Zuschauer). SAT.1-Spitzenreiter: Fußball („Ran", Bundesliga: 6,91 Millionen Zuschauer). Pro 7-Spitzenreiter: „Die lustige Welt der Tiere" (südafrikanischer Tierfilm der 70er Jahre; 4,7 Millionen Zuschauer).

Weiteres Beispiel: Fernseh-Woche vom 3. bis zum 9. März 1996; wieder ermittelt von „Media Control": Platz 1 für Fußball (Bayern München – Nottingham), Platz 2 für „Derrick", Platz 3 für das Europapokalhinspiel Borussia Dortmund gegen Ajax Amsterdam. Wiederum vierzehn Tage vorher: Platz 1 für Boxen (ein Maske-Kampf), Platz 2 für das Fußball-Länderspiel gegen Portugal, Platz 3 für „Karneval in Köln", Platz 4 für Eduard Zimmermann. Im Sommer 1996 schlug dann die Fußball-Europameisterschaft in England mühelos alle bisherigen Einschaltrekorde dieses Jahres.

Dekadenter Schmuddelkram ist in den Quoten-Hitparaden nicht zu finden; auch keine „Volkspädagogik", Marke deutsche Nestbeschmutzung. Zudem ist es bemerkenswert, daß in der Fernseh-Werbung ebenfalls nicht auf Umerziehung gesetzt wird. Linke beklagen die „heile Welt", die in den Werbeeinblendungen dargestellt werde. Die Werbestrategen aber werden schon wissen, was sie tun. Der „saubere Bildschirm", der sich in Werbeblöcken – abgesehen von der unerträglichen Verfremdung unserer Sprache durch Anglizismen – urplötzlich präsentiert, ist nämlich ganz auf die eigentlichen Interessen der TV-Zuschauer ausgerichtet. Hier setzt man zwar nicht unbedingt auf unsere Quote, wohl aber auf unser Geld. Und verkaufen kann nur, wer auf die Gefühle der Mehrheit der Zuschauer Rücksicht nimmt. Und die wünscht sich nun einmal nicht Gewalt, Porno und Dekadenz ...

Ein Werbespot, in dem ein aidskranker, zu Unrecht in Abschiebehaft genommener Ausländer auftritt, um den sich die fortschrittliche Emanze mit drei „erfolgreichen" Abtreibungen kümmert und in dem beide dann von Skinheads zusammengeschlagen werden, ist bislang aus gutem Grunde undenkbar: Es will nämlich niemand sehen!

Einige TV-Macher scheint in jüngster Zeit durchaus das Gewissen zu plagen. WDR-Intendant Fritz Pleitgen hat jedenfalls erstaunlich deutliche Worte gefunden.

„Unüberprüfbares, wirres Zeug" Zitate zur Fernseh-Manipulation

„Fernsehwelt und politische Wirklichkeit – beide haben viel zu häufig wenig, oft sogar nichts miteinander zu tun." – Das sagt einer, der es wissen muß: Fritz Pleitgen, langjähriger Intendant des Westdeutschen Rundfunks. Und er wird noch deutlicher: „Wenn ich die Fernsehnachrichten betrachte, dann beschleicht mich nicht selten ein ungutes Gefühl. Strenggenommen müßten die Verantwortlichen mancher Sendungen wegen Irreführung und Verdunkelungsgefahr belangt werden."

Er spricht von „hastiger, oberflächlicher Arbeit", von „mangelnder Recherche", „unzureichenden" Überprüfungen der gesendeten Beiträge und anderem mehr. Pleitgen: „Würde ehrlich mit dem Publikum umgegangen, müßte eigentlich regelmäßig eingeblendet werden: 'Alles ohne Gewähr'."

Pleitgen nennt auch ganz alltägliche Beispiele: Zwei hochrangige Politiker treffen zusammen. Danach verkünden beide vor der Presse ihr herzliches Einvernehmen. Die Gespräche seien harmonisch verlaufen. Nehmen wir an, dies stimmt überhaupt nicht. Beide Politiker haben sich gestritten, daß die sprichwörtlichen Fetzen geflogen wären. Das Fernsehen aber berichtet artig nur von den offiziellen Stellungnahmen. Ungeprüft! So schnell kann es gehen. Die Lüge – in diesem geschilderten Falle zwar zu verkraften – geht via Mattscheibe um die Welt.

Auch zum Thema „Golfkrieg" hat Pleitgen erkannt: „Von den vertriebenen, aber immer noch steinreichen Kuwaitis gegen viel Geld angeheuert, produzierten die Werbestrategen Greuelgeschichten über die Irakis, um über Presse und Politik die USA in den Krieg gegen Saddam Hussein zu dirigieren." Und weiter: „Skrupellos erfanden sie genau auf die amerikanische Stimmung gezielte Schreckensstories, die dann den gewünschten Erfolg hatten. Gestellte Bilder von teuflischen Untaten irakischer Soldaten, begangen an kuwaitischen Babys in Brutkästen, und von Mißhandlungen kuwaitischer Mädchen durch Saddam Husseins Horden gingen um den Globus und sorgten für den notwendigen Kreuzzugsgeist gegen das Horrorland Irak." Und Pleitgen kritisiert: „Als das üble Täuschungsmanöver später entlarvt wurde, löste das keine besondere Aufregung aus; höchstens eine gewisse Anerkennung für die Kreativität der Agentur und ihrer Auftraggeber."

Berühmte Fernseh-Masche ist es ferner, über Vorkommnisse einfach nicht zu berichten. Pleitgen: „Keine Bilder, kein Interesse". Oder die Fernsehkameras nehmen nur auf, was gewünscht wird und was im wahrsten Sinne des Wortes ins Bild paßt. Noch einmal Fritz Pleitgen: „Das Bombardement mit bruchstückhaften Berichten hat vermutlich zu einer heillosen Desinformation geführt. Der Durchblick ist längst verlorengegangen." Und die Bilder, die schließlich gezeigt werden? Wie ist ihre Aussagekraft? Leichenberge? Wer liegt da wirklich? Opfer deutschen Terrors? Kroaten? Deutsche selbst? Wir sind auf den Kommentar eines Fernsehreporters in solchen Fällen angewiesen. Und schon haben die Bilder keine Aussagekraft mehr. Das Fazit des Fritz Pleitgen: „Mir schwant: Je weiter sich die Fernsehwelt entwickelt, desto mehr entfernt sie sich von der Wirklichkeit ..."

Bemerkenswert auch, daß dem Tübinger Rhetorik-Professor Walter Jens, wahrlich kein Freund deutscher Interessen, der Kragen platzt, wenn es um Manipulationen des Fernsehens geht. Jens kritisierte vor einiger Zeit, daß das Fernsehen Politikern ein Forum bietet, „die ein Maximum an nichtssagenden Phrasen benutzen, um die Wahrheit zu verschleiern." Was ihm die Zornesröte ins Gesicht treibe, sei die unterwürfige Haltung von Fernsehjournalisten gegenüber Politikern. Jens: „Es fehlen die Fernsehsprecher, die den Politikern klarmachen: Wir leben in einer Demokratie, in der wir gleichberechtigt sind. Der Bürger lehnt es ab, alle vier Jahre als Souverän angesprochen zu werden, der abstimmt, und dann wieder vier Jahre die Schnauze zu halten hat." Das Verhältnis zwischen TV-Journalisten und Politikern kommt Jens vor wie jenes „zwischen launigem Herrscher und Diener".

Jens empfiehlt die Einführung des Faches Medienkunde in den Schulen. „Dort sollten Kameraleute, Fernsehreporter, Regisseure aufklären: Kinder, was ihr für natürlich und gegeben anseht, was ihr für die feststehende Wahrheit haltet, ist gewollt machbar. Laß dich nicht einschüchtern. Denk nach, wie können die Jungs das gemacht haben? Welche Kniffe und Tricks haben sie angewendet? Die Wirklichkeit kann ganz anders gewesen sein."

Weitere Zitate einflußreicher Persönlichkeiten

„Die öffentlich-rechtlichen Sender in unserem Land sind allzuoft Sinnbild von ... Verkrustung. Rund 30 000 Mitarbeiter plus ein Heer von freien Journalisten und Technikern stellen zwölf TV- und über 50 Hörfunkprogramme her. Das sind doppelt so viele Angestellte wie weltweit bei den Vereinten Nationen."

Dieter Weirich, Intendant der „Deutschen Welle"

„Wir müssen nicht nur zugeben, daß wir als Propagandainstrument mißbraucht wurden, sondern auch, daß wir uns haben mißbrauchen lassen. Wir wußten, daß wir nur einen weitgehend zensierten Ausschnitt aus der Realität zeigen konnten und taten es trotzdem."

Klaus Bresser, als ZDF-Redakteur über die Situation während des Golfkrieges

„Jeder versucht, eine Nachricht zu ergattern, auch wenn es nur eine Scheinnachricht ist. In einer 'Frontal'-Sendung zum Beispiel wird eine dubiose Zeugin vorgestellt, die über die Russen-Mafia schwafeln darf: Alles unüberprüfbares, wirres Zeug. Sowas kannte man früher nur von 'Bild'. (...) In vielen Redaktionen ist der Realitätsgehalt nur mehr zweitrangig."

Hans Leyendecker, „Spiegel"-Journalist

„Ein maßgeblicher Teil der Meinungsindustrie bemüht sich seit Jahrzehnten, dem deutschen Volk durch ausgeklügelte Umerziehung eine andere Identität zu geben ... Bei dieser Gehirnwäsche spielt das Gespenst des 'Neonazismus' eine zentrale Rolle. Fernsehgewaltige bemühen sich nach Kräften, mit Hilfe von Agenten, Verrückten und Rauschtätern den Eindruck zu erwecken, als existiere der untergegangene Nationalsozialismus in der Bundesrepublik fort."

Dr. Gerhard Frey, Herausgeber der „Deutschen National-Zeitung"

„Eine Handvoll Menschen kontrollieren die Medien der Welt. Derzeit sind es etwa noch sechs solcher Menschen, bald werden es nur noch vier sein – und sie werden dann alles umfassen: alle Zeitungen, alle Magazine, alle Filme, alles Fernsehen. Es gab einmal eine Zeit, da gab es verschiedene Meinungen, Haltungen in den Medien. Heute gibt es nur eine Meinung, die zu formen vier, fünf Tage dauert – dann ist sie jedermanns Meinung."

Mike Nichols, Hollywood-Regisseur, 1994

„Ein Teil der Programmacher des Fernsehens hat den Kontakt zur Welt der Zuschauer verloren."

Karl Holzamer, langjähriger ZDF-Intendant

„Die Lüge geistert untergründig durch nahezu alle Medien und Lebensbereiche, ganz besonders aber durch das Fernsehen."

Rudolf Lubeley, Schriftsteller

„Ich sitze im Knast, weil ich die ungeschriebenen Gesetze und Regeln meiner Branche konsequent befolgt habe."

Michael Born, Fernseh-Fälscher

„Im Fernsehkasten der Kopf eines Kommentators und dahinter Politiker, die ihn wie im Puppentheater an Schnüren ziehen und sich dabei gegenseitig behindern. Nur als Freund oder Feind sehen sie den Journalisten im Hörfunk und Fernsehen, als Medienknecht, der ihnen oder dem politischen Gegner bei Machterhalt und Machtgewinn nützlich oder schädlich ist."

Heinz Burghart, langjähriger Chefredakteur des Bayerischen Fernsehens

„Die meisten TV-Sender entwickeln sich zu deutschfeindlichen Propagandakompanien."

Oberstleutnant a. D. Ulrich Saft, Militärhistoriker

„Deutschland erlebt eine Katastrophe dessen, wie es ist, wenn sich die internationalen Medien gegen ein Land eingeschossen haben."

Ephraim Kishon, Schriftsteller

„Das Fernsehen ist heute das Propagandamittel allererster Wahl ... Falsche Tatsachenbehauptungen, Mangel an Recherche, Überfluß an Übereifer, verleumderische Zitate anonymer Gewährsleute ...“

Hennig Röhl, Programmdirektor des Mitteldeutschen Rundfunks (MDR)

„Seit meinem Sieg bei den Parlamentswahlen ist von der tonangebenden Meinungsindustrie ein merkwürdiges Bild gezeichnet worden, das mit der Wirklichkeit mitunter wenig und meist gar nichts zu tun hat. Die schlimmste Hetze habe ich von Medien aus der Bundesrepublik Deutschland erfahren.“

Wladimir Schirinowskij, Vorsitzender der Liberaldemokraten Rußlands

„Vom Fernsehen geht heute eine unglaubliche Macht aus. Da die Schaltstellen nicht selten von Antideutschen besetzt sind, sind die TV-Macher in der Lage, auch Wahlkämpfe und natürlich Wahlergebnisse zu manipulieren. Wir haben das am eigenen Leibe erfahren.“

Siegfried Tittmann, Vorsitzender der DVU im Bremerhavener Parlament

„Ich habe oft erlebt, wie Redakteure einen mißliebigen Politiker am Schneidetisch fertigzumachen versuchten, dies manchmal im wahrsten Sinne des Wortes. Da wurden Bild- und Toneinstellungen solange hin- und hergerollt und dann dementsprechend geschnitten, bis eine Figur herauskam, die mit der Person und ihrem Wollen nichts mehr zu tun hatte. Und am Ende bekam das Opfer obendrein noch einen gezielten Fußtritt in Form der Abmoderation, gegen die es sich nicht mehr wehren konnte.“

Franz Schönhuber, ehemalig verantwortlicher Fernsehjournalist

„Die journalistischen Sitten sind so verwildert, daß man sich fast schämt, dem Berufsstand anzugehören.“

Klaus Bednarz, „Monitor“

„Die ‘Wahrheit’ in den Medien ist bisher eine Sache der Ehre, muß aber auch eine Sache des Rechts werden, weil gerade in diesem Bereich ‘Ehre’ so vielen so wenig bedeutet.“

Hansjörg Klein, Vorsitzender des Vereins „Bürger fragen Journalisten“

„‘Faken’ ist der politisch korrekte Begriff für das früher besonders in der Sprache, aber auch im Handwerk von Journalisten und Fernsehreportern übliche ‘türken’ (ein authentisches Foto oder eine Filmaufnahme vortäuschen).“

Klaus Rainer Röhl in „Deutsches Phrasen-Lexikon“

Ein gewaltiger Propagandafeldzug
Golfkrieg: Zwischen TV-Welt und Realität

US-hörige Massenmedien lieferten im Jahre 1991 ein Musterbeispiel an Medienmanipulation. Der Golfkrieg wurde gnadenlos verkauft und verfälscht. Die Öffentlichkeit der sogenannten westlichen Wertegemeinschaft hing während des Krieges am Info-Gängelband streng vom Pentagon zensierter US-Berichterstatter. Und ein gewichtiges Wort hatte die israelische Zensur mitzusprechen.

Von Bismarck stammt der Spruch, nirgendwo sonst werde soviel gelogen wie vor einer Wahl, im Kriege und nach der Jagd. Als der Golfkrieg tobte, standen im bundesdeutschen Blätterwald „Deutsche National-Zeitung" und „Deutsche Wochen-Zeitung" allein auf weiter Flur mit ihren Warnungen, der antiirakischen Propaganda Washingtons und seiner Hilfswilligen blind Glauben zu schenken.

Zwei Monate nach Ende des Krieges trafen sich zahlreiche US-Journalisten in Washington, um zu beraten, wie man es im Falle eines künftigen Krieges vermeiden könne, „erneut den Manipulationen und der Zensur des US-Verteidigungsministeriums zu unterliegen". Sogar ganz auf Westbindung gepolte bundesdeutsche Medien wie das ZDF wagten es, ungehalten zu sein.

Am 1. Mai 1991 schrieb die „Thüringer Allgemeine": „Auf einer kürzlichen Pressekonferenz zeigten sich ZDF-Verantwortliche ziemlich verschnupft über den Golfkrieg, dieses sechswöchige Medienereignis. Im Nachhinein hat sich die ganze Angelegenheit als die größte Desinformationskampagne der Kriegsgeschichte herausgestellt. Besonders verärgert zeigte man sich in Mainz über den General Norman Schwarzkopf, der sich bei den Reportern auch noch für ihre erzwungene Mitarbeit bei dieser Aktion offiziell bedankte. Auch der Sender CNN wurde von den ZDF-Chefs scharf ins Visier genommen. Viele Berichte wären inszeniertes Bauerntheater gewesen." Allerdings – und auch dies ist bezeichnend – erfolgte diese Kritik erst nach Beendigung des blutigen Gemetzels.

Reicher Hussein: Bombenterror gegen sich selbst?

Die Lügen im Golfkrieg kannten keine Grenzen: Während Tausende US-Bombenflugzeuge mit Flächenbombardements die völkerrechtswidrige Praxis des Zweiten Weltkrieges im Irak fortsetzten, gab das US-Verteidigungsministerium Mitte Februar 1991 bekannt, Saddam Hussein sprenge Gebäude zu Propagandazwecken selbst in die Luft. Unter Berufung auf Informationen aus dem Pentagon berichteten US-Medien, in der Stadt Barsa sei eine Moschee von den Irakern selbst gesprengt worden, um dies den alliierten Bombern anzulasten. Alles erlogen!

Im folgenden tauchte Iraks Staatschef Saddam Hussein in den Medien der westlichen Welt plötzlich als einer „der reichsten Männer der Erde" auf. Er habe sich widerrechtlich Abermilliarden zur Seite geschafft, unterhalte unter anderem Schlösser in der Schweiz (die jedoch nie aufgefunden wurden) usw. Seit Jahrzehnten aber veröffentlichen die bekanntesten Finanzblätter des Westens Listen mit den 50 oder 100 reichsten Personen der Welt. Nie tauchte der Name Saddam Husseins darunter auf.

Hussein als Folterknecht

Im Golfkrieg wurde die „Weltöffentlichkeit" geschockt mit Berichten über den Einsatz von Giftgas, Schwefelsäure, Napalmbomben usw. durch die Iraker. Alles gelogen, wie später das Pentagon einräumte. Auf dem Höhepunkt der Greuelpropaganda brüllte „Bild": „Kuwait: Sie wurden wie Jesus ans Kreuz genagelt." Es folgte ein abenteuerlicher Bericht über Mord und Folter an kuwaitischen Widerstandskämpfern. Keine Lüge war zu dreist, um nicht ins Feld geführt zu werden. Und ARD, ZDF, RTL, SAT.1 usw. marschierten allesamt in Reih und Glied mit.

Solche Karikaturen gingen 1990 um die Welt: Hussein als „neuer Hitler".

Auch die Behauptung, deutsche Techniker hätten Saddam Husseins Scud-Raketen so verbessert, daß sie eine Bedrohung für israelische Städte darstellten, wurde verbreitet. Erst nach Abschluß der Kämpfe im Golfkrieg fand sich das Pentagon bereit, wenigstens einen Bruchteil der Lügen offiziell zu dementieren. Anfang April 1991 hieß es vom Sprecher des Verteidigungsministeriums, die kuwaitische Hauptstadt sei keineswegs, wie zunächst berichtet, von den Irakern verwüstet worden. Auch die ursprünglich behaupteten Plünderungen seien nicht vorgekommen. Was die Zerstörung von Kuwait-Stadt angeht, räumte das Pentagon nun ein, daß Schuld auch auf das Konto von US-Bombern ginge. Das bundesdeutsche Fernsehen gestand hingegen nur nach und nach, sich zum Büttel der US-Propaganda gemacht zu haben.

Der Brutkasten-Schwindel

Im Grunde hat nach dem Golfkrieg keine einzige Lüge überlebt. Weder sind US-Kriegsgefangene mißhandelt und gefoltert worden, wie berichtet wurde, noch wurden in Kuwait Frühgeborene von blutrünstigen Irakern aus den Brutkästen gerissen. US-Präsident Bush und andere führende amerikanische Politiker waren zuvor nicht müde geworden, immer wieder an die herzzerreißende Aussage jenes jungen Mädchens zu erinnern, das als kuwaitischer Flüchtling dem UNO-Menschenrechtsausschuß über Greueltaten irakischer Soldaten in Kuwait berichtet hatte: „Die Irakis rissen Säuglinge aus ihren Brutkästen und schmissen die leblosen Körper auf den Boden." Auch ihr Baby sei ermordet worden, erzählte das Mädchen unter Schluchzen. Und der angebliche kuwaitische Chirurg Issah Ibrahim gestand den Medien und den Zuhörern, die sich der Tränen nicht erwehren konnten, er habe allein vierzig derartig ermordete Säuglinge bestattet.

Alles plumpe Propagandalügen, wie sich später herausstellte. Die ganze Geschichte war erfunden, um den – natürlicherweise geringen – Kriegswillen innerhalb der US-amerikanischen Bevölkerung zu stärken. Das Mädchen war auch kein Flüchtling, sondern die Tochter des kuwaitischen Botschafters in den USA, die der Königsfamilie Al Sabath angehört. Und der angebliche Chirurg Ibrahim aus Kuwait ist ein Zahnarzt, der zugab, daß seine gesamte Aussage frei erfunden war.

Ein New Yorker Werbeunternehmen, das den Auftritt für den Scheich von Kuwait gegen Zahlung von zehn Millionen Dollar organisiert hatte, ließ dazu erklären, das Ziel sei gewesen, vor der Öffentlichkeit den Golfkrieg zu rechtfertigen. Zunächst sei untersucht worden, was bei der US-Bevölkerung die größte Abscheu hervorriefe. Das Ergebnis: Babymord. Anschließend seien „Zeugen" entsprechend geschult und präpariert worden.

Zuvor hatte sich die Propaganda überschlagen, als man im irakischen Fernsehen den kriegsgefangenen US-Marineleutnant Jeffrey Zaun mit zerschlagenem Gesicht sah. Er war einer der ersten US-Bomberpiloten, die bei Einsätzen über dem Irak abgeschossen worden waren. Stimmen der Vernunft, die darauf hinwiesen, daß Zauns Gesicht die typischen Verletzungsmerkmale nach Benutzen eines Schleudersitzes trage, konnten sich kein Gehör verschaffen. Nach seiner Freilassung bestätigte Zaun: „Wir wurden nicht geschunden oder gefoltert, sondern im Gegenteil vorbildlich behandelt."

US-Leutnant Jeffrey Zaun,
wie er im Fernsehen zu sehen war.

Der ölverklebte Vogel

Kaum etwas brachte die „Weltöffentlichkeit" mehr aus der Fassung als die Bilder angeblich vor Kuwait jämmerlich um ihr Leben flatternder Kormorane mit ölverklebtem Gefieder. Die Vögel wurden auch im bundesdeutschen Fernsehen als Beispiel für die verbrecherische Ölkatastrophe präsentiert, die Saddam Hussein verschuldet habe. Später flog auf: Es handelte sich keineswegs um Aufnahmen vom Golf, sondern um effekthascherisch aus dem Zusammenhang herausgelöste und zurechtgestutzte Filmsequenzen aus dem Archiv; von echtem Vogelsterben zwar, aber an anderen Tatorten, zu anderen Zeitpunkten und mit anderen Ursachen. Präsentiert wurden sogar z. T. andere Vogelarten als die, die an den Golfküsten vorkommen. Die Nachrichtenagentur AP wurde als Verbreiterin der Bilder ausfindig gemacht. Doch die Agentur konnte den Nachweis führen, daß sie die korrekte Herkunft des Materials stets deutlich klargestellt hatte. Fernsehmacher verschwiegen diese Information.

Auch die Fernseh-Behauptung, Saddam Hussein befehligte die viertgrößte Militärmacht der Erde, entpuppte sich schließlich als Riesen-Ente. Der französische Militärwissenschaftler Jean-Louis Dufour: „Man hat davon geredet,

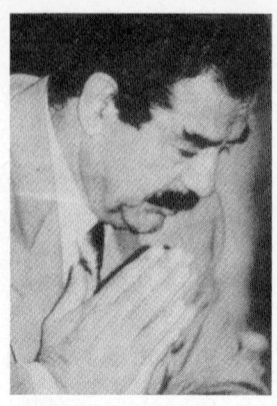

Saddam Hussein

weil die Bush-Regierung den Eindruck vermitteln wollte, daß sie gegen die viertstärkste Armee der Welt kämpft." Die Schlagkraft des Irak sei systematisch übertrieben worden, um den massiven Aufmarsch am Golf zu rechtfertigen. Oberst Andrew Duncan vom Institut für Strategische Studien in London ergänzte: „Mit seinen 700 Flugzeugen hätte es Saddam Hussein nicht einmal allein gegen die Israelis aufnehmen können."

USA gegen Irak – Was war wahr? Die USA sind 21mal größer als der Irak, flächenmäßig der viertgrößte Staat der Welt (Irak: Rang 53). Die USA haben 14mal mehr Einwohner als der Irak. Das Bruttosozialprodukt der USA ist 150mal größer als jenes des Irak. Die Rüstungsausgaben der USA sind 22mal höher als die des Irak. Das Vernichtungspotential der USA übersteigt die militärischen Machtmittel des Irak wohl hundertfach.

Hussein und seine Doppelgänger

Auch die Behauptung, Bagdads Truppen hätten massenweise entsprechende Waffen an die Front geschafft, um einen Giftgaskrieg anzuzetteln, war ein Schwindel, ebenso wie die weitverbreitete Einschätzung, die USA hätten einen „sauberen Krieg" geführt, einen „chirurgischen Eingriff" vorgenommen. ARD und ZDF aber waren bei der Verbreitung derartigen Unsinns stets „in der ersten Reihe" zu finden. Unsinn auch die Geschichten, Saddam Hussein lasse immer wieder Doppelgänger von sich auftreten, um sein Leben zu schützen, Hussein morde und foltere zum Zeitvertreib, Hussein ließe schon mal harmlose Passanten verbrennen usw.

Selbst die linke Münchner „Abendzeitung" kam an deutlichen Worten zur Desinformation im Golfkrieg nicht vorbei. Zitat vom 30. Juli 1994: „Niemals vorher ist in einem Krieg derart manipuliert und verfälscht worden. (...) Vieles, was in den Wochen der Operation 'Wüstensturm' glänzte, entpuppte sich hinterher als schaler Desinformationsbrei: Auf der einen Seite das verzerrte Bild des blutrünstigen Diktators Hussein, der die angeblich viertstärkste Armee der Welt befehligte, auf der anderen Seite die Pseudo-'Sauberkeit' lasergelenkter Waffen, sogenannte 'chirurgische Kriegführung'. Tod und Leid? Bekam man so gut wie nie zu sehen."

„Die Schlacht der Lügen" – Treffender hätte das Buch von John R. MacArthur, einem maßgeblichen amerikanischen Journalisten, nicht überschrieben werden können. Untertitel: „Wie die USA den Golfkrieg verkauften". Geschildert werden Hintergründe zum Einsatz von Medien als eine der Waffen der Alliierten. Der Autor kommt zu der Feststellung: „Von Anfang an ... war die Regierung entschlossen, eine echte Berichterstattung über den Krieg am Persischen Golf nicht zuzulassen und das, was sie an Berichterstattung erlauben würde, eng zu begrenzen."

Doch glauben wir nicht, daß TV-Macher und Fälscher aus dem nachträglichen Auffliegen des Golfkrieg-Schwindels gelernt hätten: Neuerdings plant man den totalen Informationskrieg. 37 Millionen Dollar läßt sich das US-Verteidigungsministerium die Entwicklung neuer Kriegstechniken kosten, die ganz und gar auf Desinformation aufgebaut sind. Die Idee ist einfach: Im Kriege steuern Militärs die Desinformation. Ein Frachtflugzeug mit Propellerantrieb – das Gerät heißt Comando Solo – soll die neue Wunderwaffe sein, die 70 Millionen Dollar gekostet hat. An Bord: Eine elfköpfige Besatzung, modernste Übertragungstechnik, Faxgeräte, Computer, Radio- und Videorekorder. Die Besatzung ist mit diesen Hilfsmitteln in der Lage, Radio und Fernsehen eines Landes zu unterbrechen und beliebig eigene Berichte einzustreuen. Dies sollte auch im Golfkrieg schon ausprobiert werden; nur kam es nicht mehr dazu: Geplant war, Saddam Hussein per Computer Worte in den Mund zu legen, die das eigene Militär, die eigene Bevölkerung verunsichert und destabilisiert hätten. Schöne Aussichten?!

Der „Russen-Hitler"
Das Fernsehen und Schirinowskij

Die unglaubliche Macht von Massenmedien wird auch deutlich am Fall des russischen Politikers Wladimir Schirinowskij, der vor allem im deutschen Fernsehen nach allen Regeln der Kunst niedergemacht wurde. Er ist praktisch „vogelfrei". An dieser Stelle geht es nicht um die wahren Ansichten dieses Russen, sondern darum, wie das Fernsehen ihn behandelt. Warum sieht sich ausgerechnet das bundesdeutsche Fernsehen berufen, die Hetze zu übersteigern? Ist der Nationalmasochismus hierzulande wirklich schon so weit fortgeschritten, daß jeder, ob In- oder Ausländer, der irgendwann einmal positiv zu deutschen Lebensinteressen Stellung nimmt, nach „Art des Hauses" verteufelt wird?

Fernsehen und „Bild-Zeitung" liefern eine „Schlacht der Hetze" und der Verbalinjurien. Mal werfen sie Schirinowskij vor, deutsch zu denken, mal titulieren sie ihn als „Russen-Hitler" oder als „Ultranationalisten", mal wird ihm vorgehalten, er sei Jude, mal berichtet man empört, der „neue Hitler" wolle in der Ostpreußen-Frage eine „deutsche Lösung anstreben", mal heißt es, er sei Kopf einer internationalen Geldfälscher-Bande, mal berichten sie, er plane einen Atom-Krieg gegen Deutschland, mal ist er laut deutscher Meinungsmache homosexuell, mal will man ihn bei abenteuerlichen Sex-Spielen mit Prostituierten ertappt haben.

Zur letztgenannten Geschichte einige „Bild"-Schlagzeilen: „Weltexklusiv: Ich war seine Sex-Sklavin", „Russen-Hitler peitschte und würgte mich", „Russen-Hitler und die Sex-Sklavin: Das Geheimnis der schwarzen Distel." „Bild enthüllte" die „Story" einer Prostituierten, die behauptete, von Schirinowskij sexuell mißbraucht worden zu sein. Kein Wort stimmte. Die „Sex-Sklavin" hatte die Geschichte erfunden. „Bild" mußte auf Seite 1 eine riesige Gegendarstellung abdrucken.

„Welt-exklusiv" verbreitet „Bild" Lügen, die auch von anderen Medien übernommen wurden.

Bundesaußenminister Kinkel verweigerte ihm sogar die Einreise nach Deutschland. Allen voran „Spiegel TV" wartete mit mehreren Schirinowskij-„Enthüllungen" auf. Schirinowskij: Irrer, Russen-Hitler, Schwachsinniger, Verbrecher, Tierquäler, Psychopath, Sex-Monster ...

Der Hundekampf-Fanatiker?

Die ARD präsentierte ihn als Freund von Hundekämpfen (Schirinowskij: „Ich bin wirklich ein totaler Gegner jeder Form von Tierkämpfen"). Die ARD-Kameras hatten Schirinowskij in der Nähe eines Hundekampfes „eingefangen". In Wahrheit waren mehrere russische Politiker aus Informations-Gründen anwesend. Schirinowskij hatte anschließend aus seiner Abscheu gegen das Spektakel keinen Hehl gemacht. Doch dieses Interview wurde nicht gesendet.

Der Westdeutsche Rundfunk (WDR) hatte es gar vollbracht, die abenteuerliche Hetze gegen Wladimir Schirinowskij nochmals zu steigern. Wie das gelungen ist? Mit dem Geld der Fernseh-Gebührenzahler! Durch die dritten Fernsehprogramme der ARD geisterte im Jahre 1994 der TV-Schocker „Sein Kampf – Schirinowskij". Was der WDR hier in 45 Minuten dem Zuschauer zumutete, war in der Tat skandalös.

WDR: „Töten Sie Schirinowskij!"

Die Handlung: Schirinowskij soll vom Bundesnachrichtendienst umgebracht werden. Amerikanischer Geheimdienst, ehemalige Stasi-Größen, die Bundesregierung, das Auswärtige Amt – alle mischen kräftig mit.

Finstere Nacht, Unwetter, düstere Musik, eine Leiche, Ungeziefer huscht durchs Bild – so begann der Fernsehfilm des WDR über ein Mordkomplott gegen Schirinowskij. Produzent Martin Wiebel und Regisseur Peter Ristau wollten offenbar in die Fernsehgeschichte eingehen: Keinen Polit-Schwachsinn haben sie in ihrem Streifen ausgelassen.

Aus dem WDR-Film: Ständige Vergleiche zwischen Hitler und Schirinowskij bestimmen die Dialoge der gutdotierten Darsteller. Zudem wird Schirinowskij wieder einmal ein braunes Allerlei in den Mund gelegt. Einige Beispiele aus dem Reich der Phantasie der Macher dieses Films: Agenten finden heraus, daß Schirinowskij den „Aufbau einer Nazi-Terrororganisation" plant. Der böse Russe ist natürlich auch im Besitz von diversen Todeslisten und geht über Leichen. Ergebnis der Geheimdienst-Recherchen: „Die braune Front setzt sich in Marsch!"

Da gibt es selbstverständlich nur eines: Abknallen, den Mann! Dies ist insbesondere der Herzenswunsch von „Frau Fach", Mitarbeiterin des Bundesnachrichtendienstes, die für ihre „gute Idee" schließlich bei anderen Geheimdiensten, der Bundesregierung und dem Auswärtigen Amt wirbt. Mit einigem Erfolg – so will es das WDR-Drehbuch. Zwar kann sie zunächst den zuständigen Bundesminister noch nicht so recht überzeugen, wohl aber findet sie einen Killer: Ein ehemaliger Stasi-Mann soll den Auftrag übernehmen und Schirinowskij ermorden. Frau Fach gibt den Auftrag: „Töten Sie Schirinowskij!" – Die Fernseh-Nation hält den Atem an. Noch zweifelt der Stasi-Mann. Frau Fach drängt: „Erledigen Sie es!" Schließlich erzählt sie die Geschichte ihres Herrn Papa, der im Nazi-KZ Mauthausen umgekommen sei. Das rührt den sonst so finsteren und abgeklärten Killer: Er nimmt den Auftrag an.

Der amerikanische Geheimdienst stellt für das Unternehmen hundert seiner besten Leute zur Verfügung. Und auch der zunächst noch schwankende Minister kann schließlich von der Richtigkeit der Ermordung überzeugt werden, nachdem das Auswärtige Amt „grünes Licht" für den Abschuß Schirinowskijs gegeben hat. Alle Vorbereitungen laufen auf Hochtouren. Der

Stasi-Killer wird mit hochmodernem Waffengerät ausgestattet. Strenge Geheimhaltung ist vereinbart. Der Film erreicht seinen spannungsgeladenen Höhepunkt.

Das Spektakel nimmt seinen Lauf: Der Stasi-Killer probt mit einigen Männern den Schirinowskij-Mord. Mehrmals. Ein richtiges Training. Anweisungen werden mit Trillerpfeife gegeben. Motto: „Alles mordet auf mein Kommando." Mehrfach sieht man, wie ein Schirinowskij-Doppelgänger überwältigt und probeweise erschossen wird.

Das Fernsehen und Schirinowskij: Der WDR schreckte nicht einmal davor zurück, auf Gebührenzahlers Kosten einen Streifen zu produzieren, in dem der Chef der russischen Liberal-Demokraten ermordet wird. Unten: „Schirinowskij" fällt zu Boden.

Doch dann – welch' Enttäuschung – muß das Mordkomplott wieder gestoppt werden. Die Geheimhaltung war nicht mehr gewährleistet. Die Öffentlichkeit hatte von den Mordplänen Wind bekommen. Der zuständige Bundesminister streitet plötzlich alles ab, gibt auf einer Pressekonferenz einige Phrasen zum Besten – und so platzt schließlich der Mordplan. Moral von der Geschicht: Die „Gefahr Schirinowskij" kann nicht gebannt werden!

Diesen Film „Sein Kampf – Schirinowskij" gab es wirklich. Finanziert vom Fernsehzuschauer. Der WDR hatte eine neue Dimension der Hetze eröffnet. Andersdenkende werden kurzerhand erschossen. Eine solche Produktion ist an Niedertracht kaum zu überbieten; auch wenn „Schirinowskij" schließlich das Ende des WDR-Films „überlebt".

Das Ganze hat einen weiteren bitterbösen Hintergrund. Gerade in der Vergangenheit ist immer wieder analysiert worden, wie Fernsehfilme zumindest auf einen kleinen Teil des deutschen Fernsehpublikums wirken. Zuhauf gibt es darüber Studien. Mittlerweile ist in der Bundesrepublik Deutschland eine „Nachahmungskriminalität" festzustellen. Schon häufig haben Organe der Meinungsindustrie diese Tatsache auf miese Weise ausgenutzt und mißbraucht, haben Nachahmungstäter regelrecht herangezüchtet. Der niederträchtige Streifen kann demnach von Verrückten als Aufforderung zur Liquidierung Schirinowskijs angesehen werden. Die WDR-Macher – dieser Eindruck drängt sich auf -- haben dies in Kauf genommen. Eine neue Art der Fernsehunterhaltung ...

Das braune Gespenst
Fernsehen und der „rechte Terror"

Das Fernsehen und der „rechte Terror": Es ist schon rekordverdächtig, wie in diesem Bereich gefälscht und gelogen wird. Früher vorwiegend mit Freibier und Gratis-Schnaps, heute mit bis zu vierstelligen DM-Beträgen engagieren Medienreporter junge Leute, um die gewünschten Krawallszenen vor die Kameras zu bekommen.

Mit diesem Phänomen manipulierter Berichterstattung beschäftigte sich auch der Medienforscher und Publizist Michael Diers. „Rechtsradikale vor der Kamera – Glatzenpflege per Scheck" lautete die Überschrift seines Artikels, den die Fachzeitschrift für Medienberufe „Sage und schreibe" in ihrer Ausgabe Nr. 3/1994 veröffentlichte. Diers' Kernaussage: „Wer bringt die brutaleren, schrecklicheren Skinheads? Die Medien kauften sich bei Rechtsradikalen ein und inszenierten Gewalt."

Medienforscher Rainer Erb stellte in der Zeitung des Deutschen Bundestages, „Das Parlament", vom 11. Dezember 1992 unter der Überschrift „Machen die Medien den Extremismus erst salonfähig?" fest, daß sensationelles Aufmachen von Aktivitäten „ausländerfeindlicher Gruppen" aufputschend wirke: „Es gibt eine Gruppe von Medienkonsumenten, die derartige Berichte regelmäßig, aufmerksam und mit Genugtuung verfolgen. Es sind die Täter und ihr Anhang ... Medien verschaffen diesen Gruppen größere öffentliche Aufmerksamkeit und Bedeutung, als ihnen tatsächlich zukommt." Zur Nachahmung werde außerdem angeregt.

Erb erwähnt „die Fälle, in denen Journalisten nachweisbar Jugendlichen Geld für das Posieren mit 'Hitler-Gruß' gezahlt haben". In der „Szene" sei bereits ein „fester Tarif" für die gewünschten Gruselbilder entstanden. „War 1989/90 die Genehmigung noch für ein paar Dosen Bier zu haben, so liegen heute die geforderten und gezahlten Beträge bei mehreren hundert Mark."

Dauergäste auf allen Fernsehkanälen: Angebliche „Neonazis", die vor jeder Kamera die gewünschten Posituren liefern. Wer solche Gestalten anstiftet, bezahlt und was sich diese Personen dabei denken – falls sie denken – steht dahin. Auf jeden Fall gibt es in einer Bevölkerung von 80 Millionen Menschen einige wenige, die ihre Sinne nicht beisammen haben. Übrigens: Was der Dunkelhäutige rechts im Bild bei seinen Aktionen im Sinne hat, wissen wohl nur seine Auftraggeber ...

„Rechtsextremismus", so Erb weiter, sei für die Medien ein „leichtes Thema". „Auf eine Reportage über Wirtschaftskriminalität hin können rechtliche Sanktionen und kostspielige juristische Auseinandersetzungen drohen. Aber bis heute ist kein Fall vorgekommen, daß sich Neonazis oder Skinheads gegen einen schlecht recherchierten Bericht juristisch zur Wehr gesetzt hätten."

„Setzt das Fernsehen Krawalle in Szene?" fragte die Fernsehillustrierte „Hörzu" 1993 und berichtete: „Auch um spektakuläre Nachrichtenbilder wird der Konkurrenzkampf unter den Sendern immer härter: Die schlimmsten Auswüchse: Es häufen sich Vorwürfe, daß Reporter und Kameraleute Gewaltszenen selbst noch anheizen." „Hörzu" zitierte Ingolf Deubel, den Solinger Oberstadtdirektor, mit den Worten: „Einzelne Medien haben Geld dafür bezahlt, daß Haßparolen gegrölt werden." „Hörzu": „Gewalt und Haß gegen Geld. Reporter und Kameraleute als Anstifter. Solingen war kein Sonderfall. Schon bei den Unruhen in Rostock war von der Polizei ermittelt worden, daß TV-Reporter jungen Leuten 500 Mark gezahlt hatten, damit sie in die aufgebauten Kameras 'Heil Hitler' riefen. Bei Unruhen in Dresden hatte ein hoher Polizeioffizier mit angehört, wie ein Fernsehmann seinen Chef im Sender informierte: 'Wenn wir an die Jugendlichen kein Geld zahlen, wie das andere Teams bereits gemacht haben, läuft hier nichts.'"

WDR: 250 Mark für NS-Kostümierung

April 1979: In einem Lokal in Berlin-Spandau greift die Polizei (Staatsschutz) drei junge Leute auf, die in verbotenen NS-Phantasiekostümen in Fernsehkameras lärmten. Bei späteren Vernehmungen erklärten die „Neonazis" übereinstimmend, sie seien für ein Honorar von 250 DM zu diesem Aufzug veranlaßt worden. Journalisten vom WDR hätten diese Kleidung ausdrücklich verlangt und seien sogar selbst mit NS-Symbolen und -Zeitungen erschienen, um diese dann wirksam ins Bild zu setzen. Hintergrund: Die WDR-Mannschaft bereitete einen Bericht über „Neonazis" für die Sendung „Monitor" vor.

Nazi-Spielen für 165 Mark

Ebenfalls im Jahre 1979 trug sich während einer TV-Ausstrahlung folgendes zu. Das Magazin „Trans-Media" berichtete zehn Jahre später, in seiner Ausgabe Nr. 7/1989: „Eine Expertenrunde im WDR. Das Thema 'Rechtsradikale'. Bevor Moderator Ivo Frenzel die Live-Diskussion eröffnet, wird ein Dokumentarfilm eingespielt. So heißt er wenigstens. Sein Titel 'Neonazis in Berlin'. Einem der Experten, dem Schweizer Wissenschaftler und Publizisten Dr. Armin Mohler, kommen die darin agierenden beiden Halbstarken ein wenig zu martialisch vor. Auf gut Glück pflaumt er, noch während der Streifen im Studio über die Bildschirme flimmert, den neben ihm sitzenden Autor des Filmes an: 'Wieviel habt Ihr denn diesen beiden Deppen fürs Nazi-

Spielen gezahlt?' Der Angesprochene grinst und antwortet Mohler, den er offensichtlich für einen 'vom Haus' hält: '165 Mark'. Der Film ist zu Ende, der Live-Teil der Sendung beginnt. Und Mohler packt sofort aus, was er gerade gehört hat: Daß ein öffentlich-rechtlicher Sender zwei jungen Berlinern für das Mimen von Rechtsradikalen 165 DM gezahlt hat. Der Autor ist baff, wird rot, kann sich nicht einmal zu einem schwachen Dementi durchringen, sondern stöhnt lediglich hervor: 'Ja, aber 165 für beide zusammen...' "

WDR und „Die verdrängte Gefahr"

Gespenstische Szenen in Frankfurt am Main im Dezember 1982: In einer Fußgängerzone gehen finster dreinblickende „Neonazis" auf Fußgänger los, um ihnen Flugschriften mit verbotenem Inhalt in die Hand zu drücken. Eingeschüchterte Passanten nehmen die Hetzschriften entgegen. Das Ganze geschieht vor einer Polizeihauptwache. Von der Polizei dennoch keine Spur. Jedoch vor Ort: Ein Kamerateam des Westdeutschen Rundfunks, das die furchterregenden Szenen filmt. Inszeniert wurde hier gerade der Film „Die verdrängte Gefahr", der schließlich im Januar 1993 zur Ausstrahlung kam. Später gab Frankfurts Polizeipräsident Gemmer bekannt: Die ganze Szenerie war gestellt und zwischen dem WDR und den „Neonazis" abgesprochen. Dem Fernsehpublikum sollte später vorgegaukelt werden, daß „Antisemiten" in der Bundesrepublik Deutschland ungehindert ihr Unwesen treiben können. Gemmer empörte sich zurecht, daß das WDR-Team nicht nur gefilmt, sondern zu der Tat angestiftet hatte. Der Polizeipräsident: „Rechtmäßig einschreitende Polizeivollzugsbeamte sind nach einem offensichtlich vorhandenen Drehbuch bewußt in eine bestimmte Rolle gedrängt worden." Damit seien die ohnehin überbelasteten Beamten zu Statisten von Szenen degradiert worden, die der gesellschaftlichen Realität nicht entsprächen.

...und die Folgen

Januar 1983: Hakenkreuzschmierereien an 50 Grabsteinen des Petersfriedhofes in Nürnberg. Fernsehen und Medien im Chor: Eine Untat von „Rechtsextremen!" Dann stand in der Münchner „Abendzeitung" zu lesen: „Der Fernsehfilm 'Die verdrängte Gefahr' stiftete drei Jugendliche in Nürnberg nach eigener Aussage zur Friedhofsschändung an: Thomas S. (15), Uwe W. (16) und Mathias W. (15) waren die Hakenkreuzschmierer ... Am Mittwochabend wurden sie von der Polizei geschnappt. In dem Film führen Jugendliche als 'Mutprobe' eine Friedhofsschändung vor. Die Polizei geht davon aus, daß die Aktion nicht politisch motiviert war." Die aufgesprühten Parolen auf den Grabsteinen waren in dem WDR-Film sozusagen vorgegeben worden. Schlimm: Nach der Tat sahen sich bundesdeutsche Massenmedien veranlaßt, eine riesige Propagandawelle in Szene zu setzen. Überall konnte man – bis ins Ausland – von der schrecklichen Tat der Nürnberger Jugendlichen lesen ...

WDR: 750 Mark für „Rechtsextreme"

Interessante Meldung aus der „Allgemeinen Jüdischen Wochenzeitung" vom 26. Januar 1983: „Ein Honorar von 750 Mark hat der Westdeutsche Rundfunk (WDR) an Rechtsextremisten für Interviews bezahlt. NRW-Finanzminister Posser sagte, es habe sich um einen 'üblichen Honorarbeitrag' gehandelt."

NDR: „Attacke" durch „NS-Fanatiker"?

Februar 1983: Schock während der NDR-Sendung „III nach Neun". Diskussionsrunde zum Thema „Neonazismus". Plötzlich springt ein „NS-Fanatiker" auf, stößt wüste Drohungen gegen „Rote" aus und geht dem Fernsehmoderator an den Kragen. Der „Nazi-Attentäter" live! Die Fernsehnation hält den Atem an. Schließlich müssen die Verantwortlichen zugeben, daß der Vorfall gestellt war. Ein Fernsehmitarbeiter hatte den „Rechtsradikalen" gespielt.

Skandal bei „Eichmann-Protokolle"

Mai 1983: Im Fernsehen läuft das Theaterstück „Die Eichmann-Protokolle" des Umerziehungsjournalisten Jochen von Lang (der eigentlich Piechocki heißt und bis Hitlers Ende 1945 im Reichspropagandaministerium als SS-Durchhaltetrommler tätig war). Mitten in der TV-Ausstrahlung kommt es plötzlich zu „Nazi-Provokationen" aus dem Zuschauerraum. Es hagelt „antisemitische Parolen" und „NS"-Sprüche. Die Schauspieler sind sichtlich geschockt. Millionen an den Fernsehschirmen sehen, wie Eichmann-Darsteller Werner Kreindl entnervt aufspringt und „aus Protest" die Bühne verläßt. Er stammelt in die Fernsehkameras: „Tut mir leid, ich kann nicht mehr." Der Fernseh-Skandal, hervorgerufen durch „Neonazis", war perfekt.

Hunderte Anrufe gingen beim Sender, dem NDR, ein. Radio Bremen vermeldete den „antisemitischen Eklat" sogar in den Abendnachrichten. Wenig später flog der Schwindel auf: Die Fernsehmacher gaben zu, daß zwölf Schauspieler im Auftrag des Senders ins Publikum gemischt worden waren und die „spontanen Zwischenrufe" genau einstudiert hatten. Auch Darsteller Kreindl hatte zuvor vom Regisseur genaue Anweisung bekommen, wann er „empört und entnervt" abzutreten hatte.

Regisseur Dieter Wedel rechtfertigte seinen Einfall so: „Entschuldigen Sie den Ausdruck, aber nach diesem entsetzlichen Gespräch (die Vernehmung Eichmanns durch einen israelischen Geheimdienstoffizier) würde mir das Kotzen kommen, wenn man gleich nach dem Stück zur Tagesordnung übergegangen wäre."

Das Fernsehen und Nesselwang

1985: Daß die Fernseh-Wirklichkeit schon mal „rechte Gewalt" mit Straftaten von Linken „verwechselt", zeigt sehr gut das Beispiel Nesselwang. Der Fall in Kurzform: Nach Aufrufen einiger DGB-Funktionäre und etablierter linker Politiker versammelten sich 1985 anläßlich eines Treffens einstiger Waffen-SS-Soldaten in Nesselwang/Allgäu mehrere tausend Demonstranten, um gegen die Veteranen zu „protestieren". In Nesselwang – wie in anderen Orten auch – kam es zu gewalttätigen Ausschreitungen gegen Ex-Soldaten von seiten der teils vermummten und bewaffneten Demonstranten. Auf Weisung „von oben" griff die Polizeieinsatzleitung erst ein, als Hunderte Delikte bereits begangen worden waren. Vorher hatte man (natürlich vergeblich) einen Polizeipsychologen gegen die Terroristen zum Einsatz gebracht.

Nach Mitteilung des damaligen bayerischen Innenministeriums waren etliche der Festgenommenen den Behörden als Berufskrawallmacher einschlägig bekannt. Kundgebungsteilnehmer sagten aus, daß die Demonstranten vom Veranstalter sogenannte Handgelder erhalten hätten. So seien bei der Anreise aus der näheren Umgebung 87 Mark, aus weiter entfernten Gebieten 108 Mark als „Unkostenbeitrag" gezahlt worden, berichtete seinerzeit die „Allgäuer Zeitung".

Inspiriert von überseeischen „Informanten", brachten bundesdeutsche Medien abenteuerliche Darstellungen über die „Umtriebe der Veteranen" in Nesselwang. In den USA hatte Rabbiner Marc H. Tanenbaum unter anderem „berichtet", die Veteranen seien in drei Tiger-Panzern aus dem 2. Weltkrieg vor dem Hotel „Krone" vorgefahren. Aber auch deutsche Fernsehanstalten vermittelten ein Bild, das friedliche Demonstranten gegen bösartige „Neonazis" zeigte. Eine Protestflut löste insbesondere die Sendung „Länderspiegel" (ZDF) vom 14. Dezember 1985 aus. Hier wurden in den Augen vieler Gebührenzahler die Gewalttäter glorifiziert.

Daß einige Medien sogar linke Chaoten im Bild zeigten und dann dazu anmerkten, es handele sich um „rechte Täter", gilt vielfach als Startschuß einer ganz neuen TV-Masche: Heute wird Rechtsterror nicht mehr auf klassische Weise „fingiert", sondern schlicht und einfach „herbeigesendet". Einige prägnante Beispiele:

2000 Mark für „NS-Aktionen"

September 1990: Bemerkenswerte Meldung in der „Frankfurter Allgemeinen Zeitung": „Bei den Feiern zur deutschen Einheit liegen den Sicherheitsbehörden Hinweise vor, daß Fernsehteams aus aller Welt gegen Bezahlung Tips aus der Chaotenszene erhielten, um extremistische Aktionen filmen zu können. Der 'Preis' für einen 'fernsehgerechten Auftritt' rechter Extremisten mit Singen des Horst-Wessel-Liedes und Hitlergruß beispielsweise betrage 2000 DM."

RTL: 1000 Mark für Hitler-Gruß

Der Kölner Sender „RTL" zeigte 1992 in der Sendung „Explosiv" Skinheads mit erhobenem rechten Arm vor einem Kriegerdenkmal in Dresden. Dem Zuschauer sollte einmal mehr das Gespenst einer „rechten Gefahr" vor Augen geführt werden. Doch die Filmszenen erwiesen sich als Schwindel. An der Aktion beteiligt war der Skinhead Dirk Hanske. Der damals 22jährige packte später aus: „Der Reporter Tobias Becker hat uns für den Hitler-Gruß Bier ausgegeben und uns 1000 Mark versprochen." Nachzutragen ist in diesem Zusammenhang, daß „Explosiv" die gestellten Bilder bereits Monate zuvor gedreht hatte und dann wahllos im Zusammenhang mit den Ereignissen von Rostock zeigte.

Schnaps für Skinheads

Oktober 1991: Ein Rias-TV-Team zahlt für Marzahner Skinheads die Zeche in einem Lokal. Prompt zogen die etwa 15 Skinheads vor ein Wohnhaus mit jüdischen Bewohnern, „um dieses zu stürmen". Am kommenden Tag wiederholte sich die Kneipenmasche, und abermals marschierten die Marzahner Glatzen los. Gesendet wurde ein entsprechender Filmbeitrag am 19. Oktober 1991. „Skinheads attackieren vor laufender Kamera ein Wohnheim, in dem Vietnamesen leben", berichtete die Berliner „taz" am 26.10.1991. Realität oder inszenierte Gewalt?

„Der sichere Tod" für Asylbewerber?

November 1991: Der sogenannte Überfall von Rechtsradikalen auf das Ausländerheim in Greifswald, der zur „Flucht" von 70 Asylbewerbern nach Schleswig-Holstein führte, hatte ganz andere Hintergründe: Szenen, die auch von den ARD-„Tagesthemen" gesendet wurden, spielten sich nicht etwa vor dem Ausländerheim ab, sondern waren in einem Fußballstadion gedreht worden. Mit den Bildern hatte man den Eindruck erweckt, „Rechtsradikale" hätten ein Asylantenhaus gezielt angegriffen, und die Asylbewerber seien in akuter Lebensgefahr gewesen. Faustgroße Pflastersteine seien keineswegs von „Ausländerfeinden" durch Fensterscheiben geworfen worden, so ergaben die Recherchen, sondern von einigen Asylbewerbern selbst. Sogenannte „Unterstützungsgruppen" (linksradikale „Autonome"), die die Asylbewerber in Privatautos von Greifswald nach Norderstedt (Schleswig-Holstein) transportierten, hätten erst „psychologischen Druck" auf manche ihrer Schützlinge ausüben müssen, um ihnen einzubläuen, daß ihnen in Greifswald „der sichere Tod" drohe.

100 Mark für „Neger raus!"

Einhundert Mark hatte Jürgen Roland, Krimiautor und Regisseur (seine Lieblingsgestalt in der Geschichte: Napoleon), Anfang der 90er Jahre etwa 50 Hamburger Fußball-Anhängern versprochen. Geforderte Gegenleistung: Ein Kurzauftritt in seiner Fernseh-Serie „Großstadt-Revier". Vor Ort aber staunten die jungen Anhänger des Hamburger SV nicht schlecht: Denn nicht etwa die stadionüblichen Vereinsgesänge sollten sie zum besten geben, sondern

Roland forderte von den HSV-Fans lautstarke „Neger raus"-Rufe. Die Fußballbegeisterten winkten dankend ab.

Die Lügen gegen Rechte: Fernsehen, Rundfunk, Presse, „Verfassungsschutz", Altparteien usw. werden nicht müde, das Gespenst einer „rechten Gefahr", einer Zunahme „rechter" Straftaten an die Wand zu malen. Sinn und Zweck dieser antideutschen Übung kann nur sein, das deutsche Volk kollektiv in einer Buß- und Sühnestarre durch die Weltgeschichte zu zerren.

Denn: Mehr und mehr – und zwar in aberhunderten Fällen – stellt sich heraus, daß die Behauptung eines „rechten Motivs" nicht standhält und sich dahinter alle nur möglichen Niederträchtigkeiten ganz anderer politischer oder völlig unpolitischer Richtungen verbergen. Parallel dazu haben sich Meinungsmacher eine weitere Masche ausgedacht: „Rechte Gewalttäter" geistern längst auch durchs Spielfilm- und Serienprogramm. Beliebte Familienserien werden plötzlich von „Neonazis" heimgesucht. Immer stärker vermischen sich Dokumentationen und frei erfundene Geschichten. Beispiele:

„Kennwort Möwe" (WDR)

Was ist das? - Ein „Rechtsradikaler" entführt ein Flugzeug, fordert die Wiedereinführung der ersten Strophe des Deutschlandliedes und die Freilassung eines „Neonazi-Terroristen". Schwachsinn? Nein. Das ist der Inhalt des 1986 ausgestrahlten WDR-Filmes „Kennwort Möwe". Regisseur: Tom Toelle. Buch: Wolfgang Menge (er kreierte „Ekel Alfred"). Dem Film wurde seinerzeit ein „hoher Wahrscheinlichkeitsgrad" bescheinigt. Warum, ist bis heute das Geheimnis des WDR geblieben. Als Vorlage für die Geschichte soll offenbar der Fall des 30jährigen Raphael Keppel gedient haben, der am 12. September 1979 eine Lufthansa-Maschine auf dem Flug von Köln nach Frankfurt am Main gekapert hatte. Nach zwölfeinhalb Stunden Verhandlungen mit dem Krisenstab, der von Ex-Staatsminister Hans-Jürgen Wischnewski geleitet wurde, ergab sich Keppel und händigte eine Plastikpistole aus.

Vorlage für „Kennwort Möwe"? Kleiner Schönheitsfehler: Keppel war kein „Neonazi", sondern Linker. So kandidierte der Kriminelle z. B. 1983 bei den hessischen Landtagswahlen für die Grünen. Schließlich wurde er Mitarbeiter ihrer Landtagsgruppe.

Flugzeugentführer Raphael Keppel, von TV-Machern vom Grünen zum „Neonazi" verwandelt...

„Tödliche Wahl" (ZDF)

In der Kategorie „Fernsehunterhaltung" wurde Anfang 1996 im ZDF der Dreiteiler „Tödliche Wahl" angekündigt. Über insgesamt fünf Stunden zur besten Sendezeit mußte der unbefangene Zuschauer den Eindruck gewinnen, deutsche „Neonazis" seien derzeit in Deutschland kurz vor der Machtübernahme. Die Auftaktszene des ersten Teils zeigte sogleich, wo in der Bundesrepublik Gut und Böse angesiedelt sind: Drei maskierte „Neonazis" stürmen den Gemüseladen eines Türken, verwüsten die Einrichtung und prügeln den Ausländer mit Baseballschlägern zu Tode.

Man fragt sich: Wann wurde jemals ein türkischer Gemüseladen in der Bundesrepublik von „Neonazis" überfallen und der Besitzer ermordet? Doch Mediengewaltige haben offenbar am „Neonazismus" ihre Freude. Das Drehbuch des ZDF-Dreiteilers schrieb der routinierte Robert Stromberger, durch beliebte Familienserien wie „Die Unverbesserlichen" und „Diese Drombuschs" dem Publikum bekannt. Um sich für den neuen Stoff als sachkundig auszuweisen, erklärte Stromberger, seine eigene Biographie habe ihn beeinflußt: „Als der Krieg vorbei war, war ich knapp fünfzehn und begeisterter Hitlerjunge. Ich kannte nichts anderes und habe erst später begriffen, wie sehr ich verblendet war."

Die Handlung des Dreiteilers war so abenteuerlich und geradezu aberwitzig, daß sie eigentlich selbst dem dumpfen Fernseh-Konsumenten unglaubwürdig erscheinen mußte: Ein Polizist, der zum Schein aus dem Dienst entlassen wird, schleust sich als V-Mann in eine Gruppe von „Neonazis" ein. Als Wirt der Kneipe „Burg Rheinfels" stellt er ihnen einen Versammlungsraum zur Verfügung. Der Fernsehzuschauer mag sich vielleicht gefragt haben, warum „die Organisation" überhaupt bespitzelt werden mußte, nachdem ihre Mitglieder unübersehbar in SA-Uniformen und mit Hakenkreuzbinden herumstiefelten, Hitlerbilder im Saal aufhingen und NS-Lieder überlaut grölten. Waren sie nicht beim Saufen in der Kneipe, machten die „Nazis" im Steinbruch beim Schießen auf mit dem „Judenstern" in der Herzgegend gekennzeichnete Pappkameraden einen Höllenlärm.

Der Chef der „Neonazi"-Bande, hergerichtet als Führer-Karikatur mit Hitlerbärtchen, richtet seine Schäferhunde – diese Rasse paßt für die TV-Macher nun mal ins Klischee des Rechtsextremismus – zum Töten ab und läßt zum Gaudium seiner Anhänger einen Verräter aus den eigenen Reihen von einem Vierbeiner totbeißen. Ein Araber (die in dem Film nach den „Nazis" die Zweitbösen sind) bietet der „Organisation" eine Million Mark an, wenn sie eine Synagoge in die Luft sprengt. Mit dem Geld wollen die „Nazis" ihren Bundestagswahlkampf finanzieren, um in Bonn künftig den arabischen Interessen zum Durchbruch zu verhelfen, wie der Geldgeber aus dem Irak hofft. Doch in letzter Minute kommt die Rettung: Der als V-Mann eingeschleuste

Polizist entdeckt, daß die Tochter seiner Lebensgefährtin zur Führung der „Neonazis" gehört. Es gelingt ihm, sie umzudrehen und mit ihrer Hilfe die frevlerische Tat zu verhindern.

Die ehemalige Nazi-Braut hätte ihre Läuterung um ein Haar als Futter für den Schäferhund des „Chefs" büßen müssen, doch es gelingt ihr, den mit dem Anschlag beauftragten jungen Mann durch einen Striptease dazu zu bewegen, den Hund wegzusperren. Durch sexuelle Erregung abgelenkt, läßt sich der Finsterling dann ohne Gegenwehr abstechen.

Zum Schluß siegt der demokratische Rechtsstaat. Agent und NS-Führer stehen sich zum Endkampf gegenüber. Mit vorgehaltener Waffe zwingt der Polizist den verhinderten Hitler-Nachfolger, einige Male in die Wand zu schießen, und erledigt ihn dann mit einem Blattschuß. Die Einschüsse seines Gegners sollen Notwehr des Polizisten beweisen.

Neben dem selbst inszenierten „Rechtsterror", der Präsentation von frei erfundenen Geschichten, setzen TV-Macher auch auf überdimensionale Darstellung von „rechten Terrortaten". Daß sich diese – wie in den folgenden Beispielen dokumentiert – anschließend meist als völlig unpolitische Taten z. B. von Provokateuren oder Irren herausstellen, interessiert dabei herzlich wenig.

Die Heldin von Halle

Der Fall des behinderten, seelisch zerrütteten Mädchens aus Halle, das sich – offenbar angestachelt von einer entsprechenden Spielfilm-Szene kurz zuvor im Fernsehen – ein Hakenkreuz selbst ins Gesicht schnitt, um dann zu behaupten, „Neonazis" hätten sie überfallen, hatte 1994 zu einer Welle der Hysterie gegen rechts geführt. Bevor die Wahrheit ans Licht kam, wüteten Fernsehen und Presse wie von Sinnen gegen die politische Rechte wegen der „Nazi-Schandtat von Halle".

Nicht nur die vermeintlichen Täter (angeblich „Skinheads", deren „Phantombilder" sogar bundesweit verbreitet wurden), sondern alle Rechten wurden als „Bestien", „Schweine in Menschengestalt" usw. beschimpft.

Die Heldin von Potsdam

Schwerverletzt lag die 34jährige Schwesternhelferin Sager-Zille in einer Potsdamer Klinik. Ein tapferes Lächeln umspielte ihren Mund. Zu beiden Seiten des Krankenbettes standen, Blumen in den Händen, der Brandenburger Innenminister Ziel und der Potsdamer Polizeipräsident von Schwerin. Die zwei sonst so abgebrühten Genossen konnten sich der Tränen der Rührung nicht erwehren. Vor ihnen lag eine Heldin, die sich einer ganzen Gruppe Rechtsextremisten entgegengeworfen hatte. Die „Neonazis" hatten die gehbehinderte Frau überfallen. Sager-Zille mußte ihren Heldenmut büßen, indem sie von den Rechtsextremisten aus der Straßenbahn geworfen wurde.

Bundesrepublik Deutschland im Jahre 1995. Das war der Heldenmut heutiger Tage. So ganz nach dem Geschmack der beiden Genossen. Während sich das Krankenzimmer der Heldin mit Blumenbergen füllte und Massenmedien täglich hochdramatische Neuigkeiten aus dem Leben der tapferen Frau enthüllten, reiften zugleich auch die finanziellen Blütenträume der bisher von der Sozialhilfe lebenden, arbeitslosen Schwesternhelferin. Die „Bild-Zeitung" des Springerkonzerns und die kommunistische PDS wetteiferten, der Heldin von Halle durch große Spendengelder „Dank" abzustatten. „Bild" übergab gleich einmal 5000 DM.

Eine Polizei-Sonderkommission suchte unterdessen fieberhaft nach den „rechtsextremen" Tätern. Im ganzen Land. Nach einigen Merkwürdigkeiten nahm ein älterer Polizeibeamter die Heldin von Potsdam ins Gebet. Die Lüge flog auf und Sager-Zille gestand: Sie sei nach einem Zechgelage in Volltrunkenheit gestürzt und habe sich dabei ihre schweren Verletzungen zugezogen. Da sie einerseits nicht krankenversichert gewesen sei und andererseits aus den Medien so viel über „Rechtsextremismus" erfahren habe, sei sie auf den Gedanken gekommen, eine Tat nach dem Muster der Berichterstattung im Fernsehen zu erfinden. Daraufhin hätten alle sie gefeiert, vom Minister Ziel bis zum Polizeipräsidenten v. Schwerin, und das Geld sei auch nur so geflossen. Und das Unglaublichste an der Geschichte ist, daß nach der Aufdeckung des Schwindels der Friedenspreisträger des Deutschen Buchhandels, Pfarrer Schorlemmer, nochmals 1500 Mark für sie gesammelt habe. Pfarrer Schorlemmer sah nämlich in der Schurkerei der Frau Sager-Zille nicht etwa die Vortäuschung einer Straftat oder eine von ihr verursachte neue Hetze gegen Deutschland, sondern einen „Schrei nach Liebe".

Der heldenhafte Ghanese

Ein gewaltiger Orkan der Betroffenheit, Entrüstung und des Hasses auf die politische Rechte fegte Mitte September 1994 durch die bundesdeutsche Medienlandschaft. Anlaß war das furchtbare Schicksal eines 25jährigen schwarzhäutigen Mannes aus Ghana, der nach eigenen Angaben in einer Berliner S-Bahn von einer Bande „rechtsradikaler Skinheads" brutal verprügelt und dann aus dem fahrenden Zug geworfen worden war. Er erlitt einen Schädelbasisbruch, und der Unterschenkel mußte ihm amputiert werden. Fünfzehn deutsche S-Bahn-Fahrgäste, so der Bericht des Opfers, hätten dem grauenhaften Geschehen beigewohnt, ohne irgendwie zu helfen.

Tagelang tobten die Medienschlagzeilen. Das Fernsehen brachte Sondersendungen über diesen „neuen Fall rechter Barbarei". Die „Tagesthemen"-Christiansen ließ sich live ins Krankenhaus schalten, wo der Schwarze gerade aus dem OP herausgeholt wurde. Politiker forderten „jetzt endlich" schärfere Gesetze und hartes Durchgreifen gegen alle Rechten. Eine Spendensammlung für das Opfer brachte auf Anhieb 50 000 Mark ein. Als bald darauf auch noch ein 18jähriger aus der Glatzkopf-Szene geständig war, den S-Bahn-Überfall zusammen mit Kumpanen „aus ausländerfeindlichen Motiven" heraus begangen zu haben, schien alles klar zu sein.

Dann aber stürzte das gesamte Mediengebäude in sich zusammen. Sogar die linksextreme „tageszeitung" (taz) jammerte: „Sowohl die Staatsanwaltschaft als auch der ehemalige Verteidiger des Ghanaer zweifeln daran, daß (er) tatsächlich einem rassistischen Verbrechen zum Opfer fiel." Die Aussagen seines Ex-Mandanten seien „in weiten Teilen widerlegt", berichtete der Anwalt. Die Ermittlungen einer 60köpfigen Sonderkommission der Kripo machten „es nicht mehr vorstellbar", daß der Schwarze die Wahrheit erzählt habe. Vielmehr habe er eine „Phantasiegeschichte" aufgetischt („Nürnberger Nachrichten"). Das „Geständnis" des 18jährigen Skinheads hatte sich auch als falsch erwiesen. Dann kam auch heraus, daß der Ghanaer unter fünf verschiedenen Namen in der Bundesrepublik gemeldet war. Unter drei Namen hatte er Asylanträge gestellt. Die Verfahren waren abgeschlossen, alle Asylanträge abgelehnt. Ihm drohte die Abschiebung – bis zum 16. September, dem Tag der Tat. Danach war von Ausweisung keine Rede mehr.

Nachdenklich stimmt das „Geständnis" des 18jährigen Skinheads. Immer wieder waren und sind solche angeblichen Tatverdächtigen, oft noch halbe Kinder, Vernehmern ausgesetzt, die ausgebildet wurden, Bosse der Mafia, Straftäter aus der Führungsmannschaft der RAF oder ausgebuffte Top-Agenten zu „knacken". Methoden, die im Umgang mit solchen „dicken Fischen" legitim sein mögen, führen in anderen Fällen zum raschen Zusammenbruch der Verhörten und zu „Geständnissen", die in Wahrheit keine sind.

Die TV-Helden von Lübeck

Das Fernsehen und die Schandtat von Lübeck: Vermutlich haben es antideutsche Massenmedien zuvor noch nie so dreist getrieben wie in jenen Januar-Tagen des Jahres 1996. Antideutsche Anklagen und einseitige Bewältigung erfuhren einen neuen Höhepunkt.

Was war geschehen? - Am 18. Januar 1996 ging ein Ausländerwohnheim in der Hafenstraße in Lübeck in Flammen auf. Bilanz des Schreckens: Zehn Ausländer kamen ums Leben, wohl dreißig wurden teils schwer verletzt. Statt aufrichtiger Trauer hatten Massenmedien nur eines im Sinn: Den Brandanschlag – wie auch immer – gegen die politische Rechte ins Feld zu führen. Die Flammen loderten noch, als erste Fernsehkameras an den Tatort gerückt wurden. Eine nie gekannte Welle antideutscher und antirechter Propaganda sollte in den kommenden 48 Stunden über das deutsche Volk hereinbrechen. Massenmedien, allen voran das Fernsehen, zogen sämtliche Register ihrer Diffamierungskunst. Vor den Fernsehkameras postierten sich höchstrangige Repräsentanten der Politik und ließen nicht locker, das eigene Volk der „Ausländerfeindlichkeit" zu bezichtigen, zu Schuld, Scham und Sühne aufzurufen usw.

Selbst Bundespräsident Herzog polterte los: „Wenn es sich wieder um einen Anschlag gehandelt haben sollte, dann geht meine Geduld allmählich zu Ende. Es wird dann wieder Lichterketten geben, und ich werde für jede einzelne von diesen Demonstrationen dankbar sein, aber ich werde die Frage aufwerfen, ob wir genug für unsere Sicherheit tun." Diese Passage des Herzog-Ausspruches wurde auf allen Fernsehkanälen präsentiert. So lange, bis sich schließlich die Erkenntnisse mehrten, daß der Brandanschlag auf das Ausländerheim wohl von innen verursacht wurde und sogar ein unter dringendem Tatverdacht stehender Hausbewohner, ein Libanese, festgenommen werden mußte. Der „ausländerfeindliche Anschlag von Lübeck" als unpolitische Katastrophe?

Dabei hatte doch z. B. das RTL-Fernsehen die Täter längst ausgemacht. Schließlich waren drei Jugendliche mit kurzen Haaren aus Grevesmühlen in der Nähe des Tatorts gesehen worden. Für die TV-Macher war klar: Die Täter kommen aus Grevesmühlen. Damit nicht genug. Funk, Fernsehen und Presse hatten in dem Städtchen ein ganzes „Nazi-Nest" ausgemacht. Schon am nächsten Tag war Grevesmühlen bundesweit in Verruf geraten. Bürgermeister Axel Ulrich fassungslos: „Wem am guten Miteinander von Deutschen und Ausländern wirklich gelegen ist, verschreibt sich eher der Mäßigung als der Hysterie, nimmt Presse- und Redefreiheit als Verantwortung und nicht als Instrument der Willkür wahr."

Diese Worte hatten sich allerdings noch nicht bis zum Bürgermeister von Lübeck, Michael Bouteiller, herumgesprochen, der einen medialen Amoklauf inszenierte („Laßt Euch von deutschen Verbrechern nicht abfackeln!") und schließlich zum „zivilen Ungehorsam" gegen die mögliche Abschiebung von Asylbewerbern aufrief. Bouteiller kam auch nicht zur Ruhe, als schließlich ein „Anschlag von Neonazis" ausgeschlossen werden konnte. Nach wie vor trommelte er gegen „Rechtsextreme", die letztlich schuldig an dem Anschlag seien.

*Lübecks
Bürgermeister
Michael Bouteiller*

Das NDR-Fernsehen pilgerte ebenfalls nach Grevesmühlen und präsentierte schließlich – in Ermangelung „echter Nazis" auf der Straße – drei halbstarke Jugendliche aus dem unerschöpflichen Archiv, die rechte Parolen skandierten. Was die deutschen Fernseh-Macher anrichteten, zeigte sich bereits Stunden später anhand der Schlagzeilen ausländischer Presseorgane. Von einem „rassistischen Alptraum" war die Rede, von einer „Nazi-Attacke", vom „Wiederaufkeimen der Nazis" usw.

Da wollte auch das ZDF nicht zurückstehen. Noch am 18. Januar flimmerte zur besten Sendezeit ein „ZDF-

Spezial" über die deutschen Bildschirme. Die Berichterstatter kannten nur ein Thema: Rechter Terror in Deutschland. Eindrucksvoll wartete das ZDF mit einem Rückblick auf „ausländerfeindliche Anschläge" in Deutschland auf. Später, viel später, gestand das ZDF dann ein, daß es „besser gewesen wäre, den Film nicht zu zeigen". Und die ZDF-Verantwortlichen fügten hinzu: „Ein nur schwacher Trost ist es, daß nahezu alle überregionalen und regionalen Zeitungen und andere Fernsehsender denselben Fehler gemacht haben." Wie wahr.

Ausgerechnet der deutschen Rechten Terrorismus zu unterstellen, ist schon ein Unding. Dennoch treiben Funk, Fernsehen und Presse dieses Spiel bald jeden Tag. Dabei kommt es immer wieder zu peinlichen Fehltritten, wie beispielsweise nach der Kampagne vom Brandanschlag auf Lübeck.

„Rechte Terroristen" waren Linke

Anfang des Jahres 1996 feierte der NDR einen „Schlag gegen Rechtsextremismus", weil zwei rechte Schläger von Sicherheitsbehörden festgenommen worden seien. Wenig später stellte sich zum Entsetzen der Journaille heraus, daß die Verhafteten Mitglieder der „Antiimperialistischen Zellen" (AIZ) waren; eine linksterroristische Organisation, die immer wieder Anschläge begangen und weitere Anschläge, u.a. gegen den Herausgeber der „Deutschen National-Zeitung", Dr. Gerhard Frey, schriftlich angedroht hat.

Der Synagogen-Anschlag von Lübeck

Auch der Lübecker „Synagogen-Anschlag" vom 7. Mai 1995 empfahl sich als Keule gegen die deutsche Rechte. Nichts wurde ausgelassen, um nicht gegen die „Nazis" ins Feld geführt zu werden. Fernsehen und Presseorgane kamen bald nicht mehr nach, die „empörten" Stellungnahmen Etablierter wiederzugeben. Beispiele: „8. Mai – Brandfackeln gegen die Versöhnung" („Bild"-Zeitungs-Schlagzeile), „Ich schäme mich für unser Land und vor unseren jüdischen Mitbürgern." (Kieler Landtagspräsidentin Ute Erdsiek-Rave); „Ein feiger organisierter Mordanschlag. Er soll nicht nur die Menschen jüdischen Glaubens treffen, sondern auch alle Lübeckerinnen und Lübecker." (Lübecks Bürgermeister Bouteiller); „Eine Tat Verblendeter, die ganz offenbar die Lehren aus der dunkelsten Zeit deutscher Geschichte nicht begriffen haben … " (Bundesaußenminister Klaus Kinkel).

Doch spätestens seit dem 10. September 1995 war alles klar. Der wahre Täter befand sich bald schon in Untersuchungshaft. Kein Rechter, sondern ein Schwachsinniger! Das hinderte den Norddeutschen Rundfunk aber nicht, z.B. am 31. Januar 1996 folgenden Schwindel aufzutischen: „Der Anschlag wurde am 7. Mai 1995 verübt, einen Tag vor den offiziellen Gedenkfeiern zum 50. Jahrestag des Kriegsendes. Die Täter wurden bisher noch nicht ermittelt."

Mit „erschütterten Gesichtern", wie die „Kieler Nachrichten" schrieben, fanden sich nach dem Lübecker Synagogen-„Attentat" Ministerpräsidentin Simonis und Zentralratsmitglied Friedman vor der Synagoge und ungezählten Fernsehkameras ein. Dann erhoben sie wieder einmal schwerste Anklagen gegen den „mörderischen Rechtsterrorismus".

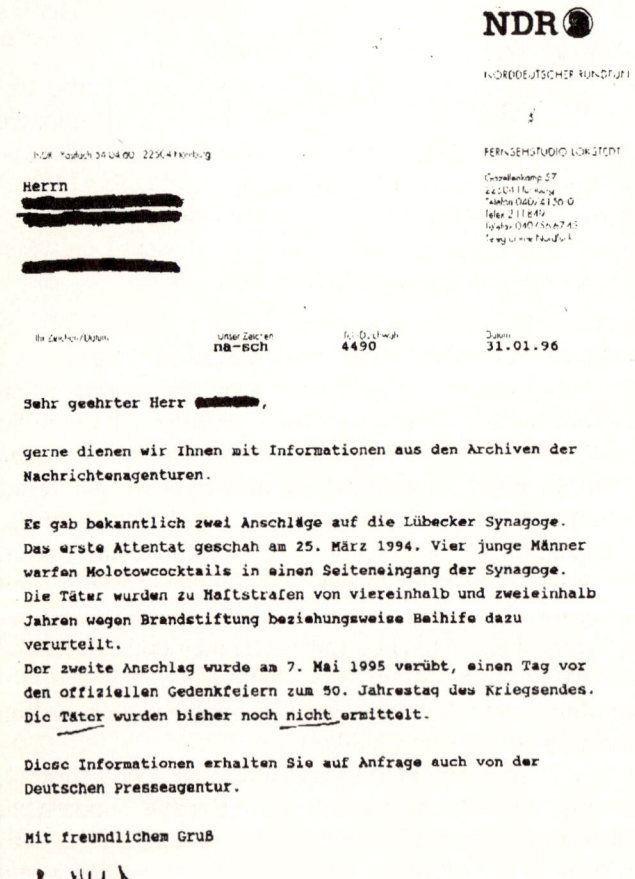

NDR ●

NORDDEUTSCHER RUNDFUNK

FERNSEHSTUDIO LOKSTEDT

NDR Postfach 54 04 60 · 22504 Hamburg

Herrn

Ihr Zeichen / Datum   Unser Zeichen   Tel. Durchwahl   Datum
na-sch   **4490**   **31.01.96**

Sehr geehrter Herr ,

gerne dienen wir Ihnen mit Informationen aus den Archiven der
Nachrichtenagenturen.

Es gab bekanntlich zwei Anschläge auf die Lübecker Synagoge.
Das erste Attentat geschah am 25. März 1994. Vier junge Männer
warfen Molotowcocktails in einen Seiteneingang der Synagoge.
Die Täter wurden zu Haftstrafen von viereinhalb und zweieinhalb
Jahren wegen Brandstiftung beziehungsweise Beihilfe dazu
verurteilt.
Der zweite Anschlag wurde am 7. Mai 1995 verübt, einen Tag vor
den offiziellen Gedenkfeiern zum 50. Jahrestag des Kriegsendes.
Die Täter wurden bisher noch nicht ermittelt.

Diese Informationen erhalten Sie auf Anfrage auch von der
Deutschen Presseagentur.

Mit freundlichem Gruß

Dr. Burkhard Nagel

Mit der Wahrheit nicht so genau genommen: NDR-Schreiben vom 31. 1. 1996.

Dabei ergab eine Rückfrage bei der Pressestelle der Staatsanwaltschaft die Auskunft: Der gänzlich unpolitische mutmaßliche Täter hat zu seiner sexuellen Erregung eine Vielzahl von Bränden gelegt. Er wurde psychiatrisch untersucht. Ein entsprechendes Gutachten liegt vor.

Am 22. September 1995 hatte die „Deutsche National-Zeitung" vom Ergebnis der Ermittlungen berichtet: „Ein 16jähriger ist nun der Anwärter auf die von der Staatsanwaltschaft zur Aufklärung des Falles ausgesetzten 100 000 Mark. Mit seiner Hilfe wurde ein 27jähriger überführt, der zum Zwecke seiner sexuellen Erregung in mehr als fünfzig Fällen rund um Lübeck Brände legte und außerdem zahlreiche weitere Straftaten wie Vergewaltigung, sexuellen Mißbrauch usw. beging. Er ist unzurechnungsfähig, also schuldunfähig. Der Schwachsinnige, der weder lesen noch schreiben kann, hat den Brand im Bereich eines Nebengebäudes der Synagoge gelegt und von der Synagoge nichts geahnt. Er weiß auch nicht, was eine Synagoge ist. Der 8. Mai ist ihm kein Begriff."

Obwohl der Schwindel längst aufgeflogen ist, will der NDR die braune (selbstgebrühte) Suppe unbedingt weiter am Kochen halten.

Der Terror von Magdeburg

Mai 1994, Himmelfahrtstag: Fernsehen und Presseorgane überschlagen sich. In Magdeburg hätten „Neonazis" Jagd auf Ausländer gemacht. Wenig später demonstrieren in Magdeburg ungezählte Linksextreme gegen „Rassismus". Tagelang beherrschen die „rechten Krawalle" von Magdeburg die Schlagzeilen der internationalen Meinungsindustrie. Eine gewaltige Kampagne setzt auch gegen die Polizei ein, die nicht energisch genug gegen die „Neonazis" eingegriffen hätte. Was geschah wirklich? Die genaue Rekonstruktion der Ereignisse ergibt folgende Wahrheit:

An dem sonnigen Vatertag ziehen viele Menschen durch Magdeburgs Innenstadt. Auch mehrere alkoholisierte „Hooligans" sind auf den Beinen. Etwa 30 von ihnen ziehen schließlich mit dem Schlachtruf „Hooligan – Hooligan" durch die Stadt. Dann kommt es um 15.30 Uhr zur Konfrontation mit einer Gruppe Schwarzafrikaner, die daraufhin in eine nahegelegene Bar flüchtet. Dort sollen dann die „Hooligans" Fensterscheiben eingeschlagen haben. Als die Polizei kurz darauf eintrifft, stellt sich für die Beamten eine unübersichtliche Lage dar. Sie registrieren ein Handgemenge zwischen deutschen Jugendlichen und Ausländern.

Durch Einschreiten der Polizei werden die Auseinandersetzungen vor dem Lokal beendet. Plötzlich stürmt eine Gruppe Ausländer aus der Bar. Zeugen beobachten, wie auf Deutsche eingedroschen wird. Die Beamten nehmen die Verfolgung dieser Ausländer auf. Ein Bulgare wird festgenommen. Ein Türke wird gestellt, der mit einem Messer auf einen „Hooligan" eingestochen hatte. Augenzeugen weisen die Polizisten auf weitere 15 Schwarzafrikaner hin, die ebenfalls Gewalt gegen Deutsche ausgeübt haben sollen. Die Gruppe flüchtet, zwei von ihnen können jedoch festgenommen werden.

Die Situation spitzt sich weiter zu. Vor besagter Bar stehen mittlerweile etwa 300 Personen, darunter viele Schaulustige und mehrere Betrunkene. Zwei durch Messerstiche schwerverletzte Deutsche werden aufgefunden. Die Polizei kann einen Ausländer entwaffnen. Zwei „Hooligans" und ein Ausländer kommen in polizeilichen Gewahrsam.

Unterdessen haben sich in unmittelbarer Nähe 20 Schwarzafrikaner und 30 Türken versammelt, bewaffnet mit Stöcken und Steinen. Es kommt zu Provokationen. Zwischenzeitlich sind 47 Polizeibeamte vor Ort.

Plötzlich teilen aufgebrachte Bürger den Polizeibeamten mit, daß Ausländer, mit Messern bewaffnet, auf deutsche Personen eingestochen haben. Auf der Terrasse eines Cafés finden die Beamten einen 21jährigen Deutschen mit erheblichen Stichverletzungen. Sie müssen Erste Hilfe leisten. Inzwischen nehmen die Gewalttätigkeiten zwischen Ausländern und „Hooligans" zu. Es fliegen Steine, Tische und Stühle. Der Polizei gelingt es, die Gruppen zu trennen. Mittlerweile haben sich etwa 500 Schaulustige eingefunden.

Immer wieder kommt es zu Festnahmen, darunter eines bewaffneten Schwarzafrikaners, der mit einer Schreckschußpistole geschossen hatte. Der Polizei gelingt es jedoch, eine Eskalation zu verhindern. 20 Skinheads tauchen auf. Es bleibt jedoch ruhig. Am späteren Nachmittag marschiert eine mit Stöcken bewaffnete Gruppe von 20 Schwarzafrikanern zum Polizeirevier Mitte und verlangt ultimativ die Freilassung einiger ihrer Landsleute. Der stellvertretende Revierleiter beruhigt die Lage. In der Nacht werden die Afrikaner aus dem Gewahrsam entlassen und mit Polizeifahrzeugen zum Asylbewerberheim verbracht.

Weitere Vorfälle am Abend: Betrunkene Jugendliche, die offenbar keiner Szene zuzuordnen sind, stoßen einen Körperbehinderten aus der Straßenbahn. Polizeikräfte nehmen die Verfolgung auf. Wenig später springen 20 Jugendliche aus der Straßenbahn, greifen einen Deutschen an und verletzen ihn schwer. Mehrere Tatbeteiligte können festgenommen werden. Einige weitere Keilereien können an diesem Abend in Magdeburg noch registriert werden. Insgesamt waren 47 Personen in Polizeigewahrsam, darunter drei, die mit Haftbefehl gesucht wurden. Eine Person war zu 1000 Mark Geldstrafe wegen gemeinschaftlichen Diebstahls verurteilt worden. Der zweite Haftbefehl war gegen einen Ausländer aus Mali wegen eines abgeurteilten Waffendeliktes ausgeschrieben. Der dritte Haftbefehl betraf einen Tunesier, der abgeschoben werden sollte. Es stellte sich heraus, daß der Tunesier eine deutsche Frau geheiratet hatte, weshalb der Haftbefehl außer Vollzug gesetzt wurde. Von den in Gewahrsam genommenen Personen waren 14 ausländischer Herkunft, die in einem Asylbewerberheim in Magdeburg untergebracht sind. Tatsache ist, daß an den Krawallen von Magdeburg zahlreiche Ausländer beteiligt waren. Tatsache ist ferner, daß auch „Hooligans", „Skinheads" und Linksextremisten mitmischten. Tatsache ist aber vor allem, daß die Krawalle von Magdeburg sich in keiner Weise eigneten, als „rechter Terror" derartig hochgespielt zu werden.

Lügen, Lügen, Lügen

Rückblick: Weihnachten 1959. Eine Welle antisemitischer Schmierereien in der Bundesrepublik Deutschland sorgte für weltweite Empörung. Im Ausland sprach man von „wiedererwachendem Judenhaß". Wie der ehemalige amerikanische Abwehroffizier John Barron in seinem Buch „KGB" berichtet, war alles das Werk des sowjetischen Geheimdienstes. Den KGB-General Agayants bezeichnete Barron als wahren Verantwortlichen der damaligen Geschehnisse. Er habe probeweise von seinen Agenten auf den Dörfern um Moskau jüdische Gräber mit Hakenkreuzen beschmieren lassen. Wenige Wochen später – Ende 1959 – startete der KGB in der Bundesrepublik und anderen westlichen Ländern den Propagandafeldzug unter Assistenz von Stasi-Agenten. Im Januar 1960 schrieb die „Deutsche National-Zeitung" zu diesen Vorkommnissen: „Der Nationalsozialismus und seine Symbole sind tot, und der Hakenkreuze bedient sich allenfalls noch ein Geistesgestörter. Es sei mit aller Klarheit ausgesprochen: Wer sich an Handlungen beteiligt, die als gegen unsere jüdischen Mitbürger gerichtet aufgefaßt werden können, der huldigt nicht nur dem Rassenwahn, seine Tat zielt darüber hinaus direkt in das Herz unserer Nation und unserer Republik. Wer – und sei es auch nur indirekt – Teilnehmer oder Anstifter dieser Schandtaten ist, der handelt – ob er will oder nicht – als Agent der Feinde unseres Vaterlandes."
Einmal mehr war die „Deutsche National-Zeitung" einsamer Rufer in der Wüste. Die Welle der Hakenkreuzschmierereien wurde zu einer gigantischen Kampagne gegen die damalige politische Rechte mißbraucht. Immer wieder fanden sich Nachahmungstäter, die neue Schmierereien vollbrachten. Man wird den Eindruck nicht los, als setzten Fernsehen und etablierte Presseorgane bis heute auf die gleiche Masche. Insbesondere seit Anfang der 90er Jahre erfährt man immer wieder von Schandtaten angeblicher „Rechtsextremer", die sich hinterher als Werke von Irren, Agenten oder Volltrunkenen herausstellen. Medien – vor allem das Fernsehen – aber provozieren durch übergroße Berichterstattung auch Nachahmungstaten, die dann erneut groß aufgebauscht werden.
Und stets wird bei diesen Darstellungen zudem die deutsche Rechte diffamiert und kriminalisiert. Dabei sagt z. B. die DVU seit vielen Jahren klipp und klar: Haß gegen Aus- wie Inländer ist gleichermaßen abstoßend, und Rechtsbrecher, insbesondere Gewaltverbrecher, müssen mit der ganzen Härte des Gesetzes verfolgt werden, ganz egal, ob und wie sie ihre Schurkentaten politisch oder sonstwie „rechtfertigen".

Nachfolgend einige Beispiele, die auch deutlich machen, wie Presseorgane und Fernsehanstalten Hand in Hand arbeiten. Was etablierte Zeitungen groß herausstellen, ist grundsätzlich auch gefundenes Fressen für TV-Macher – und umgekehrt ...

WDR-Manipulation

März 1979: Im niedersächsischen Nordhorn gab es einen Rechtsstreit zwischen der Stadt und einem jüdischen Bürger über ein Beschäftigungsverhältnis. WDR-Mitarbeiter rückten an, um einen Film über den Fall zu drehen. Nach Augenzeugenberichten und Feststellungen der Stadt hatten die Journalisten offensichtlich zum Zwecke der Manipulation vorbereitete Plakate und Transparente mitgebracht sowie Schilder mit der Aufschrift „Diese Stadt ist bald wieder judenfrei" an den Ortsschildern angebracht. Anschließend wurden diese Schilder dann von den WDR-Kameras und auch von holländischen Journalisten gefilmt.

„Willi und die Kameraden" als „Neonazis"

Meldung aus der „Deutschen National-Zeitung" vom 4. März 1983: „Eine Gruppe Lederjacken-Neonazis blickt den Betrachter finster an; darüber ein Wappen mit der Aufschrift 'Wehrsportgruppe Kreuzberg. R. Hess', die beiden 'S' in Form der Rune der SS. Dieses Titelbild ziert eine Broschüre der SPD-Friedrich-Ebert-Stiftung über 'Rechtsradikale in Berlin'. Peinlicherweise hat sich nun herausgestellt, daß die angebliche neonazistische Kampfgruppe nur in der Phantasie einiger Meinungsmacher besteht. Es handelt sich um ein Szenenfoto aus dem 1978 in Kreuzberg gedrehten Fernsehfilm 'Willi und die Kameraden. Ein Heranwachsender sucht das Abenteuer.'"

„Nazi-Terror" gegen Kino-Film?

24. Februar 1984: Die „Deutsche National-Zeitung" berichtete, daß der „antifaschistische" Film „Die Erben" mit der Behauptung angepriesen werde, „Neonazis" hätten die Vorführung des Streifens in Mannheim terrorisiert. Ein Bombenanschlag habe die Ausstrahlung verhindern sollen. Allerdings hatte schon am 26. Januar der ehemalige Filmvorführer des Mannheimer Kinos gestanden, den Brand gelegt zu haben. Der 51jährige wollte sich für seine Entlassung rächen. Politische Motive: Keine!

Brandanschlag auf Mannheimer Kino

Mit Terror gegen Anti-Nazi-Film

Rechtsradikale wollen mit Gewalt die Aufführung des österreichischen Anti-Nazi-Films „Die Erben" verhindern. Sie drohen mit Anschlägen und schüchtern die Kinobesitzer ein. Jetzt wurde das erste Filmtheater niedergebrannt. Die meisten Mannheimer

Und gerade diese Authentizität ist es wohl, die die Rechtsextremisten dazu veranlaßt, radikal Front zu machen gegen die Kinobesitzer im Lande. Zwar kam der Anschlag für die Mannheimer Lichtspielverwaltung völlig unerwartet und ohne Vorwarnung –

So wie die damalige „quick" (Ausgabe Nr. 4/1984) verbreiteten zahlreiche Medien die Lüge vom „Neonazi"-Anschlag von Mannheim.

„Verfassungsschützer" als „Nazi"

Notiz aus der „Deutschen National-Zeitung" vom 12. Februar 1988: „Seit einiger Zeit machen 'neonazistische Gewalttaten' in Niedersachsen Schlagzeilen. Jetzt wurde im Landtag zu Hannover aufgedeckt, daß der Verfassungsschutz des CDU-regierten Landes seine Finger im Spiel hatte. Der Führer einer angeblichen 'rechtsradikalen und militanten Gruppe' mit Namen 'EK 1' hatte zudem vor Gericht ausgesagt, er sei als V-Mann und Agent angeheuert worden."

Das „Eisenbahn-Massaker"

Oktober 1991: Die bundesdeutsche Medienlandschaft schockiert mit Berichten über „rechte Täter", die einen bewußtlosen Asylanten auf Eisenbahnschienen gelegt hätten, auf daß er von einem Zug zerfetzt werde. „Bild"

So sieht BILD-Zeichner Alexander Heß den Anschlag: Die drei Männer tragen den bewußtlosen Asylanten auf dem Bahndamm, legen den Körper zwischen die Schienen.

brachte sogar eine einem Foto täuschend ähnliche Zeichnung der Untat. Die Kripo dementierte heftig: Der Tamile habe aus unerfindlichen Gründen auf dem Bahnsteig herumgeturnt und sich möglicherweise selbst verstümmeln wollen. Rechte Täter? – Fehlanzeige!

Veröffentlichung in „Bild"

Linke mit Hakenkreuz

November 1992 in Bautzen: „Deutsche Nazis schnitten Mädchen Hakenkreuz ins Gesicht." Bundesweite Empörung. Auch das Fernsehen mischte kräftig mit. Zwei Wochen später gestand die 14jährige der Polizei: „Es waren keine Skinheads. Ich habe mir das Hakenkreuz mit einem Butterfly-Messer eingeritzt." Offensichtliches Motiv: Einmal „ganz groß herauskommen". Das Mädchen gehört zur linken „Antifa-Szene".

Das Fernsehen und der inszenierte „Rechtsterror": Auf bald allen Fernsehkanälen wird immer und immer wieder über angebliche

„rechten Terror" berichtet. Ungezählte Fälle entlarven sich aber als Falschmeldungen (hier: Ungewöhnlich große Richtigstellung in „Bild").

Werk antisemitischer Terroristen?

In zahlreichen Fernsehnachrichten und Massenblättern wurde berichtet, in Wuppertal sei „ein Jude von Rechtsextremisten ermordet" worden. „Antisemitische Terrortat" lautete eine der vielen Schlagzeilen. Am 23. November 1992 las man hier und da – versteckt und minimal aufgemacht – folgende Meldung der Nachrichtenagentur AFP: „Die Staatsanwaltschaft hat am Montag darauf hingewiesen, daß das Verbrechen in Wuppertal, bei dem zwei Skinheads am 13. November einen Gaststättenbesucher getötet haben sollen, keinen antisemitischen Hintergrund habe. Die Tat sei nach den bisherigen Ermittlungen auf übermäßigen Alkoholgenuß zurückzuführen, sagte ein Sprecher der Staatsanwaltschaft in Wuppertal. Antisemitismus 'habe überhaupt keine Rolle gespielt'."

Gewalt von rechts?

25. November 1992: Großer Medienrummel wegen eines „ausländerfeindlichen Attentats" in Bad Salzuflen bei Bielefeld. Sowohl ARD als auch ZDF steigen groß ein. „Tagesthemen"-Wickert legt sein Gesicht in Falten und nimmt die Terrortat als „Aufhänger" für den Bericht über „Gewalt von rechts". Am 28. November klärt das „Westfalen-Blatt" im Lokalteil über die wahren Zusammenhänge auf: „Der am Dienstag wegen einer Stichwunde behandelte Türke aus Bad Salzuflen ist nicht von Neonazis geschlagen und mit einem Messer verletzt worden. Die Polizei geht jetzt davon aus, daß familiäre Gründe (der Mann bewegte sich gelegentlich im Spielermilieu) für die Tat verantwortlich sind. Wie berichtet, hatte der 49jährige Türke ausgesagt, von zehn 'Nazis in Springerstiefeln' vor einem Supermarkt angegriffen worden zu sein."

Dunkelhäutiger Nazi?

29. November 1992: Bundesweite Medienempörung über einen „ausländerfeindlich" motivierten Mord an einem Türken vor einer Kölner Diskothek. Tags darauf meldete der „Kölner Stadt-Anzeiger": Der Täter war keineswegs Rechtsextremist, „Ausländerfeind" oder ähnliches, sondern es handelte sich um den dunkelhäutigen Ritschie W. (21). Er fungierte als „Türsteher" vor der Diskothek und ist der Polizei als Schlägertype bekannt. Sein Opfer, das er mit einem Gewehr erschossen hatte, war sein Intimfeind, ein 21jähriger Türke, den die Polizei als Rauschgiftdealer kennt und der wegen Gewalttätigkeiten in dem Tanzschuppen Hausverbot hatte.

Hakenkreuz selbst zugefügt

„Ausländer von Rechtsextremisten nachts verprügelt und mit Hakenkreuz bemalt", donnerten die Schlagzeilen bundesweit im August 1993 über eine „rechte Gewalttat" in Lotte bei Münster in Westfalen. Doch vor allem in der

Fernsehberichterstattung vermißte man später eine Richtigstellung. Denn es kam ans Licht, was nur in wenigen Fällen als Miniaturmeldung verbreitet wurde: „Neonazi-Überfall von Lotte selbst inszeniert – 'Opfer' malte sich Hakenkreuz ins Gesicht." Der wahre Hintergrund: Ein 25jähriger Türke hatte sich selbst mit einem Hakenkreuz verunstaltet und mit einem Komplizen seine eigene Wohnung verwüstet. Er wollte seine Versicherung betrügen.

„Soweit der Wetterbericht, und nun noch die antideutschen Lügen vom Tage" – Karikatur aus der „Deutschen National-Zeitung" Nr. 10/96

Auch in Österreich ...

19. April 1995: Im niederösterreichischen Ebergassing, südlich von Wien, findet ein Landwirt die verkohlten Leichen von zwei Männern, die neben einem durch eine Explosion beschädigten Starkstrommasten liegen. Da die Polizei noch weitere Sprengvorrichtungen findet, geht man von einem gezielten Anschlag auf die Hauptstromversorgungsleitung der Donau-Kraftwerke zu Wien aus. Die Täter? Die Meinungsindustrie im Chor: „Rechtsradikale!" – Warum? – Die Tat erfolgte in „zeitlicher Nähe zum 20. April, Hitlers Geburtstag". Tagelang zerbrechen sich Massenmedien den Kopf, fragen sich besorgte Österreicher: Werden jetzt „Neonazis" Österreichs Stromversorgung lahmlegen? Dann konnten die Leichen identifiziert werden. Es waren einschlägig bekannte Linksextremisten und keineswegs „Rechtsextreme".

Mit diesem Horrorbericht wartete die „Bild" am 17. November 1995 auf. Eine Nachfrage bei der zuständigen Soko der Kriminalpolizei Dresden ergab, daß nicht der geringste Beweis für „rechtsextremen" oder „neonazistischen" Hintergrund der Bluttat vorhanden war. Trotz eingehender Nachforschungen habe sich „kein Anhaltspunkt dafür" ergeben. Die Ermordeten seien vielmehr in der kriminellen Szene, von Rauschgift bis Rotlicht, aktiv gewesen.

Giftgas-Schwindel

Helle Aufregung Anfang des Jahres 1996. Funk und Fernsehen überschlagen sich: „Planen Neonazis Giftgas-Anschläge?" Bei einem „führenden Neonazi" aus Sachsen soll eine Polizei-Sonderkommission mit dem geheimnisvollen Tarnnamen „Rex" eine Computer-Diskette gefunden haben, auf der beschrieben wurde, wie der „chemische Kampfstoff Senfgas" hergestellt wird. Die „Bild"-Zeitung gruselte ihre Leser mit Einzelheiten über die „Giftgasdiskette". „Bild" klärte rasch auf: „Senfgas ist ein Kampfstoff, der schon in geringen Konzentrationen tödliche Verätzungen der Atemwege hervorruft. Im Ersten Weltkrieg brachte es Tausenden Soldaten den Tod ..."

Was ist wahr? – Zum einen lag der Fall bereits ein Jahr zurück. Und zum anderen: Die damals sichergestellte „Giftgasdiskette" war ungefähr so gefährlich wie herabrieselnde Schneeflocken. Denn: Das Computerprogramm, von dem die Bedrohung angeblich ausging, trägt den Titel „Anarchie" (die im übrigen Linksextreme als höchstanzustrebende Gesellschaftsform bevorzugen) und enthält ausschließlich Fachinformationen, die – so teilte das Landeskriminalamt in Dresden ausdrücklich mit – auch in für jedermann zugänglichen Fach- und Lehrbüchern enthalten sind. Daß aufgrund dieses Computerprogramms irgendwelche Giftstoffe hergestellt werden sollten, ist absurd.

Ausländerfeindliche Polizisten?

Monatelang mischte das Fernsehen kräftig mit, als es darum ging, Übergriffe von „ausländerfeindlichen Polizisten" in Berlin, Hamburg und anderswo darzustellen. Nach Abschluß der Kampagne hieß es am 26. Januar 1996 in einer kleinen Zeitungsmeldung: „Die Berliner Staatsanwaltschaft hat erneut ein Verfahren gegen einen Polizisten wegen angeblicher Mißhandlungen einer Ausländerin eingestellt. Im Einstellungsbeschluß hieß es, der Beamte sei vorschrifts- und verhältnismäßig aufgetreten." Am 31. Januar 1996 meldete die deutsche Presse-Agentur (dpa): „Ein 27jähriger Polizist ist vor dem Berliner Amtsgericht Tiergarten von dem Verdacht freigesprochen worden, einen vietnamesischen Waffenhändler mit Tritten traktiert zu haben. Ebenfalls freigesprochen wurde ein zweiter Beamter. Ihm war vorgeworfen worden, Mißhandlungen an Vietnamesen nicht verhindert zu haben."

Der „Nazi-Mörder"

Gefundenes Fressen für Fernsehen und Massenmedien: Am Vortag der Landtagswahl von Schleswig-Holstein im März 1996 berichten Medien brüllend von einem „Nazi-Mörder", der einen „Wald voller Leichen" im Ruhrgebiet angelegt habe. Es geht um den 27jährigen Thomas Lemke, ein „wahres bluttriefendes Monster" und „Beispiel für die rechte Gefahr". April 1996: Nach Angaben der zuständigen Kripo hat Lemke drei der sechs von ihm gestandenen Morde frei erfunden. Die drei übrigen Morddelikte hat er nach den Ergebnissen der Ermittler nicht aus politischen, sondern aus persönlichen Motiven begangen. Zweimal tötete er junge Frauen nach Vergewaltigungen; einen jungen Mann brachte er „aus persönlichen Rachegefühlen" um. Die „WAZ" meldete in ihrem Ruhrgebiets-Lokalteil: „Politische Hintergründe sind für Staatsanwalt Christian Gutjahr erledigt. Es habe zwar Kontaktversuche von Thomas Lemke gegeben, aber die einschlägige Szene habe ihn als 'Irren' und 'Wirrkopf' abgelehnt."

Juni 1996: Der Fall bekommt eine neue Wendung. Das Blatt „Ruhr-Nachrichten" meldet: „Vorwürfe werden gegen den Verfassungsschutz erhoben, der einen bestehenden Haftbefehl gegen Lemke vom 11. Mai 1995 nicht vollstrecken ließ und so die Mordserie in der Zeit von Juli 1995 bis März 1996 ermöglichte." Der Verfassungsschutz habe Lemke „an der langen Leine geführt, um die ultrarechte Szene zu durchleuchten". Es stünden sogar Mutmaßungen im Raume, „daß Lemke ein V-Mann gewesen ist und ein hoher Beamter des Dienstes beim Bekanntwerden der Mordserie arg ins Zwielicht geraten ist".

So hat sich der „typische rechtsradikale Nazi-Mörder" als gemeingefährlicher Irrer herausgestellt, der nicht rechtzeitig aus dem Verkehr gezogen wurde, weil man mit ihm geheimdienstlich gegen rechts operieren wollte. Es wäre nicht der erste Fall gewesen, daß man sich dabei hochgradig Krimineller bedient, um dem rechten Lager Schaden zuzufügen. Kommentar der „Deutschen National-Zeitung": „Die Warnung des liberalen Politikers und Ex-FDP-Ministers Burkhard Hirsch Ende der 80er Jahre, beim V-Amt herrsche 'Ku-Klux-Klan-Atmosphäre', scheint an Aktualität nichts eingebüßt zu haben ..."

„Nazi-Terror" gegen Camper?

Agenturen, Fernsehen und Massenmedien überschlugen sich: Im Juli 1996 sollen „Neonazis" in Mecklenburg-Vorpommern auf friedliche Zeltplatz-Urlauber eingedroschen haben. „Rechte prügeln auf Camper ein" lautete der Tenor der Schlagzeilen und Fernsehberichte. Tage später las man im „Münchner Merkur": „Die Polizei dementierte Aussagen, wonach die Randalierer aus dem rechtsradikalen Umfeld stammen. Grund für den Übergriff sei vielmehr ein Racheakt nach Auseinandersetzungen beider Gruppen bei einer feucht-fröhlichen Geburtstagsfeier gewesen." Die Presseagentur „Reuter" gestand ein: „Entgegen ersten Vermutungen hat es sich dabei wahrscheinlich nicht um Anhänger der rechten Szene gehandelt."

Vergebliche Appelle der Vernunft

Als 1993 nahezu täglich im „deutschen" Fernsehen über „Ausländerfeindlichkeit", teils sogar in Sondersendungen, berichtet wurde, warnte die Polizeidirektion Hannover am 25. November vor „maßloser Übertreibung" und „großer Hysterie": „Häufig werden Bagatelldelikte künstlich dramatisiert." Aus einigen betrunkenen Jugendlichen würden plötzlich „Skinheadbanden". Vor einem Asylantenheim sei ein Marmeladenglas angezündet worden, woraus man „rechtsradikale Ausschreitungen" gemacht habe. „Es gibt eine große Hysterie im Land", so der Sprecher der Polizeidirektion. „Zahlen ganz unterschiedlicher Delikte werden zu Monsterzahlen addiert." Selten zuvor ist eine offizielle polizeiliche Darstellung derart wirkungslos im Medien-Einheitsbrei untergegangen.

Grenzenlose Hysterie

Im Gegenteil: Die Hysterie gegen rechts nimmt immer absurdere Formen an. Der Phantasie sind längst keine Grenzen mehr gesetzt: Das Medienzentrum München, eine Einrichtung des „Münchner Instituts Film Fernsehen", hatte 1994 zu einem „Kurzfilm-Wettbewerb" zum Thema „Rechtsradikalismus" aufgerufen. 14- bis 22jährige Jugendliche sollten ihre „Video-Clips" an das Institut senden. Daß hier nur einseitige Filmbeiträge gewünscht waren, versteht sich von selbst.

Beispiel: Hitler kreist als Weltraummonster über Deutschland und zündet mit Todesstrahlen Asylbewerberheime an. Beispiel: „Alltag ist kein Kino" heißt ein Spot, der allein aus dem Zusammenschnitt von Nachrichten über „rechtsradikale" Anschläge besteht. Beispiel: Graue Männchen aus Knetmasse, die nur „Jupphei" grölen können, Bier trinken und marschieren, prügeln auf ein unschuldiges Döner-Kebap ein. Das Fleischbrötchen siegt schließlich, weil es mit Salatblättern die Figuren mundtot macht. Beispiel: Kerzen-Lichterkette gegen Ausländerfeindlichkeit. Ein Skinhead zündet sich an einer Kerze eine Zigarette an. Moral von der Geschichte: „Von Lichterketten allein geht Faschos kein Licht auf!" Aufsehen erregten einige Darsteller dieses Wettbewerbs übrigens, als sie für die Filmaufnahmen mit Hakenkreuzfahnen durch deutsche Straßen zogen ...

Solche Wettbewerbe passen ins Bild: Immer wieder wird dem deutschen TV-Publikum suggeriert, es gebe hierzulande Ausländerfeindlichkeit oder gar Antisemitismus. Aus diesem Grunde streuen nahezu alle Fernsehprogramme regelmäßig Beiträge, Berichte und Filme „zum Thema" ein.

Aktive „Neonazis" – was auch immer Sicherheitsbehörden darunter verstehen – dürfte es in der Bundesrepublik Deutschland unter 80 Millionen Einwohnern in Wahrheit weniger als tausend geben. So wie es auch wenige tausend Irre, Verrückte, Schizophrene und dergleichen gibt. Doch das „deutsche" Fernsehen bringt es fertig, durch Endlos-Berichterstattung den Eindruck zu erwecken, „böse Braune" stünden vor einer Machtübernahme. Sogar Übergriffe auf deutsche Aussiedler, die – so beweisen alle zugänglichen Polizeistatistiken – zumeist von Betrunkenen begangen wurden, werden uns per Bildschirm als „fremdenfeindliche Straftaten" verkauft.

Der Fernsehzuschauer ist dieser TV-Hysterie täglich hilflos ausgeliefert. Niemand kann einer derartigen Meinungsmache gänzlich entgehen. Was kann man tun? Einfach abschalten? Protestieren? Eine Erfahrung ist mehrfach gemacht worden: Sachlich vorgetragene Kritik am laufenden Fernsehprogramm kann durchaus Sinn machen und in einem gewissen Maße auch in künftige Sendeplanungen und Programmgestaltungen einfließen. Im Zeitalter des „Quotenkriegs" ist es hilfreich, wenn mehr kritische Bürger zur Feder oder zum Telefon greifen, um sich bei den Programmdirektionen zu beschweren, wenn es das Fernsehen wieder einmal zu antideutsch treibt. Natürlich ist auch Lob sinnvoll, wenn es einmal angebracht sein sollte. Wichtig dabei: Jede Kritik muß in jedem Fall sachlich vorgetragen werden. Anonyme Schreiben beispielsweise landen in aller Regel sofort im Papierkorb.

TV-Zielscheibe: DVU
Eine Rechtspartei im Fadenkreuz

Zu den dreistesten Fälschungen greifen Massenmedien, wenn es um die Verleumdung der demokratischen Rechten geht. Gegen viele solcher Versuche mußten sich die DVU und ihr Vorsitzender Dr. Gerhard Frey zur Wehr setzen, handelte es sich nun um gefälschte Flugblätter, die zu Verbrechen gegen Ausländer aufforderten, oder um Meldungen des Süddeutschen Rundfunks, gegen Dr. Frey werde in Stammheim (!) wegen Bombenanschlägen verhandelt (Meldung vom 26. April 1982; frei erfunden, der Sender mußte widerrufen), um angebliche „antisemitische Zitate" in der von Dr. Frey herausgegebenen „Deutschen National-Zeitung" über jüdischen Einfluß in den USA (eine Anschuldigung des bayerischen „Verfassungsschutzes"; in Wahrheit hatte das Blatt nur den langjährigen Vorsitzenden der Zionistischen Internationale, Nahum Goldmann, zitiert) oder um weitere haarsträubende Lügen. Nachfolgend einige konkrete Fälle:

„Völkische Gedanken"?

Gern von Medienfälschungen begleitet wird Jahr für Jahr die DVU-Großkundgebung in der Passauer Nibelungenhalle. In der „Passauer Neuen Presse" wurde 1987 behauptet, Dr. Frey habe gesagt, „völkisch" seien die Gedanken Gottes. In Wahrheit hatte Dr. Frey das bekannte Herder-Zitat: „Die Völker sind Gedanken Gottes" in seine Rede eingebaut. Schließlich ging diese Fälschung der DVU doch zu weit, zumal sie auch anderswo übernommen wurde. In der „Passauer Neuen Presse" konnte man schließlich lesen:

„In der Passauer Neuen Presse vom 7.8.1987 haben wir behauptet, Herr Dr. Gerhard Frey habe anläßlich einer DVU-Großkundgebung geäußert: 'Völkisch waren die Gedanken Gottes.' Diese Behauptung ist unrichtig. Wir widerrufen sie hiermit. Passauer Neue Presse Verlags GmbH."

ZDF und falsche DVU-Forderungen

ZDF-„Länderspiegel" vom 19. September 1987: In einem skandalösen Filmbericht wird u.a. behauptet, die DVU fordere auf Plakaten „Ausländer raus!" Eine Falschdarstellung, die bereits zuvor Radio Bremen hatte richtigstellen müssen. Doch die ZDF-Redakteure wollten die Wahrheit offenbar nicht wahrhaben. Also mußte auch in diesem Fall, nachdem die DVU-Anwälte tätig geworden waren, der Moderator mit sichtlichem Unbehagen im Fernsehen verlesen: „Im Länderspiegel vom 19.9.1987 wurde behauptet, die DVU habe mit Parolen wie 'Ausländer raus' eine aufwendige Propagandaschlacht geliefert. Diese Behauptung ist falsch. Die DVU hat diese Parole nicht verwendet. Sie fordert vielmehr eine Begrenzung des Zuzugs von Ausländern." – Einige Wochen später strahlte das ZDF auch noch den Widerruf mit gleichem Wortlaut aus.

DVU auf Mitgliederjagd?

Keine Lüge ist zu dumm, um sie nicht gegen die DVU ins Feld zu führen. Am 8. September 1987 versorgte die Nachrichtenagentur „AP" bundesdeutsche Presseorgane mit der Falschmeldung, die DVU versende wahllos Parteibücher quer durch die Republik. In einem Fall habe auch die Ehefrau eines Bremer SPD-Bürgerschaftsabgeordneten einen DVU-Mitgliedsausweis erhalten. Recherche? Keine! Sonst wäre leicht zu erfahren gewesen, daß bei der DVU einige – von politischen Gegnern – gefälschte Anträge auf Mitgliedschaft eingingen, die nicht sogleich als Fälschung erkannt wurden. „AP" brachte schließlich eine Richtigstellung.

DVU mit Tarnnamen?

Januar 1989: Gründungsparteitag des Landesverbandes Nordrhein-Westfalen der DVU in Schwelm. Aufgehetzt von Massenmedien erscheinen Hunderte Polit-Kriminelle, um die Veranstaltung zu verhindern. Das Tagungslokal wurde von Rechtsbrechern abgeriegelt und den DVU-Mitgliedern der Zugang verwehrt. Wer dennoch auf sein Versammlungs- und Meinungsfreiheitsrecht pochte, wurde unter den Augen einer weisungsgemäß völlig untätigen Polizei beleidigt, wenn nicht geschlagen.

Offenbar profilierungssüchtige Lokal-Politiker dankten anschließend vor surrenden Fernsehkameras den „Antifaschisten" für ihre Heldentaten und feierten die mit Gewalt erzwungene Verhinderung der DVU-Kundgebung, die kurze Zeit später nachgeholt werden konnte, als „Triumph". Das Fernsehen stieg in die Geschichte groß ein. Dabei wurde gelogen, daß sich die Balken bogen. Zum Beispiel wurde behauptet, die DVU habe das Versammlungslokal unter falschem Namen angemietet.

Hiergegen setzte sich die Rechtspartei schließlich zur Wehr. Auf zahlreichen Fernsehkanälen wurde wenig später eine Gegendarstellung verlesen. Um ein eindeutiges Zeichen gegen die Falschberichterstattungen im Fernsehen zu setzen, hat die DVU-Rechtsabteilung auch um den Widerruf prozessiert. Daß die DVU auch hier gewann, sollten die Fernsehzuschauer dann aber erst nach der damaligen Europawahl des 17. Juni erfahren. Und so wurde es schließlich bis zum 9. Juli hinausgezögert, ehe beispielsweise der Sprecher der „Tagesschau" (ARD) vor Millionen Fernsehzuschauern verlas: „In der Tagesschau vom 22.1.1989 haben wir berichtet, die Deutsche Volksunion (DVU) habe ein Versammlungslokal in Schwelm bei Wuppertal unter falschem Namen angemietet. Diese Meldung widerrufen wir hiermit als unwahr!"

Rassistische DVU-Werbesendung?

Auch SAT.1 legt sich immer wieder mit der DVU an. Im Jahre 1989 verweigerte der Fernsehsender die Ausstrahlung einer DVU-Werbesendung zur Europawahl mit der Begründung, der Spot sei „rassistisch" und enthalte überdies die „verbotene erste Strophe des Deutschlandliedes". DVU-Bundesvorsitzender Dr. Gerhard Frey rief im Eilverfahren das Landgericht Mainz an, das das rechtswidrige Ausstrahlungsverbot kassierte und den Sender verpflichtete, die DVU-Werbesendung zu bringen. Für den Fall der Zuwiderhandlung hatte das Gericht ein Zwangsgeld von 10 000 Mark bzw. eine Ordnungshaft von fünf Tagen gegen den SAT.1-Geschäftsführer verhängt. Die gesamten Kosten mußte SAT.1 tragen. Auch um die der DVU zustehende Zweitausstrahlung gab es ein juristisches Gefecht, das ebenfalls mit einem DVU-Sieg im Eilverfahren endete.

Damit wollte sich SAT.1 immer noch nicht abfinden, weshalb man Widerspruch gegen die Eilentscheidung des Gerichts einlegte. Dieser Widerspruch wurde vom Landgericht abgewiesen.

Doch aus Schaden wird nicht jeder klug; zumindest SAT.1 nicht. Ein ähnlicher Fall trug sich im Schleswig-Holstein-Wahlkampf des Jahres 1996 zu. Nach § 33 des Landesrundfunkgesetzes Schleswig-Holstein sind auch die privaten Hörfunk- und Fernsehsender verpflichtet, den Parteien Sendezeiten für Wahlwerbung zur Verfügung zu stellen. Das gilt selbstverständlich auch für die DVU. Doch SAT.1 ließ entsprechende Anfragen der DVU einfach unbeantwortet. Nach weiteren Verzögerungen wandte sich die DVU an das zuständige Landgericht. Durch Einstweilige Verfügung, verbunden mit einer Zwangsgeldandrohung von bis zu 500 000 Mark, wurde SAT.1 verpflichtet, drei Wahlsendungen der DVU zu je 90 Sekunden auszustrahlen.

Darauf erklärte der Sender, eine „rechtliche Überprüfung" der DVU-Sendung habe ergeben, daß die Ausstrahlung „unzulässig" sei. Die DVU erwirkte binnen Stunden beim Landgericht eine Entscheidung, in der ein Zwangsgeld in Höhe von 40 000 Mark festgesetzt wurde, falls die Sendung nicht rechtzeitig zur Ausstrahlung käme. Der Wahlspot sei rechtlich zulässig, stellte das Gericht darüber hinaus ausdrücklich fest. Dann hob das Oberlandesgericht Celle die Zwangsentscheidung wegen eines umstrittenen Formfehlers auf, der noch korrigiert werden konnte. Schließlich wurden die DVU-Spots auch auf SAT.1 gesendet.

Die Niederlagen des NDR

Wahlkampf, Schleswig-Holstein, 1992: Um einen DVU-Erfolg zu verhindern, hatte sich insbesondere der NDR in den Vordergrund gespielt. Zunächst weigerte er sich, Wahlwerbesendungen der DVU auszustrahlen, obwohl er dazu laut Rundfunkstaatsvertrag verpflichtet ist. Die DVU-Spots seien volksverhetzend. Natürlich blanker Unsinn. Und so mußte der NDR im Eilverfahren von den zuständigen Gerichten auf den Boden zurückgeholt werden. Die DVU gewann den Prozeß. Ihre Spots enthielten keinerlei Volksverhetzung. Daraufhin zog der NDR vor das Hamburger Oberverwaltungsgericht. Beschwerde. Doch wieder kassierten die Juristen des Norddeutschen Rundfunks eine empfindliche Niederlage.

Nun mußte der NDR zwar die Spots ausstrahlen, doch man sah sich veranlaßt, jeweils im Anschluß durch einen Sprecher behaupten zu lassen, die DVU-Wahlsendungen trügen zur Volksverhetzung bei. Die DVU beantragte eine weitere einstweilige Anordnung gegen den NDR. Der Nachspann müsse unterbleiben, so die Rechtsexperten der Volksunion. Das Verwaltungsgericht Hamburg sah dies genauso. Entscheidung: Nachspann ist unzulässig.

Und die bereits mit Nachspann ausgestrahlten Sendungen? Diese seien zu wiederholen, meinte die DVU. Der NDR weigerte sich. Erneute Gerichtsauseinandersetzung, diesmal vor dem Oberverwaltungsgericht Hamburg. Und das kam schließlich zu dem Ergebnis, daß wegen der NDR-Nachbemerkung der Anspruch der DVU auf Wahlwerbung nicht befriedigt worden sei. Das höchste Verwaltungsgericht der Hansestadt bestimmte, daß der NDR sowohl den Rundfunk- als auch den Fernsehspot am Freitag vor der Wahl zu wiederholen habe. Das Gericht legte darüber hinaus Programm und Zeitpunkt fest, „nachdem es der Sender abgelehnt hat, die Sendungen zu wiederholen und damit die Gelegenheit nicht wahrgenommen hat, die Modalitäten festzulegen". Der NDR ist stets führend, wenn es gilt, die DVU zu behindern. Als Kronzeugen gegen die Volksunion läßt er gern in jeder Hinsicht gescheiterte Existenzen auftreten, deren einzige „Fernseh-Qualifikation" darin besteht, die DVU und Dr. Frey zu hassen. Für gutes Geld dürfen solche Personen dann erzählen, was ihnen gerade gegen die DVU in den Sinn kommt. Um so erfreulicher ist es dann, wenn die Drahtzieher solcher Kampagnen von den DVU-Anwälten vor Gericht in ihre Schranken gewiesen werden.

Schlappe für Erdsiek-Rave

Der NDR befindet sich in „guter" Gesellschaft. Die DVU hat immer wieder spektakuläre Gerichtserfolge aufzuweisen, die jedoch vom Fernsehen in aller Regel totgeschwiegen werden. Zum Beispiel hat der 2. Senat des Oberverwaltungsgerichts Schleswig-Holstein die Präsidentin des schleswig-holsteinischen Landtags, Ute Erdsiek-Rave, verurteilt, an den Landesverband der DVU in Schleswig-Holstein eine staatliche Wahlkampfkosten-Zahlung für das Jahr 1993 in Höhe von DM 150 680,93 zu leisten. Kurz zuvor entschied das Landgericht Hamburg bei Androhung eines Ordnungsgeldes bis zu 500 000 Mark, ersatzweise Haft bis zu zwei Jahren, daß es der Frau Erdsiek-Rave zu untersagen sei, weiterhin zu behaupten, die DVU fordere „Ausländer raus!" Ähnlich erging es auch der „Bild"-Zeitung, die zu einem entsprechenden Widerruf verpflichtet wurde.

*Brief der sozialdemokrati-
schen Präsidentin des Kieler
Landtages an die DVU-Ver-
treterin Renate Köhler. Die
von Erdsiek-Rave bemäkelte
„perfide, ausländerfeindliche
Hetze" bestand in der Forderung, als Scheinasylanten entlarvte Ausländer endlich konsequent auszuweisen. Eine seit
Jahren vorgetragene DVU-
Forderung, die immer wieder
auch von etablierten Politikern (vornehmlich in Wahlkämpfen) übernommen wird.*

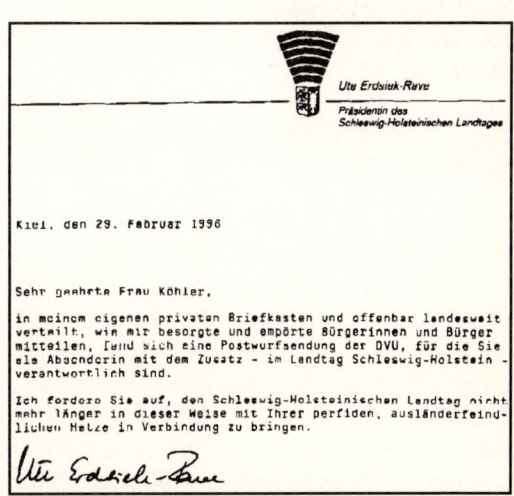

Schleswig-Holstein und die DVU: Rund drei Jahre lang, bis zur Wahl im März 1996, berichteten Fernsehen und Massenblätter immer wieder über den angeblich strafbaren Mißbrauch von öffentlichen Geldern durch DVU-Abgeordnete im Kieler Landtag, allen voran durch die DVU-Abgeordnete Renate Köhler. Man habe sich ungeheure Summen in die eigene Tasche gesteckt, hieß es, oder gewaltige Beträge am Gesetz vorbei „in die Münchner Zentrale von Dr. Frey" gescheffelt. Unmittelbar vor der Landtagswahl wurde die ganze Sache vom Fernsehen nochmals gigantisch aufbereitet. Auf Veranlassung der Landtagspräsidentin Erdsiek-Rave gab es sogar Hausdurchsuchungen, u.a. bei Renate Köhler wegen der „Vergehen", was abermals via Fernsehen entsprechend haßerfüllt aufbereitet wurde. Die Kampagne trug dazu bei, daß die DVU bei der Wahl in Schleswig-Holstein knapp an der 5%-Hürde scheiterte.

Im Juni 1996 flatterte den betroffenen DVU-Abgeordneten ein Beschluß der Staatsanwaltschaft ins Haus. Wortlaut: „Das eingeleitete Ermittlungsverfahren ist eingestellt worden." Die Vorwürfe hatten sich als haltlos erwiesen.

... auch in Bremen

Ähnliche Zustände auch in Bremen: Unter dem Aktenzeichen 1 V 53/94 wurde vom Verwaltungsgericht der Freien und Hansestadt Bremen der Präsident der Bremischen Bürgerschaft, Dr. Dieter Klink, verurteilt, an die DVU eine längst fällige Abschlagszahlung in Höhe von 5719,50 Mark zu zahlen. Klink hatte sich unter fadenscheinigen Argumenten geweigert, die Zahlung zu veranlassen. In einer ähnlichen Angelegenheit war Klink ein Jahr zuvor ebenfalls gerichtlich von der DVU in die Knie gezwungen worden.

Eine empfindliche Prozeßniederlage mußte 1994 auch der Bürgermeister der Stadt Dessau in Sachsen-Anhalt hinnehmen. Das Verwaltungsgericht hatte entschieden, daß ein gegen die DVU verhängtes Versammlungsverbot rechtswidrig war (AZ: 1 A 51/93). Die Stadt Passau ist der DVU vor Gericht mittlerweile wohl 40mal unterlegen gewesen. Immer wieder versuchten die Stadtoberen, der DVU die Nibelungenhalle für die schon traditionelle DVU-Großkundgebung zu verweigern. Jedesmal ohne Erfolg.

Dr. Frey mit Hakenkreuzflagge?

Besonders kurios mit den Lügen gegen die DVU trieb es übrigens am 4. Februar 1989 die türkische Zeitung „Hürriyet". Behauptet wurde, Dr. Frey habe in seinem Arbeitszimmer die Hakenkreuzflagge aufgehängt. Außerdem sei ein Foto von Dr. Goebbels in diesem Zimmer aufgestellt. Alles gelogen. Das einzige Bild, das sich dort befindet, ist eine Fotografie, die den verstorbenen Vater Dr. Freys, Offizier der Deutschen Wehrmacht, zeigt. Die „Hürriyet" mußte schließlich folgende Erklärung abgeben: „Die Hürriyet International Verlagsgesellschaft mbH verpflichtet sich gegenüber Herrn Dr. Frey, es zu unterlassen zu behaupten oder sonst zu verbreiten, im Vorzimmer des Arbeitszimmers von Herrn Dr. Frey hänge eine Fahne, auf der ein Hakenkreuz schwarz auf weiß dargestellt ist oder im Arbeitszimmer von Dr. Frey befinde sich auf einem Ständer die Fotografie von Josef Paul Goebbels in Naziuniform." Außerdem mußte „Hürriyet" in aller Form einen Widerruf der Lügen veröffentlichen.

Verbot der DVU?

Eine besonders niederträchtige „Abrechnung mit der DVU" präsentierte „Kennzeichen D" vom 14. Juli 1993. Die ZDF-Sendung forderte absurderweise ein Verbot der DVU. Lügner und Betrüger wurden als „Kronzeugen" aufgefahren. Dabei entstand dann folgendes Bild: Die DVU sei „keine demokratische Partei", die DVU schüre „fremdenfeindliche Strömungen", in der DVU würden „demokratische Spielregeln außer Kraft gesetzt" usw. Wahr davon ist absolut nichts. Aber das ist den „Kennzeichen D"-Machern völlig egal.

DVU-Großkundgebung in der Passauer Nibelungenhalle. Im Bild (von links: Dr. Robert Brock, Schwarzenführer aus den USA, der Herausgeber der „Deutschen National-Zeitung" und DVU-Bundesvorsitzende Dr. Gerhard Frey; Edward Godfrey, indianischer Freiheitskämpfer vom Stamm der Dakota-Sioux und Gerald Northrup vom Stamme der Chippewa. Aufnahme einer „rechtsradikalen, ausländerfeindlichen Zusammenrottung"?
Unten: Blick in einen Teil der Passauer Nibelungenhalle während einer DVU-Kundgebung.

Eine der zahlreichen Entschließungen der DVU ist beispielsweise folgende, mit überwältigender Mehrheit auf dem Bundesparteitag vom 22. November 1992 verabschiedete:

DVU verurteilt jede Gewalt
Entschließung des Bundesparteitages vom November 1992

„Die DEUTSCHE VOLKSUNION lehnt jeden Mißbrauch des Asylrechts und den Zustrom Hunderttausender Scheinasylanten und illegaler Einwanderer schärfstens ab. Die Ursachen für dieses Unwesen, das die Bundesbürger allein 1992 mit 35 bis 40 Milliarden Mark bezahlen müssen, liegen in der verfehlten Politik der alten Parteien.

Zugleich erklärt die DVU ihre aufrichtige Sympathie mit in Deutschland lebenden integrierten Ausländern, mit Gastarbeitern, mit wirklich politisch Verfolgten sowie mit Touristen und Besuchern der Bundesrepublik.

Die DEUTSCHE VOLKSUNION bekräftigt, daß sie mit allen anständig und gerecht denkenden Menschen jedwede Form von Haß auf Ausländer wie Inländer, insbesondere von Rechtsbrüchen, mit aller Entschiedenheit verurteilt. Wer beispielsweise ‚Ausländer raus!‘ ruft, stellt sich außerhalb der Gemeinschaft gesitteter Menschen.

Die aus der Scheinasylanten- und Zuwanderungsproblematik erwachsenen ungeheuren Schwierigkeiten bedürfen einer rechtsstaatlichen Lösung. Dazu muß und wird das geänderte Wahlverhalten der Bürger führen.“

Die DVU setzt sich vor Gericht immer wieder gegen Lügen und Fälschungen durch. Entsprechende Urteile könnten bald endlos angeführt werden. Gegen Dr. Gerhard Frey, den Vorsitzenden der DVU und Herausgeber der „Deutschen National-Zeitung“, sind annähernd 600 (!) Strafverfahren angestrengt worden. Allesamt erfolglos. Das Fernsehen berichtet von den Prozeßerfolgen der Volksunion nicht.

Gegenüber der DVU spielen Fernsehen und Presse ihre ganze Macht aus. In den letzten Tagen vor einer Wahl steigert sich diese Hetze nochmals, weil Meinungsmacher davon ausgehen, daß sich die DVU dann nicht mehr wehren kann. Richtigstellungen müßten dann erst nach der Wahl gebracht werden. Linksextreme spielen dieses Spiel mit, terrorisieren DVU-Wahlhelfer und lassen auch sonst keinen Rechtsbruch aus; ganz zur Freude der Etablierten.

Ein Musterbeispiel der Manipulation lieferten Fernsehmacher im Hamburger Wahlkampf 1993. Obwohl die Benachteiligungen, die die DVU durch den NDR erfuhr, mehrfach gerichtlich festgestellt wurden, goß der Sender kübelweise Schmutz über die Rechtspartei aus, während die anderen Parteien, bis hin zu unbedeutenden Gruppierungen, hymnisch gefeiert wurden und nahezu endlos Sendezeit zur Selbstdarstellung erhielten. Die DVU hatte damals 63 Bürgerschaftskandidaten aufgestellt, von denen viele unter den Druck der Meinungsindustrie und der Straße gerieten. Der Terror nahm stündlich zu. Als dem DVU-Spitzenkandidaten während einer Pressekonferenz für Sekunden die Sprache wegblieb, wurde diese Szene wohl Hunderte Male in epischer Breite von Medien wiederholt.

Doch eben dieser Spitzenkandidat war es, der seine Teilnahme an der sogenannten TV-Elefantenrunde rechtskräftig erfochten hatte. Das Fernsehen wollte die DVU hier nicht berücksichtigen. Klage der DVU. In der Gerichtsentscheidung hieß es: „Der NDR wird verpflichtet", der DVU „die Teilnahme an der Fernsehsendung 'Im Kreuzfeuer – die Hamburger Spitzenkandidaten' zu gestatten." Doch um der DVU keine Gelegenheit zur Darstellung zu geben, sagten die Vertreter der Bürgerschaftsparteien daraufhin die Elefantenrunde kurzerhand ab. Richter, die der DVU recht gaben, sahen sich aufgrund ihrer Urteile einer massiven Hetzkampagne ausgesetzt.

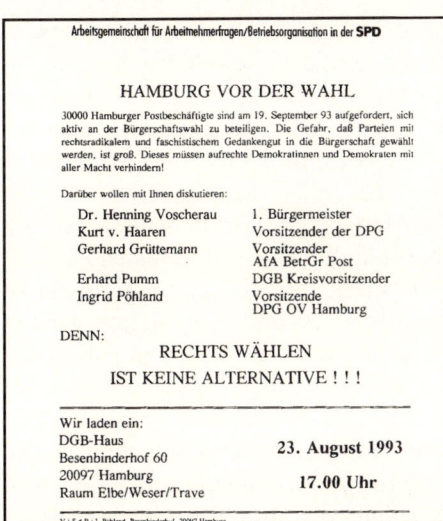

Arbeitsgemeinschaft für Arbeitnehmerfragen/Betriebsorganisation in der **SPD**

HAMBURG VOR DER WAHL

30000 Hamburger Postbeschäftigte sind am 19. September 93 aufgefordert, sich aktiv an der Bürgerschaftswahl zu beteiligen. Die Gefahr, daß Parteien mit rechtsradikalem und faschistischem Gedankengut in die Bürgerschaft gewählt werden, ist groß. Dieses müssen aufrechte Demokratinnen und Demokraten mit aller Macht verhindern!

Darüber wollen mit Ihnen diskutieren:

Dr. Henning Voscherau	1. Bürgermeister
Kurt v. Haaren	Vorsitzender der DPG
Gerhard Grüttemann	Vorsitzender AfA BetrGr Post
Erhard Pumm	DGB Kreisvorsitzender
Ingrid Pöhland	Vorsitzende DPG OV Hamburg

DENN:

RECHTS WÄHLEN
IST KEINE ALTERNATIVE ! ! !

Wir laden ein:	
DGB-Haus	**23. August 1993**
Besenbinderhof 60	
20097 Hamburg	**17.00 Uhr**
Raum Elbe/Weser/Trave	

V.i.S.d.P.: I. Pöhland, Besenbinderhof, 20097 Hamburg

Gewerkschaftsbosse und SPD machen Stimmung gegen die DVU (aus dem Wahlkampf in Hamburg 1993).

Die Sache mit den Meinungsumfragen

Wahlerfolge der DVU, etwa in Bremen 1987 und 1991, in Schleswig-Holstein 1992 oder in Bremerhaven 1995 sind für Meinungsmacher denn auch furchtbare Pleiten. Was tun, um Wahlerfolge der DVU zu verhindern? Neben der hier dargelegten Hetze hat man zudem Tricks mit Meinungsumfragen ausgeheckt. Nach den Wahlerfolgen kam Abenteuerliches zutage.

Die ZDF-Forschungsgruppe Wahlen wollte zum Beispiel im Januar 1992, also etwa 10 Wochen vor der Wahl in Schleswig-Holstein, „0,2 Prozent" und „kurz vor der Wahl 3,8 Prozent" für die DVU gemessen haben. Diese „Prognosen" spielten auch in der Fernsehberichterstattung eine tragende Rolle. In Wahrheit wurde die DVU drittstärkste Kraft im Lande und zog in Fraktionsstärke ins Landesparlament ein. Die falschen Wahlprognosen seien aber „nicht ungewöhnlich", rechtfertigten sich „Meinungsforscher" hinterher. Dies würde bedeuten, daß sich die DVU in den Wochen vor Wahlen verzweiundreißigfacht. Tatsache ist jedenfalls, daß Jungwähler bei Probeabstimmun-

gen in Schulen usw. dem wahren Ergebnis weitaus näher kamen als gutbe-
zahlte Mitarbeiter von Umfrage-Instituten. Kann am Ende jeder Schulpflichtige
bei Umfragen in seiner Klasse genauere Ergebnisse erzielen als die Mei-
nungsforschungs-Profis?

Gefahr von rechts - was stimmt?
Die Antwort an die Fernseh-Schwindler

Was aber ist wahr? - Die deutsche Rechte ist zwar seit Jahrzehnten zunehmender und von der politischen Führung geduldeter Gewalt, u.a. seitens Au-
tonomer, Chaoten und Antifa-Banden ausgesetzt, die aber in keiner Weise er-
widert wird. Wer rechts denkt, liebt zwar das eigene Volk, doch er respektiert
und schätzt zugleich alle anderen Völker. Straftaten und erst recht Gewalt
scheiden unter allen Umständen für ihn aus.

Das Phänomen „rechter Gewalttaten" erklärt sich in Wirklichkeit in der sich
überschlagenden, extrem hysterischen, oft täglichen, ja stündlichen Darstellung solcher Schandtaten in der Meinungsindustrie, die systematisch Nachahmungstäter aus dem Kreis psychopathischer Krimineller züchtet. Daß in
der Bevölkerung von 80 Millionen vielleicht tausend Idioten zu nahezu jeder Gewalttat bereit sind, ist zwar eine höchst beklagenswerte, aber leider
nicht aus der Welt zu schaffende Tatsache. Medienzaren nehmen dies mit
ihren selbst vor Darstellung von Mord und Totschlag nicht zurückschreckenden
Wahnsinnssendungen in Kauf oder fordern zu Nachahmungstaten geradezu
heraus. Jede Schandtat dieser Art bietet dann die Grundlage für neue Haß-
kampagnen gegen Deutschland, worauf auch die Meinungsindustrie geradezu wartet.

Wenn ein sogenannter Neonazi, Irrer, Provokateur oder Agent fünf Hakenkreuze an verschiedene Wände malt, so sind das in den üblichen Statistiken
„fünf rechtsextremistische Vorfälle". Geschehen aus einer Demonstration
linksradikaler Chaoten Aberhunderte Gewaltakte, gibt es dafür in der etablierten Strichliste nur eine Markierung auf dem linksextremen Kerbholz.
Auf diese Weise schafft man es, in etwa gleich große „Gefahren von rechts"
wie von links heraufzubeschwören.

Es gibt jedoch auch amtliche Statistiken, die das wahre Verhältnis zum Ausdruck bringen. Die allerdings werden – wenn überhaupt – von etablierten
Medien nur am Rande gemeldet.

Im April 1996 hat die Bundesregierung als Antwort auf eine Kleine Anfrage
der Grünen im Bundestag mitgeteilt, daß es im Jahre 1995 genau 327 Ermittlungsverfahren wegen Linksterrorismus in Deutschland gegeben habe.
Wegen Rechtsterrorismus seien im selben Zeitraum zwei Verfahren einge-

leitet worden. Zur Anklage durch den Generalbundesanwalt sei es 1995 wegen Linksterrorismus in zehn Fällen mit 16 Beschuldigten gekommen; wegen Rechtsterrorismus habe es nicht eine einzige Anklage gegeben.

Vergleicht man aber diese Zahlen mit den durch Lügen und Fälschungen inspirierten Darstellungen des Fernsehens, das immer und immer wieder Rechts-Terrorismus darstellt und den Linksextremismus praktisch leugnet, erkennt man den Unterschied zwischen der Wirklichkeit und der TV-Scheinwelt.

Um es deutlich zu machen: Adolf Hitler ist seit mehr als einem halben Jahrhundert tot. Der Nationalsozialismus ist vor bald zwei Generationen für immer verschwunden. Dennoch ist kein Deutscher, ob tot oder lebendig, bekannter als Hitler. Ungezählte Bücher sind über den NS-Diktator abgeliefert worden. Bis heute jagt eine Fernseh-„Dokumentation" die nächste. Dabei verabscheut jeder Denkende die Verbrechen unter dem NS zutiefst.

Wie sich die Bilder gleichen können: Links Titelseite einer Schrift völlig fanatisierter NS-Propagandisten vor über einem halben Jahrhundert; sie fehlt in keinem Schulgeschichtsbuch als Mahnung, daß man so nie wieder gegen andere hetzen dürfe. Rechts eine durchaus übliche Darstellung unserer Tage, mit der man zu Haß gegen alle Rechten und Nationalen aufstacheln will.

Allein Agenten von Geheimdiensten unter maßgeblicher Mitwirkung des „Verfassungsschutzes" rasten und ruhen nicht, um das NS-Gespenst aus dem Grab zu holen und werden dabei unterstützt von Verrückten, Rauschtätern und gewöhnlichen Kriminellen. Warum?

Mit der „Faschismus"-Keule soll jede Normalisierung unserer Demokratie durch einen rechten Flügel verhindert werden. Wer für Deutschland demokratische und parlamentarische Gegebenheiten fordert, wie sie in jedem anderen Land der Welt absolut selbstverständlich sind (nämlich mit Rechten in der Volksvertretung), gerät als „Rechtsextremer" ins Visier des „Verfassungsschutzes".

Ähnlichen Verfahren wird jeder unterworfen, der Deutschland als Land der Deutschen bewahren möchte. Dabei wünschen sich Einheimische und Gäste in der Bundesrepublik Deutschland nichts sehnlicher als ein friedliches und freundschaftliches Miteinander. Dieser gesellschaftliche Frieden wird nicht durch wenige Verrückte gefährdet, die mit Polizeigewalt leicht zurückgehalten werden könnten, sondern durch kriminelle Ausländer und Scheinasylanten. Daß diese konsequent abgeschoben gehören, ist keine „ausländerfeindliche Forderung", sondern absolut im Interesse der Mehrheit der Bundesdeutschen sowie der übergroßen Mehrheit anständiger Ausländer in diesem Land. Antideutsche Fernsehmacher aber steuern diesen wirklich normalen und nachvollziehbaren Auffassungen nicht selten direkt entgegen.

Hand in Hand mit Linksterroristen?

Weitaus weniger Berührungsängste kennen Programm-Verantwortliche, wenn es um Linksextremisten geht. Beispiel: Deutsches Fernsehen, 29. Januar 1985: „Monitor" (ARD) und „Kennzeichen D" (ZDF) senden jeweils skandalöse Beiträge zur linksterroristischen RAF. In beiden Sendungen kommen Angehörige der einsitzenden, rechtskräftig verurteilten RAF-Terroristen zu Wort, um herzzerreißend über die Lage der damals gerade Hungerstreikenden zu „informieren". Ziel der Sendungen war offenbar die Erzeugung einer breiten Mitleidswelle.

Dreist trieb es die ARD auch im Jahre 1986 mit einer zweiteiligen Fernseh-Dokumentation über die Baader-Meinhof-Bande. Unter der Schirmherrschaft des Norddeutschen Rundfunks bemühte sich Stefan Aust (heute „Spiegel TV"), die „menschliche Seite" der Terroristen dem Publikum nahezubringen. So befaßte sich der Linksjournalist eingehend mit der Mutter von Andreas Baader, die ihrem Sohn „sehr ausgeprägte politische Ideen" bescheinigte. Auch die damalige Top-Terroristin Ulrike Meinhof konnte minutenlang ausführen, warum unser demokratisches System so schlecht sei. Keine freiwillige Fernsehminute für die deutsche Rechte, doch Sondersendungen für Linksterroristen …

Was im angesprochenen NDR-Bericht nicht fehlen durfte: Die andere Seite des „Systems": Aggressive Polizisten gehen rücksichtslos auf friedliche junge Menschen los. Selbst auf der Beerdigung der Terroristen seien noch Personalien der anwesenden Sympathisanten aufgenommen worden, empörte sich der Autor. Wen wundert es da, wenn der Ausschaltknopf am Fernsehgerät zum wichtigsten Bestandteil des Apparats geworden ist …

Das Fernsehen macht es vor
TV-Wirklichkeit und Nachahmung

Zu einem immer größeren Skandal weitet sich die Rolle des Fernsehens und anderer Massenmedien bei der Heranzüchtung von Nachahmungstätern aus. Längst bewiesen: Durch aufpeitschende Berichterstattung nähren Fernsehen und Massenblätter den Boden für Nachahmungs-Straftaten. Dies geht auch aus einer – vom Fernsehen verschwiegenen – Studie mit dem Titel „Eskalation durch Berichterstattung? Massenmedien und fremdenfeindliche Gewalt" hervor. Die Untersuchung stammt von Dr. Hans-Bernd Brosius, Hochschuldozent am Institut für Publizistik der Universität Mainz, und Frank Esser, wissenschaftlicher Mitarbeiter am Lehrstuhl Medien- und Kommunikationswissenschaft der Universität Mannheim.

Die Hauptthese der beiden Medienforscher lautet: „Die Massenmedien tragen durch ihre Berichterstattung zu einer weiteren Ausbreitung fremdenfeindlicher Straftaten bei. Die Ausbreitung der Straftaten erfolgt aufgrund der ansteckenden Wirkung der Berichterstattung über Gewalt."

Dieses Untersuchungsergebnis gelte nur teilweise für die Presseorgane. Auf das Fernsehen hingegen treffe es „voll zu". Jenes Medium also, das sich selbstgerecht als Medizin einer gesellschaftlichen Erkrankung darstellt und vorgibt, Moral löffelweise gefressen zu haben, wird als Ursache des Übels entlarvt.

Dabei können sich die TV-Macher nicht mit Unkenntnis über die Folgen ihrer sensationsgierigen Berichterstattung herausreden. Erstens ist seit jeher bekannt, daß aufpeitschende Medienberichterstattung Nachahmungstäter anstachelt, weshalb die Polizei oft händeringend bittet, auf dramatische Berichte zu verzichten und sich medial zurückzuhalten. Zweitens geben die Bosse der Mattscheibe unumwunden zu, daß sie um die verheerende Wirkung ihres Tuns wissen. Brosius/Esser zitieren ein „Positionspapier" des WDR-Rundfunkrates von 1994, in dem es zum Thema „Ausländerfeindlichkeit" heißt: „Es ist davon auszugehen, daß die Berichterstattung zu Nachahmungstaten führen kann."

Musterfälle waren die Ereignisse von Hoyerswerda und Rostock. Brosius/Esser: „Unter journalistischen Gesichtspunkten waren die Ausschreitungen von Hoyerswerda und Rostock 'ideale' Ereignisse. Sie dauerten mehrere Tage, lieferten dramatisches Bildmaterial, die Journalisten konnten live vom Tatort berichten. Die Ereignisse waren fernsehgerecht inszeniert."

„Inszeniert": Damals, in der Zeit vor Hoyerswerda und Rostock, gab es berechtigte Empörung in der Bevölkerung über massenhaften Zustrom von Asylbewerbern, von denen die meisten politische Verfolgung nur vortäuschten.

Dieser Unmut machte sich demokratisch Luft in Wahlerfolgen z. B. der Deutschen Volksunion (DVU). Dies wiederum empfanden Vertreter der Herrschenden als Gefahr für Posten und Pfründe.

Ich habe Menschen gegessen

Donnerstag, 244/42
19. Oktober 1995, 80 Pf

Von BERND SCHUMACHER
Ein Verbrechen, das im modernen Zeitalter ausgestorben schien. Kannibalismus, Menschenfresserei!
Wir sehen einen solchen Menschenfresser. Eingesperrt hinter Gittern. Er hat seine Opfer in einer Mietswohnung

Sensationsjournalismus in der Bundesrepublik Deutschland. Mit solchen Wahnsinns-Schlagzeilen werden Irre zur Nachahmung angestiftet.

In dieser Situation, teilweise geheimdienstlich gesteuert oder von sensationsgierigen Reportern mit Geld geschmiert bzw. mit Bier und Schnaps abgefüllt, traten Gewalttäter und Irre gegen Ausländerhäuser in Erscheinung. Bei entschlossenem Willen zur raschen Gefahrenabwehr wäre es einfach gewesen, die jeweils wenigen Dutzend gewaltbereiten Personen in Hoyerswerda und Rostock durch massiven Polizeieinsatz sofort außer Gefecht zu setzen. Doch wurden die Ordnungskräfte so gering dosiert zum Einsatz gebracht, daß sich die Krawalle „mediengerecht" über mehrere Tage hinziehen konnten.

31. August 1992, Meldung der Nachrichtenagentur AFP: „Die Rostocker Staatsanwaltschaft hat Ermittlungen gegen mehrere ausländische Fernsehteams wegen Anstiftung zur öffentlichen Verwendung von Kennzeichen einer verfassungswidrigen Organisation eingeleitet. Wie ein Polizeisprecher mitteilte, sollen die Teams Rostocker Jugendlichen im Alter von 13 bis 18 Jahren Geld dafür geboten haben, den Hitlergruß zu zeigen. Zwei kleine Mädchen sollen außerdem überredet worden sein, Prügel zu schwenken und 'Ausländer raus' zu rufen. Dies hätten Anwohner und Eltern am Rande der Demonstration gegen Ausländerfeindlichkeit in Rostock-Lichtenhagen beobachtet."

Fernseh-Teams eilten in Scharen herbei, gossen massenweise „Benzin in die Flammen" und spornten letztlich Nachahmungstäter an. Etablierte Politiker und Fernseh-Anstalten spielten sich gegenseitig die Bälle zu. Man kriminalisierte auf unverantwortliche Weise die gesamte politische Rechte, aus deren Reihen die Krawallmacher nun wirklich nicht stammten und brandmarkte sie als ausländerfeindliche Terrorbande. Millionen Fernsehzuschauer zuckten erschreckt zusammen und rückten von rechts ab. Die Rechnung der Fernseh-Gewaltigen war für die nahe Zukunft aufgegangen.

Brosius/Esser streichen heraus, daß aufpeitschende Medienberichte „in gleicher Weise Brandanschläge, Personenangriffe und sonstige Straftaten hervorrufen ... Die Eskalation ist also nicht nur auf sonstige kleinere Straftaten begrenzt." Sie diagnostizieren eine „Ansteckungswirkung der Berichterstattung".

Die Studie wartet mit eindrucksvollen Statistiken auf. Demzufolge hat die Zahl von Straftaten, die als fremdenfeindlich gewertet wurden, unmittelbar nach der aufpeitschenden Medienberichterstattung über Hoyerswerda etwa im Bundesland Mecklenburg-Vorpommern um das Vierfache, in Bayern um das Neunfache und in Baden-Württemberg um das Elffache zugenommen. Ähnlich nach dem „Schlüsselereignis von Rostock": Steigerung z. B. in Hamburg um das 8,7fache, in Thüringen um das 10,7fache.

Auch in anderen Fällen hat es Nachahmung infolge vorherigen Medienspektakels gegeben. Brosius/Esser erwähnen Beispiele: „Die Schülerin aus Halle, die sich vor einiger Zeit ein Hakenkreuz in den Arm ritzte und Rechtsradikale dafür verantwortlich machte, fand mittlerweile ebenfalls Nachahmer." Mit gewaltigem Medienaufwand war die „Selbsttätowierung" des Mädchens von Halle als „rechtsradikale Untat" hinausposaunt worden. Vor allem im Fernsehen.

Durch sensationsgierige Berichte würden „namenlose Psychopathen zu anonymen Prominenten" hochstilisiert, stellen die Medienforscher fest. Die Aussicht, ins Rampenlicht der TV-Öffentlichkeit zu rücken, stifte Irrwitzige zu Planung und Umsetzung von Straftaten an. Zitiert wird der Publizist Wolfgang Schreiber, der im Fachblatt „Journalist", Heft 9/93, die Katze aus dem Sack ließ: „Ob Journalisten es wahrhaben wollen oder nicht: Viele Täter wurden erst durch riesige Medienresonanz zu weiteren Anschlägen ermuntert. In den Wochen nach den ersten Vorfällen gelangte förmlich jede Wirtshausschlägerei in die Nachrichten, wenn nur irgendein Betrunkener 'Scheiß Ausländer!' gebrüllt hatte." Vielfach entstehe „Randale" erst, wenn die Kameras vor Ort seien, fuhr Schreiber fort. Kamerateams würden ausdrücklich zu Krawallen motivieren, dazu anspornen, „mal eben lautstark Randale-Stimmung zu erzeugen", um die gewünschte Szene vor die Linse zu bekommen.

Vor der Schlußfolgerung, daß hinter diesen Machenschaften System stecken könnte, wobei gewisse politische und mediale Absichten Hand in Hand gehen, scheuen Brosius/Esser zurück. Doch verweisen sie immerhin darauf, daß Fernsehmacher sogenannte Skinheads mit spendiertem Alkohol vollaufen ließen oder auch schon mal Geld für „Glatzen" lockermachten. Die Verfasser erwähnen auch, daß drei der vier wegen des schrecklichen Solingen-Attentats Angeklagten (bei dem Medien ebenfalls Nachahmung schürten) in einer Solinger „Kampfsportschule" gewissermaßen „heiß gemacht" worden waren, wobei sich der Besitzer der Kampfsportschule „Hak Pao", Bernd Schmitt, ein Jahr später als V-Mann des nordrhein-westfälischen „Verfassungsschutzes" entpuppte. Die durchaus belangreiche Zusatzinformation, daß dieser Schmitt bereits 17fach vorbestraft war, als ihn der sogenannte Verfassungsschutz anheuerte, erfährt man bei Brosius/Esser allerdings nicht. Das Fernsehen scheut nicht davor zurück, die Gefahr von Nachahmungstaten in Kauf zu nehmen und besitzt in aller Regel gar die Dreistigkeit, selbst diese Nachahmungstaten erneut mit riesigen Schlagzeilen zu verkaufen. Die berechtigte Sorge Deutscher und der großen Mehrheit hochanständiger Ausländer vor ausufernder Kriminalität, vor Überfremdung und vor Asylmißbrauch wird durch antideutsche Nachahmungstaten in den Hintergrund gedrängt und letztlich kriminalisiert. Fernsehfälscher haben sich vielfach auf eine regelrechte Glorifizierung von Ausländern spezialisiert, die niemandem dient. Angst vor Überfremdung findet (in sachlicher Form) auf keinem TV-Kanal ihren Ausdruck. Ganz im Gegenteil ...

Das Fernsehen und Ausländer
Oder: Der Mörder ist immer der Deutsche

Schon aufgefallen? – In deutschen Fernsehkrimis ist der Mörder immer der Deutsche. Oft erkennen wir an ihm sogar „rechtsradikale Züge". Das ist natürlich kein Zufall. Ein aufmerksamer Bürger nahm sich im Oktober 1994 die Zeit, beim ZDF einmal nachzufragen, warum beispielsweise im „Fall für zwei" nie ausländische Täter in Erscheinung träten, obwohl doch gerade in Frankfurt am Main, dem Schauplatz der Serie, die Ausländer-Kriminalität eine überragende Rolle im wirklichen Leben spiele.

Die Antwort des Zweiten Deutschen Fernsehens (ZDF): „Sie sind sich doch der Problematik bewußt, entsprechend der Täterstatistik in Frankfurt einen höheren Anteil ausländischer Täter auftreten zu lassen ... Ein Sturm der Entrüstung würde losbrechen ... Wir haben als Erben Hitlers die immer noch verzerrte Situation, daß wir selbst als ausländerfreundlichstes Land Europas nicht unbefangen mit dieser Frage umgehen können." Außerdem sei es zweifelhaft, „ob wir uns in unserer Generation von diesem Schuldkomplex befreien können. Vielleicht erben sich die Sünden der Väter auch hier ‚bis ins vierte Glied' fort".

Im Monat zuvor, am 23. September 1994, hatte die „Deutsche Wochen-Zeitung" einen ARD-Krimi („Polizeiruf 110" vom 18. September 1994) über „Neonazis", die italienische Pizzabäcker martern, wie folgt kommentiert: „In Wahrheit werden nach Angaben der Kriminalämter fast alle italienischen Gastwirte in der Bundesrepublik Deutschland von Mafiabanden terrorisiert und erpreßt, die aus Neapolitalien oder Sizilien stammen." Mit ähnlicher Nadel war der „Tatort"-Krimi vom 27. Mai 1996 („Lockvögel") gestrickt. Auch hier wüteten „Neonazis" als Schutzgelderpresser. Besonders bemerkenswert war die Darstellung einer Kampfsportschule für „rechte" Terroristen. Parallelen zur Realität? Man frage nach beim „Verfassungsschutz", der ja auch schon mal mehrfach vorbestrafte Besitzer von Kampfsportschulen in seinen Reihen mitmarschieren läßt ...

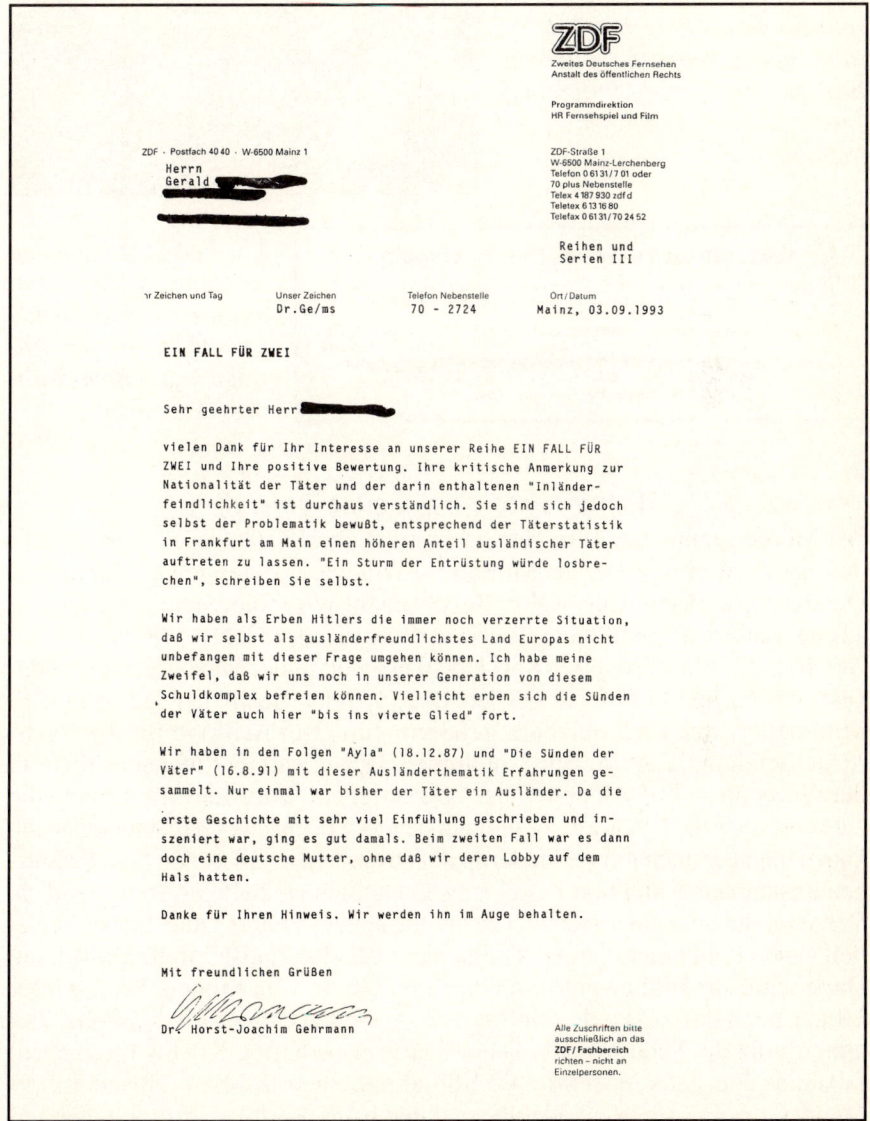

Ihr Zeichen und Tag	Unser Zeichen	Telefon Nebenstelle	Ort / Datum
	Dr.Ge/ms	70 - 2724	Mainz, 03.09.1993

EIN FALL FÜR ZWEI

Sehr geehrter Herr ~~~~~~

vielen Dank für Ihr Interesse an unserer Reihe EIN FALL FÜR ZWEI und Ihre positive Bewertung. Ihre kritische Anmerkung zur Nationalität der Täter und der darin enthaltenen "Inländer-feindlichkeit" ist durchaus verständlich. Sie sind sich jedoch selbst der Problematik bewußt, entsprechend der Täterstatistik in Frankfurt am Main einen höheren Anteil ausländischer Täter auftreten zu lassen. "Ein Sturm der Entrüstung würde losbrechen", schreiben Sie selbst.

Wir haben als Erben Hitlers die immer noch verzerrte Situation, daß wir selbst als ausländerfreundlichstes Land Europas nicht unbefangen mit dieser Frage umgehen können. Ich habe meine Zweifel, daß wir uns noch in unserer Generation von diesem Schuldkomplex befreien können. Vielleicht erben sich die Sünden der Väter auch hier "bis ins vierte Glied" fort.

Wir haben in den Folgen "Ayla" (18.12.87) und "Die Sünden der Väter" (16.8.91) mit dieser Ausländerthematik Erfahrungen ge-sammelt. Nur einmal war bisher der Täter ein Ausländer. Da die erste Geschichte mit sehr viel Einfühlung geschrieben und in-szeniert war, ging es gut damals. Beim zweiten Fall war es dann doch eine deutsche Mutter, ohne daß wir deren Lobby auf dem Hals hatten.

Danke für Ihren Hinweis. Wir werden ihn im Auge behalten.

Mit freundlichen Grüßen

Dr. Horst-Joachim Gehrmann

Alle Zuschriften bitte
ausschließlich an das
ZDF/ Fachbereich
richten – nicht an
Einzelpersonen.

Bemerkenswerte Antwort des ZDF an einen Zuschauer, der sich wunderte,
daß in Fernsehkrimis immer der Deutsche der Täter ist ...

Der höchst reale Terror linker Chaoten wird auf der bundesdeutschen Mattscheibe ignoriert. Dafür vergeht kaum ein Fernsehtag ohne wüste Drehbuchstorys über „Neonazis". Hier ein Bild aus der Serie „Polizeiruf 110": „Nazis" bedrohen einen Pizzabäcker."

Für Fernsehsendungen werden schon mal militärisch aussehende „SA-Männer" per Anzeige in der Boulevardpresse gesucht.

Warum nicht einmal ganz anders?

Der Mörder immer der böse, durchschnittlich rechte Deutsche? Warum nicht mal der Fernsehreporter als Mörder? – Wie wäre folgende Geschichte als Drehbuchgrundlage: Eine wahre Begebenheit. Wir erinnern an einen Artikel aus der nationalfreiheitlichen Wochenpresse aus dem Jahre 1982:

Der Wiener Fernsehreporter Karl Köchl erschoß in der Salzburger Getreidegasse den Gastwirt Erich Furtenbach. Der 35jährige Köchl, langjähriger ORF-Mitarbeiter, war nach Salzburg gefahren, um zwei Beiträge für die Nachrichtensendung „Zeit im Bild" zu drehen. Dabei waren er und sein Team in der Gaststätte „Zur Blauen Gans" abgestiegen. Dort unterhielt man sich zunächst über die Chancen der Grünen bei der Salzburger Gemeinderatswahl, kam dann aber auch auf rechte Gruppen zu sprechen. Zwischen dem 62jährigen Restaurantpächter und Köchl entwickelte sich ein heftiges Streitgespräch. Der Wirt, der aus seiner rechten Gesinnung keinen Hehl machte, blickte plötzlich in den Lauf einer Pistole, die ihm der ORF-Journalist vor die Brust hielt. Dann schoß er. Tödlich getroffen brach Furtenbach zusammen. Sein Mörder öffnete noch das Sakko des Opfers und zeigte den eingetroffenen Polizeibeamten stolz die Schußwunde. Dann wurde er verhaftet. Köchls Frau, ebenfalls eine Journalistin, führte die Bluttat auf eine schwere Gelbsucht ihres Mannes zurück, die er gerade überstanden hatte. Köchl selbst: „Ich hab' einen Blackout gehabt."

Übrigens: Niemand kam damals auf die Idee, deswegen ein Verbot des ORF zu fordern ...

Warum nicht mal ein Fernsehfilm über die Realität in der Bundesrepublik Deutschland? Bild einer durchaus nicht untypischen Szene während einer gewalttätigen Linksdemonstration.

Mehr Ausländer ins Programm?

Meinungsmacher aber erkennen ihre Einseitigkeit nicht. Sie beklagen sogar, daß Ausländer fast nur in der Rolle des Opfers im deutschen Fernsehen zu sehen seien. „Mehr Ausländer ins Programm" lautet die Parole (wörtlich: „Mehr Farbe ins Programm"). Bilanz des von der „Initiative interkultureller Rundfunk" am Adolf-Grimme-Institut veranstalteten Symposiums: Der Alltag der in der Bundesrepublik Deutschland lebenden Ausländer spiegele sich im TV-Programm nicht wider. „Mehr Normalität" wurde auf der Veranstaltung gefordert. Im Klartext: Mehr Ausländer in „Mainstreamprogramme" (TV-Macher-Deutsch für „Hauptprogramme"). Dieses Ziel lasse sich langfristig „allein durch stärkere Beteiligung von Ausländern an der Programmgestaltung innerhalb der Sender erreichen". Ausländerquote in deutschen Fernseh-Sendern?

Allerdings ist bereits absehbar, daß nur „politisch korrekte" Ausländer gemeint sind. So dürfen zum Beispiel Verantwortliche des auch in Deutschland ausgestrahlten türkischen Senders TRT-INT kaum Hoffnung hegen, künftig in etablierten deutschen Programmen Karriere zu machen. Der Türken-Sender hat sich nämlich den Unmut zahlreicher Linker zugezogen: Verschiedene „Menschenrechtsorganisationen" beklagen, daß in dem Programm zu Rassenhaß aufgestachelt und Krieg verherrlicht werde. Gefordert wurde, dem Kanal „sofort die Lizenz zu entziehen, weil er wiederholt zu Geldspenden für den türkischen Militäreinsatz im Nordirak aufgerufen" habe. Schlimmer noch: Die Moderatoren sollen teilweise in Uniform aufgetreten sein und aufgerufen haben: „Auf Türkei, Hand in Hand mit den türkischen Soldaten!" Solche Sendungen – so Linke z. B. von der „Medienagentur für Menschenrechte" – dürften nicht mit Unterstützung des deutschen Staates ausgestrahlt werden. Nein, diese Ausländer wollen die linken Zensoren im Fernsehen nicht haben, zumal der Sender sein Programm sogar noch gegen die Angriffe verteidigte. In einer Stellungnahme hieß es nämlich, das Programm enthalte weder Hetze noch Propaganda und verstoße auch nicht ge-

87

gen deutsche Gesetze. Daß Solidarität mit den eigenen Soldaten gezeigt werde, sei nicht verwerflich.

Übrigens: Untersuchungen zeigen, daß die hier lebenden Türken vom öffentlich-rechtlichen wie auch vom privaten deutschen Fernsehen nicht viel wissen wollen. Sie bevorzugen zu 95 Prozent türkische Programme aus der Heimat, z. B. per Satellitenschüssel.

„Gegen Ausländerhaß" sollte dieses riesige Plakat werben, das 1993 überall in der Bundesrepublik Deutschland zu sehen war. Unter der Schlagzeile „Ein schöner Schwiegersohn" ist ein Schwarzer abgebildet. Die aus Steuermitteln finanzierte Bundeszentrale für politische Bildung (Bonn) veröffentlichte kurz zuvor ein Quiz „wie man einen Ausländerfeind erkennt". 100 Plus-Punkte bekam dabei der Kandidat, der bekundet, daß er sich über die Heirat seiner Tochter mit einem Mann aus Schwarzafrika freue.

WDR: Probleme mit der Argumentation

Sind Fernseh-Macher die Moralwächter der Nation? Wer „guter Ausländer" ist, entscheiden parteipolitisch durchsetzte Rundfunkräte? Schon in den 80er Jahren war der Westdeutsche Rundfunk führend, wenn es um Überfremdungspropaganda ging. An Zuschauerprotesten hat es nie gemangelt. Oberlehrerhaft hat der WDR immer schon auf warnende Stimmen reagiert. Nachfolgend ein Brief, den ein TV-Zuschauer vom WDR als Antwort erhalten hat. Der Gebührenzahler hatte einen Zeitungsartikel aus der Feder des national-freiheitlichen Verlegers Dr. Gerhard Frey zur Ausländerproblematik an den WDR gesandt und gemeint, so zur Aufklärung der WDR-Redakteure beitragen zu können.

Der Antwortbrief, unterzeichnet von Berthold Krähling, Leiter der Fernsehredaktion vom 22. November 1988: „Leider kann ich den einseitigen politischen Schlußfolgerungen des Herrn Frey nicht folgen. Ich respektiere Ihre

Ablehnung eines Ausländerwahlrechts. Sie sollten aber respektieren, daß wir in einem längeren Beitrag die Möglichkeit eines solchen Wahlrechtes zur Diskussion stellen. Wenn Sie vor der Problematik die Augen verschließen, sind Sie offensichtlich nicht bereit, sich an historische Erfahrungen zu erinnern, die Deutschland im Verlauf der Industrialisierung machte: Einige Millionen geborener Bundesbürger stammen aus Familien, die im vorigen Jahrhundert als 'Ausländer' zu uns kamen, als Arbeitskräfte, die den Wohlstand des Deutschen Reiches begründeten. Sind die ausländischen Gastarbeiter heute in einer anderen Situation? Warum sollten wir ihnen deshalb heute nicht die gleichen Rechte geben, die man damals den 'Ausländern' auch gewährt hat? Keine Angst: Deutschland wird heute genauso wenig türkisch werden, wie es damals polnisch wurde." Ein typisches Argument: Denn tatsächlich läßt sich der Arbeitskräftezustrom aus dem Osten im Verlaufe der Industrialisierung nicht vergleichen mit der Masseneinwanderung insbesondere Ende der 80er Jahre. Erstens handelte es sich damals bei den Zuwanderern z. B. ins Ruhrgebiet vorrangig um deutsche Masuren aus Ostpreußen, die sich zu Deutschland bekannten und dies auch in den Volksabstimmungen nach dem Ersten Weltkrieg eindeutig bekundeten. Zweitens: Auch bei den maximal 150 000 damals zugewanderten Menschen polnischen Volkstums handelte es sich um Staatsangehörige des Deutschen Reiches. Der Großteil von ihnen wanderte 1918 wieder zurück in den (neu entstandenen) polnischen Staat oder ging in die Industriegebiete Nordfrankreichs bzw. Belgiens. Drittens: Die damaligen nichtdeutschen Zuwanderer aus benachbarten Völkern, nicht etwa fernen Kulturkreisen, stießen auf ein deutsches Volk, das eine außerordentlich hohe Geburtenrate aufwies, während sich die Deutschen in der Bundesrepublik durch ein Geburtenminus jährlich um Hunderttausende vermindern.

TV-Spots gegen „Ausländerfeindlichkeit"

Um den Deutschen die „multikulturelle Gesellschaft" schmackhaft zu machen, ist den TV-Mächtigen nichts zu teuer. Ende der achtziger und Anfang der neunziger Jahre überfluteten sie die Fernsehprogramme mit sogenannten „Spots gegen Ausländerfeindlichkeit". Einige bemerkenswerte Beispiele: Beispiel 1: Man hört das Deutschlandlied langsam verzerrt durch lautes Klirren von Fensterglas. „Kristallnacht"-Atmosphäre. Die Musik wird abgelöst von lautem Grölen einer untermenschenhaften deutschen Meute: „Ausländer raus!" Dazu gemischt Geräusche berstenden Holzes, Marschtritte wie von braunen SA-Kolonnen, Explosionen von Höllenmaschinen und Molotow-Cocktails, Sirenen der Feuerwehr, der Polizei und von Krankenwagen. Dazwischen immer wieder verzweifelte Hilfeschreie in ausländischen Sprachen. Die Geräuschkulisse wird ausgeblendet und der Sprecher sagt: „Wenn das so weitergeht, dann müssen vielleicht schon bald wieder Deutsche um Asyl im Ausland bitten."

Beispiel 2: Die Kamera ist dicht an der Schnauze eines Hundes, der sentimental aus seiner Hundehütte schaut. Während die Kamera ganz langsam wegfährt, sagt eine Stimme: „Jedes Jahr finden in Deutschland 3000 heimatlose Hunde ein Zuhause. Wer sagt also, die Deutschen hätten kein Herz? Aber schließlich ist ein Hund erstens kein Mensch und zweitens kein Ausländer. Oder können Sie sich so etwas vorstellen?" Dann sieht man in der Totalen, wie das Dach der Hütte des armen Fiffi in lodernden Flammen steht.

„Die vielen vertriebenen Deutschen in der Nazizeit und im Nazikrieg waren Ausländer in den Ländern, die ihnen Asyl gewährten. Daran muß ich so oft in diesen Tagen denken."

Senta Berger gegen Fremdenhaß.

In diesen Zusammenhang paßt eine Presseinformation von SAT.1 vom 17. Oktober 1994. Wörtlich heißt es dort: „Gestartet ist jetzt die

Auch TV-Promi Senta Berger setzt sich modisch „mutig" gegen „Fremdenhaß" ein.

neue SAT.1-Initiative 'SAT.1 gegen Rassismus'. Mehrfach täglich strahlt SAT.1 insgesamt zehn unterschiedliche Fernsehspots gegen ausländerfeindliche Parolen und Vorurteile jeglicher Art aus. Geworben wird für Toleranz und Verständnis gegenüber ausländischen Mitbürgern und für die Freundschaft zwischen den Menschen. Bereits am 30. Oktober 1992 hatte SAT.1 die Aktion 'Deutschland braucht Freunde – Ausländerhaß ohne mich' – damals als erstes deutsches Fernsehprogramm – gestartet. (...) Die TV-Spots der neuen Initiative 'SAT.1 gegen Rassismus' werden zunächst bis Jahresende im SAT.1-Programm rund um die Uhr ausgestrahlt werden. Während in der ersten Aktion vor zwei Jahren Prominente gegen Ausländerfeindlichkeit Stellung bezogen haben, werden diesmal optische, akustische und dramaturgische Akzente gesetzt."

Im Jahre 1994 wurde ein „Positionspapier" des Westdeutschen Rundfunks (WDR) bekannt. Darin liest man: „Beiträge, die sich mit Rechtsradikalen auseinandersetzen, sollen nicht nur in Spezialsendungen, sondern über den ganzen Tag verteilt ins Gesamtprogramm einbezogen werden, vor allem in Hauptnachrichten oder Magazinsendungen." Dabei ist klar, daß die öffentlich-rechtlichen Zwangsgebühren-Kassierer kraft autoritärer Willkür selbst bestimmen, wer oder was als „rechtsradikal" zu gelten hat.

Um „Vorurteile abzubauen" wurde der verstärkte Einsatz („fortschrittlicher") ausländischer Moderatoren angekündigt. „Mit Begriffen, Statistiken und (Schau-) Bildern soll der Zuzug von Einwanderern und Flüchtlingen nicht dramatisiert werden", heißt es. In einem vom Rundfunkrat des WDR verfaßten Papier „Zum Umgang mit dem Problem des Rechtsextremismus im Programm" heißt es gar, Wörter wie „Asylant" sollen nicht mehr vorkommen, weil „negativ besetzt". Übererfüllt wird damit, was schon fünf Jahre zuvor Hartmut Reichow vom Arbeitsstab der damaligen Ausländerbeauftragten Funcke in den Medien verlangt hatte: Anstelle einer „Objektivität um jeden Preis" möge man die Berichterstattung über Ausländer „zu deren Gunsten modifizieren".

Ein Zeitungsinterview mit dem Vorsitzenden des WDR-Rundfunkrates, Grätz (SPD), ließ tief blicken. Nach seiner Ansicht sind die Programmacher vor der laufenden Kamera „zu vorsichtig im Umgang mit irregeleiteten Jugendlichen, die zu rechtsextremistischen Handlungen oder auch nur Ansichten neigen". Man müsse darauf achten, „daß das Verständnis für die sozialen Ursachen der Irreleitung nicht so breit dargestellt wird, daß diese Jugendlichen mit ihren Handlungen schon wieder sympathisch werden".

Auf die Idee, „Spots" gegen Deutschenfeindlichkeit zu drehen, ist bislang noch niemand gekommen.

„Ein abschreckender Erfolg"

„Ein abschreckender Erfolg" (ARD, 21. Februar 1996, 21.45 Uhr) gehörte zu jenen einseitigen Sendungen, die Asylbewerber als Helden und Polizisten als „ausländerfeindliche Monster" darstellen. Illegal eingereiste und untergetauchte „Asylanten" kamen ausführlich zu Wort und schilderten – vom WDR völlig ungeprüft – die abenteuerlichsten Dinge. So beschuldigte ein anonymer „Zeuge" den Bundesgrenzschutz, Abzuschiebende mit Schlägen traktiert zu haben.

Nach Ausstrahlung des Beitrages sprach sogar Innenminister Manfred Kanther von einer „bewußten Manipulation der Öffentlichkeit".

Denn hinter den vom WDR geschilderten „tragischen Schicksalen" steckten teilweise handfeste Fälle von Asylbetrug. Im WDR-Beitrag plauderte beispielsweise der Nigerianer Daniel I. über seine „politische Verfolgung" in der Heimat. In Wahrheit reiste Daniel I. bereits unter mehreren Falschnamen in die Bundesrepublik Deutschland ein und schilderte jeweils ein anderes Verfolgungsschicksal.

Noch dreister trieben es die TV-Macher im selben Film, als es um die angebliche „menschenunwürdige Unterbringung" von Asylbewerbern auf dem Flughafen Frankfurt am Main ging. Im Fernsehen waren schäbige Bretterverschläge zu sehen. In Wahrheit aber handelte es sich bei diesen Aufnahmen um Lagerräume privater Unternehmer. Innenminister Kanther: Die Autoren dieses WDR-Beitrages hätten ihren „Zugang zum Medium Fernsehen ... zur Irreführung der Zuschauer mißbraucht".

„Angst essen Seele auf"

Diverse Male mutete das Fernsehen dem Gebührenzahler „Angst essen Seele auf", einen Film des seiner Rauschgiftsucht erlegenen Regisseurs Rainer Werner Fassbinder, zu. Der 1973 entstandene Streifen soll die angebliche „Ausländerfeindlichkeit" der „bösen Deutschen" geißeln. Er schildert, wie sich eine sechzigjährige Putzfrau in einen zwanzig Jahre jüngeren marokkanischen Gastarbeiter verliebt und wie das Pärchen unter der Wucht der ausländerfeindlichen Schläge der deutschen Gesellschaft zu leiden hat. Schließlich bricht wegen des schrecklichen und menschenverachtenden Umfelds bei „Ali" ein Magengeschwür auf.

Der Film wurde von der Meinungsindustrie hochgejubelt, war im Jahr 1974 der offizielle bundesdeutsche Beitrag zu den Internationalen Filmfestspielen in Cannes, erhielt den Fipreci-Preis der Filmjournalisten. Hauptdarstellerin Brigitte Mira erhielt den Bundesfilmpreis. Hauptdarsteller El Hedi Ben Salem wurde als neuer Hoffnungsträger des jungen deutschen Films bezeichnet. Das ZDF schwärmte, Ben Salem habe seine Rolle „mit einer überzeugenden Vielfalt individueller Züge" ausgestattet.

Fassbinder (links)
mit Eli Hedi Ben Salem

Doch wie es mit dem Vielfältigen weiterging, wird nicht erwähnt: Eli Hedi Ben Salem erhängte sich in einer Polizeizelle, nachdem er Interpol wegen des dringenden Tatverdachts, drei Menschen niedergestochen zu haben, eine wilde Verfolgungsjagd quer durch Europa geliefert hatte. Fassbinder hatte den nordafrikanischen Berber auf dem Pariser „Sauna-Strich" kennengelernt. Der Regisseur versprach, mit ihm eine neue Familie zu gründen, worauf Ben Salem seine Frau und seine fünf Kinder verließ.

„Willkommen in Kronstadt"

Am 24. April 1996, zur besten Fernsehzeit um 20.15 Uhr, trieb es die ARD mit dem Fernsehspiel „Willkommen in Kronstadt" auf die Spitze. Dabei wurde dem deutschen Gebührenzahler folgende Handlung zugemutet, die schnell erzählt ist: Bösartige Primitiv-Deutsche vertreiben edle ausländische „Herrenmenschen" aus ihrem Städtchen. Tatsächlich ziehen alle Ausländer ab. Anschließend zerbrechen die naiven Deutschen dann an der Erkenntnis, daß sie nun keine Pizza mehr kaufen können. Auch der türkische Gemüshändler hinterläßt eine nicht zu schließende Lücke: Das leckere Suppengrün ist nicht mehr zu bekommen. Zudem erstickt die Stadt in gewaltigen Müllbergen. Firmen müssen schließen. Die Grundversorgung bricht zusammen. Diese Lektion heilt schließlich die ausländerfeindlichen Deutschen. Sie unternehmen alles, um ihre Retter zurückzugewinnen. Schließlich lassen sich die Ausländer herab, kommen wieder und werden von Tausenden mit Konfettiregen und Luftballons empfangen. Nun ist das Leben wieder lebenswert.

Primitiv-Propaganda gegen Deutsche, hier vom DGB: Titel: „Es geht doch nichts über deutsche Sauberkeit." – Untertitel: „Haß macht dumm." Eben.

Klar, daß die abendfüllende Hetze linksextremen Beifall erntete. Verantwortlich für den Streifen zeichnete einmal mehr der auf Antideutsches spezialisierte WDR. Hanns Christian Müller heißt der Vater des als Satire getarnten Films. Gedreht wurde in Aichach bei Augsburg. Immerhin 2000 Einheimische waren sich nicht zu schade, an dem Unsinn mitzuwirken; offenbar in der Hoffnung „mal ins Fernsehen zu kommen". An was für einem Schund-Streifen sie da mitwirkten, dürften viele erst am Abend der Fernseh-Ausstrahlung begriffen haben.

Es ist auch eine Form der Ausländerfeindlichkeit, zu argumentieren, wir bräuchten Millionen Fremde, damit wir nicht im Müll erstickten. Auf diese Weise werden ausländische Gäste als „Drecksarbeiter" abqualifiziert, was allerdings der Realität in keiner Weise entspricht. Im Gegensatz zu anderen gesellschaftlichen Zweigen ist nämlich die Müllabfuhr fest in deutscher Hand. Klar, daß im Film keine kriminellen Ausländer und keine Scheinasylanten vorkamen, die hier nicht etwa den Müll wegräumen, sondern das Klima zwischen Einheimischen und der großen Mehrheit hochanständiger Ausländer erheblich vergiften. Die fleißigen Fremden fühlen sich in Wahrheit auch nicht durch das deutsche Volk bedroht, sondern z. B. durch gewaltbereite Landsleute, die hierzulande den Bürgerkrieg aus der Heimat weiterführen wollen. „Willkommen in Kronstadt" reiht sich „würdig" ein in den Überfremdungs-Schwachsinn, den wir seit Jahrzehnten – zwangsfinanziert – ins Haus geliefert bekommen. Allerdings hatten die TV-Macher ihre antideutsche Rechnung ohne „König Fußball" gemacht. Das Randgruppen-Fernsehen konnte diesmal in der Tat nur eine Randgruppe erreichen. Die deutsche Fernseh-Nation fieberte nämlich zur gleichen Zeit mit unserer Fußballmannschaft in Rotterdam. Das bei der Konkurrenz übertragene Länderspiel zwischen Holland und der Bundesrepublik erreichte eine „Traumeinschaltquote" ...

Probleme mit der Einheit
Das Fernsehen und die Wiedervereinigung

Wer bei einem furchtbaren persönlichen Schicksalsschlag keine Trauer emp-
findet, sondern gefühlskalt zur Tagesordnung übergeht, gehört auf die Couch
des Psychiaters wegen schwerer Gemütskrankheit. Wer bei sechs Richtigen
im Lotto kein „Faß aufmacht", sondern mit muffigem Gesicht umhergran-
telt, tickt ebenfalls nicht richtig. Gefühlsbetont zu sein, ist ein Geschenk der
Natur bzw. Gottes. Gefühllose sind krank. Völker setzen sich aus Menschen
zusammen. Deshalb gibt es auch bei ihnen Emotionen, wenn zum Beispiel
die Gesellschaft von einem harten Schicksalsschlag getroffen wird. Anders-
herum gibt es große Freude, wenn dazu Anlaß besteht.

Wenn ein Volk durch fremde Gewalt getrennt wird, quer durchs Land, quer
durch die Familien, so handelt es sich ohne Frage um einen schweren Schicksalsschlag. Findet ein solches Volk nach langen Jahren zur Einheit, kommen
Familien nach Jahrzehnten wieder zusammen, dann ist das gewissermaßen
wie ein „Sechser im Lotto".

Die Bedrückung, die Deutsche angesichts der Teilung ihres Vaterlandes empfanden, war somit völlig normal und verständlich. Ebenso nachvollziehbar
war die überschäumende Freude beim Fall der Mauer. Zur Freude kann sich
auch Stolz gesellen. Denn die Überwindung der Teilung gelang ja schließlich auch durch eigene, durch Volkes Kraft.

Über viele Jahre hinweg waren Medienmacher, vor allem im Fernsehen, be-
strebt, dem deutschen Volk Trauergefühle über das Unglück der eigenen Teilung abzudressieren. Perverserweise schreckte man nicht einmal davor zurück,
Mauer, Stacheldraht und Minen zu verharmlosen, in einem Teil unseres Landes gar als Glücksfall darzustellen. Das war der großangelegte Versuch, eine
ganze Gesellschaft gemütskrank zu machen.

In der Stunde, als Moskau „grünes Licht" für die Wiedervereinigung gab,
sendete beispielsweise das Videotextprogramm des Bayerischen Rundfunks
als Hauptnachrichten folgende acht Meldungen: „Kapstadt: Südafrika er-
wartet Mandelas Freilassung; New York: Freilassung Mandelas weltweit be-
grüßt; London: Premierministerin Thatcher fordert internationales Vetorecht
bei deutscher Vereinigung; Erfurt: Thüringischer SPD-Vorsitzender fordert
Bonn zur Kürzung der Übersiedler-Hilfen auf; Moskau: der sowjetische Re-
former Jelzin warnt vor der Gefahr einer blutigen Revolution in der Sowjetunion; Bukarest: US-Außenminister Baker spricht mit Rumäniens Minister-
präsidenten Roman; Freiburg: Das Maximilian-Kolbe-Werk sucht dringend
Hörgeräte für KZ-Opfer; Jakarta: Ausbruch eines indonesischen Vulkans fordert mindestens 15 Tote."

Was sich damals schon anbahnte, setzte sich fort. Meinungsmacher bemühten sich unmittelbar nach dem Fall der Mauer erneut um Beschädigung unseres Gemüts, indem sie nämlich mit aller Kraft aufkommende nationale Emotionen über die endlich errungene Vereinigung von West- und Mitteldeutschland niederzuhalten versuchten. Wer eine Strichliste geführt hatte, wird damals gut auf einhundert Bekundungen von Fernsehreportern gegen nationale Emotionen allein am Tag der Einheit, dem 3. Oktober 1990, gekommen sein. Bis zum Erbrechen wurde dem TV-Publikum eingetrichtert, wie furchtbar, abscheulich, widerwärtig, entsetzlich doch nationale Gefühle jetzt seien.

Totale Mattscheibe lautete die Fernsehparole rund um den 3. Oktober. Die Bildschirm-Bühne wurde freigegeben für die Akteure, die über Jahrzehnte hinweg der Teilung das Wort geredet hatten bzw. für solche, die nichts anderes im Sinn hatten, als die Deutschen mit erneutem Schuld- und Sühnegeseire madig zu machen.

Nationale Begeisterung in der Nacht zum 3. Oktober: Die Wiedervereinigung zwischen West- und Mitteldeutschland wird Wirklichkeit.

Das Fernsehen präsentierte zum Beispiel Egon Bahr, also den Architekten einer auf Anerkennung der Teilung bedachten Ostpolitik; man sah Günter Grass, der mahnend auf „die Deutschen" einredete.

Und der 3. Oktober 1990 gab den Heerscharen von Euro-Phantasten Gelegenheit, im Fernsehen vom eigentlichen Kern der Dinge abzulenken. So als ob die Montagsdemonstranten von Leipzig im Deutschen Herbst 1989 „Europa, einig multikulturelle Gesellschaft" statt „Deutschland, einig Vaterland!" skandiert hätten und „EG! EG!" statt „Deutschland, Deutschland!"

Im Dezember 1989 – also nach dem Fall der Mauer – machte eine „Meinungsumfrage" Schlagzeilen, die u.a. vom ZDF in Auftrag gegeben worden war. Danach waren angeblich 71 Prozent der Mitteldeutschen gegen die Wiedervereinigung und nur 27 Prozent dafür. Später stellte sich diese Meinungsumfrage als manipuliert heraus. 23 Prozent der Befragten waren offenbar Mitglieder der SED, obwohl die SED-Mitgliedschaft allenfalls 13 Prozent in der Bevölkerung ausmachte. Dieses Übergewicht sei aber – so ein Vertreter der Mannheimer Forschungsgruppe Wahlen – bei der Auswertung der Umfrage nicht berücksichtigt worden. Zudem sei die Umfrage regional sehr unterschiedlich durchgeführt worden. In Ost-Berlin etwa seien doppelt so viele Menschen befragt worden wie in der übrigen DDR. Ost-Berlin aber war das Zentrum der Ministerien und Ämter, in denen die SED sehr großen Einfluß hatte. Dagegen seien zum Beispiel Menschen in Sachsen nur zu 16 Prozent befragt worden. Gerade aber in Sachsen war der Wille zur Einheit besonders groß.

Zeitgeschichtlich gesehen hatte sich das deutsche Volk selbst einen Platz in der ersten Reihe erobert; aber nicht bei ARD und ZDF.

Probleme mit Nationalstolz
Das Fernsehen und der Sport

Mit der Berichterstattung rund um das Sportgeschehen haben antideutsche Propagandisten seit Jahrzehnten ihre liebe Mühe. Deutsche Sporterfolge wecken bei Millionen nationale Gefühle; zuletzt beobachtet nach dem Gewinn der Fußball-Europameisterschaft in England. Unsere Nationalspieler wurden auf dem Platz vor dem Frankfurter Römer von Zigtausenden und einem schwarz-rotgoldenen Fahnenmeer empfangen. Linke Miesmacher haben in solchen Stunden keine Chance. Aber: Mit Sport und Spannung können Fernsehgewaltige „Quote machen". Das Fußball-EM-Endspiel von England zwischen Deutschland und der Tschechei lockte annähernd 30 Millionen Menschen vor den Fernsehschirm. Der „Marktanteil" lag zeitweilig nahe 90 Prozent.

In diese nationale Begeisterung hinein versuchen sich trotzdem immer wieder Antideutsche. Zuletzt schien es, die Olympischen Sommerspiele würden nicht 1996 in Atlanta stattfinden, sondern 1936 in Berlin. Im Fernsehen wimmelte es nur so von antideutschen Bewältigungsversuchen gegen die Olympischen Spiele von 1936. Was fanatischen NS-Propagandisten damals nicht gelang, holen offenbar Umerzieher von heute nach: Nämlich die totale Politisierung der seinerzeitigen Wettkämpfe.

Anderes Beispiel: Fußballanhänger werden nicht selten als „Raufbolde" kriminalisiert; das „Hooligan"-Problem wird bis ins Unendliche in Funk und

Fernsehen kleingetreten. Dabei richten etwa 300 000 vornehmlich junge Menschen, die in den Fußballstadien der Bundesliga Woche für Woche zusammenkommen, weit weniger an als 300 etablierte Politiker an einem Ort.
Immer wieder versuchen Linke, im Sport Einfluß zu gewinnen. In der Fußball-Bundesliga haben sich Extremisten von links unter das Publikum des FC St. Pauli Hamburg gemischt. Nicht ohne Erfolg, weil die Meinungsindustrie das Spiel mitspielt. Es gibt wohl keinen Klub im bezahlten Fußball mit einer derartig positiven Presse. Auch das Fernsehen berichtet immer wieder von der „prächtigen Stimmung" im „Freudenhaus der Bundesliga". Diese „prächtige Stimmung" am Millerntor-Stadion auf St. Pauli aber hebt sich in Wahrheit kaum ab von der Begeisterung in anderen Stadien. Mit einer Ausnahme: Sie ist politisch gefärbt. Dies wird als schick von Funk und Fernsehen verkauft. Gleichzeitig werden von der Meinungsindustrie nicht selten die Anhänger des „Konkurrenten", des Hamburger SV, kollektiv als „rechtslastig" und gewalttätig verunglimpft. Der vom Fernsehen herbeigesendete sportliche „Machtwechsel" in Hamburg hat indes noch immer nicht stattgefunden. Der HSV vertrat zuletzt den deutschen Fußball auf internationaler Bühne. Und die Anhängerschar vom FC St. Pauli lernt: Auch mit Presse und Fernsehen im Rücken stellt sich der sportliche Erfolg nicht automatisch ein ...
Der Versuch der Unterwanderung des FC St. Pauli Hamburg aber ist nur ein Beispiel von vielen. Während Fußball-Weltmeisterschaften, Olympischen Spielen, überhaupt bei sportlichen Großveranstaltungen, drücken Meinungsmacher vehement auf die Euphorie-Bremse. Ein Beispiel: Olympische Sommerspiele 1992, Barcelona. Deutsche Sportler sind überaus erfolgreich. ARD und ZDF bringen keinen Medaillenspiegel. Bernhard Barkholdt, Mitarbeiter der „Deutschen National-Zeitung", wollte es genau wissen.
„Guten Morgen, hier ist Barkholdt. Habe ich da das ARD- und ZDF-Olympiatelefon?" – „Ganz recht" – „Ich habe eine Frage. Warum bringen ARD und ZDF eigentlich keinen Medaillenspiegel? Das war doch früher üblich."
– „Ja, also da gibt es eine Absprache zwischen ARD und ZDF, daß grundsätzlich kein Medaillenspiegel gebracht wird." – „Warum denn das?" – „Tja, äh, man hat sich grundsätzlich darauf geeinigt. Man kann ja den Medaillenspiegel in der Tagespresse nachlesen." – „Die Tagespresse aber bringt doch nur den Medaillenspiegel vom Vortag. Warum nutzen ARD und ZDF hier nicht ihren Aktualitätsvorsprung und bringen den momentanen Medaillenspiegel?" – „Nun, das ist so: Man will vermeiden, daß zuviel nationalistische Gefühle geweckt werden." – „Wie bitte?" – „Es sollen eben keine falschen nationalistischen Schlüsse gezogen werden aus dem Medaillenspiegel." – „Das ist doch wohl nicht ihr Ernst?!" – „Also, ich verstehe das auch nicht so ganz. Aber ich bin ja nur fürs Telefon zuständig." – „Ich verstehe also recht, daß man in ARD und ZDF den Medaillenspiegel aus Barcelona nicht bringt, um keine nationale Gefühlen der Deutschen zu wecken." – „Ja, ja – so ungefähr

ist das wohl. Aber wenn Sie wollen, kann ich Ihnen den aktuellen Medaillenspiegel vorlesen." – „Nein. Bitte richten Sie den verantwortlichen Damen und Herren von ARD und ZDF aus, daß ich diese Regelung nicht nur für idiotisch, sondern auch für hirnrissig halte. Und sagen Sie ihnen, daß ich mich in der letzten Reihe fühle. Wollen Sie das bitte weiterleiten." – „Ja, habe ich notiert." – „Vielen Dank, auf Wiederhören."

Verschwiegene Bekenntnisse

Olympische Sommerspiele 1992 in Barcelona. In 33 Disziplinen holten deutsche Sportler Gold. Was sie empfanden, als sie auf dem Siegertreppchen standen und die deutsche Nationalhymne erklang?

Bernd Dittert, Rad-Olympiasieger im Straßenvierer: „Ich bin stolz."
Dagmar Hase, Schwimmen, 400m Freistil: „Es war ein erhebendes Gefühl."
Ralf Schumann, Schießen: „Es überwiegt der Stolz für Deutschland."
Thomas Lange, Rudern, Einer: „Ich habe schon geschluckt, denn das Deutschlandlied repräsentiert auch meine Heimat Halle."
Kerstin Müller, Rudern, Doppelvierer: „Stolz!"
Jens Fiedler, Radfahren, Sprint: „Da kamen mir die Tränen!"
Ronny Weller, Gewichtheber: „Ich bekam eine Gänsehaut. So ein tiefes Gefühl habe ich noch nie empfunden."
Michael Glöckner, Radbahn-Vierer: „Stolz, unbändigen Stolz, als dann auch noch die Fahnen hochgezogen wurden."
Nicole Uphoff, Dressur-Reiten: „Da kommt schon Patriotismus auf!"
Elisabeth Müller, Kanu-Einer: „Ein unbeschreibliches Glücksgefühl."

Stolz auf Deutschland

Nach ihrer großartigen Leistung bei der Weltmeisterschaft 1986 in Mexiko ist die deutsche Fußballmannschaft begeistert von Zehntausenden deutschen Anhängern in Frankfurt am Main empfangen worden. Fernsehen und Presse hatten unsere Elf zuvor wochenlang durch den Kakao gezogen. Dabei hatte nur ein Quentchen Glück gefehlt, und unsere Mannschaft wäre als Weltmeister heimgekehrt. So aber langte es immerhin zum Titel des Vizeweltmeisters. „Deutschland, Deutschland"-Rufe hallten bei der Rückkehr über den Platz vor dem Frankfurter Römer. Dann der Schock für TV-Macher. Der deutsche Torwart Harald „Toni" Schumacher sprach zu den begeisterten Fans: „Im Namen unserer Mannschaft sage ich Euch als Vizekapitän für diesen Empfang herzlichen Dank. Ich bin stolz darauf, der deutschen Nationalmannschaft angehören zu dürfen – und ihr stimmt wohl alle mit mir überein, wenn ich sage: Ich bin stolz, ein Deutscher zu sein!"

Stolz auf Deutschland: Der langjährige Fußball-Nationaltorwart Harald „Toni" Schumacher.

Diese Szene, die bei der Direktübertragung die Fernsehzuschauer rührte und begeisterte, die mit unüberhörbarem Jubel auf dem Platz vor dem Frankfurter Römer beantwortet wurde, war anschließend nie wieder im Fernsehen zu sehen. Bei nachfolgenden Zusammenfassungen des Empfangs wurden die Worte Schumachers peinlich genau herausgeschnitten und somit unterschlagen.

Auch Fußball-Profi Lothar Matthäus (Bayern München) denkt durchaus national. Er sei stolz darauf, Deutscher zu sein und möchte auf Dauer nicht woanders leben. „Schämen Sie sich, Deutscher zu sein?" – Matthäus: „Nein. Ich bin mir keiner Schuld bewußt, die Vergangenheit trifft mich nicht." – Kann man dieses Land noch lieben, Herr Matthäus?" – „Auf jeden Fall!"

Zu den Bekenntnissen, die das Fernsehen gern verschweigt, gehören auch die Worte des Fußball-Idols Franz Beckenbauer. Unter seiner Leitung wurden die Fußball-Nationalspieler aufgefordert, vor den Spielen die Nationalhymne mitzusingen. Kritikern hielt er entgegen: „Es gibt überhaupt keinen Grund, daß wir nationale Gefühle oder Symbole verbergen. Ich selbst zähle zur ersten Nachkriegsgeneration. Da hatten schon manche Schuldgefühle. Aber die heutigen Nationalspieler sind doch schon wieder eine Generation weiter. Die haben mit den alten Geschichten doch nun wirklich nichts mehr

am Hut. Ja, warum sollen wir unsere nationalen Gefühle verbergen? Was haben wir verbrochen, daß wir nicht zeigen können, daß wir Deutsche sind? Also dazu stehe ich voll und ganz und überall."

Franz Beckenbauer, Lothar Matthäus, Pierre Littbarski 1990: Deutschland ist Fußball-Weltmeister!

Die Geschichte fälschen
Das Fernsehen und antideutsche Lügen

Angenommen, es geschieht in jemandes engstem Familienkreis eine furchtbare Bluttat, der nahe Verwandte zum Opfer fallen. Wer wird sich dieser Scheußlichkeit, begangen an seinen Liebsten, Jahr für Jahr immer wieder erinnern wollen? Wer wird wünschen, daß die Bilder der verstümmelten Leichen allenthalben, nahezu täglich, zur Schau gestellt werden, daß Kino- und

Fernsehfilme darüber entstehen? Meinungsmacher aber lassen nicht locker. Von der Kinderstube bis hin zur TV-Geisterstunde präsentiert man dem Zuschauer Bewältigung der jüngsten deutschen Geschichte.

Auf tatsächliche Begebenheiten wird oft keine Rücksicht genommen. Das Fernsehen, Massenmedien und die historische Wahrheit: Dies paßt meist zusammen wie Feuer und Wasser. Wohl auf keinem anderen Gebiet ist derart massiv gelogen, gefälscht und manipuliert worden wie auf dem großen Feld der Geschichtsschreibung. Im Jahre 1948 druckte die Nürnberger Zeitschrift „Wochenend" in großer Aufmachung „Das geheime Tagebuch der Eva Braun", 1957 wartete das US-amerikanische Magazin „Reporter" mit „Mussolinis Tagebüchern" auf, der bundesdeutsche „Stern" blamierte sich 1983 mit den „Hitler-Tagebüchern", der „Spiegel" präsentierte 1988 auf dem Höhepunkt der seinerzeitigen Waldheim-Diskussion ein „Dokument", das den späteren österreichischen Bundespräsidenten „erstmals zum Mittäter" an Kriegsverbrechen stempeln sollte usw. – alles plumpe Fälschungen.

Unser Volk als Schmutzkübel der Weltgeschichte. Keine Lüge scheint zu dreist, um nicht „die" Deutschen kollektiv zu belasten. Zeitgeschichtlich Entlastendes wird unterdrückt, Belastendes jedoch unendlich ausgewalzt. Binnen weniger Jahrzehnte hat man – so drückte es Altbundeskanzler Helmut Schmidt aus – aus der deutschen Geschichte „ein Verbrecheralbum" gemacht. Schlimm: Wer es wagt, andere Forschungsergebnisse vorzulegen als die der veröffentlichten Meinung, muß mit Existenzvernichtung, ja, sogar mit Haftstrafen rechnen. Niemandem aber wird von der deutschen Justiz auch nur ein Haar gekrümmt, wenn er noch so abenteuerliche Lügen gegen Deutschland auftischt. Beleidigungen gegen das deutsche Volk sind nach wie vor nicht strafbar.

ZDF und der deutsche Osten

Wer da so an den Schalthebeln der Macht in den Redaktionsstuben der Fernsehmacher sitzt, offenbart sich oftmals an Briefwechseln mit den Sendern. Hier ein Beispiel aus dem Jahre 1990. In einem ZDF-Beitrag wurde nach Auffassung eines Lesers der „Deutschen National-Zeitung" gegen deutsche Heimatvertriebene hergezogen. In der entsprechenden Sendung fiel auch der Begriff „Berufsvertriebene". Der Zuschauer beschwerte sich beim ZDF über die Art und Weise der Darstellung und bekam folgendes Schreiben zurück: „Vielen Dank für Ihre Zuschrift, in der Sie aber wohl unsere Formulierung 'Berufsvertriebene' mißverstanden haben. Denn mit der Bezeichnung haben wir keinesfalls die Millionen deutscher Bürger gemeint, die aus den ehemaligen Ostgebieten vertrieben worden sind, sondern nur die, die heute noch in Sonntagsreden das zurückfordern, was unserer Meinung nach als Folge eines verbrecherischen Angriffskrieges östlich von Oder und Neiße zu Recht verlorenging. Und das ist, wie ich finde, eine legitime Meinungsäußerung, bei der sich nur Ewiggestrige und Alte Kameraden angesprochen fühlen können."

Der deutsche Osten ging also „zu Recht" an Landräuber verloren! Eine bemerkenswerte ZDF-Selbstentlarvung.

ZDF: Deutsche Opfer weniger wert?

Noch einmal ZDF. Diesmal geht es um einen Beschwerdebrief an die Redaktion von „Kennzeichen D". Der Zeitgeschichtler Wolfram Mallebrein hatte die einseitige Vergangenheitsbewältigung innerhalb der Sendung kritisiert. Die Antwort des Redakteurs Dirk Sager: „Haben Sie Dank für Ihre kritischen Bemerkungen zu unserer Sendung. Vor den von Ihnen beklagten Verbrechen an deutschen Frauen und Kindern standen die Verbrechen, die Deutsche an anderen Völkern Europas begingen. Dies ist der Grund, weshalb ich die von Ihnen geforderte Gleichsetzung Verbrechen gegen Verbrechen nicht nachvollziehen kann."

Für ZDF-Sager ist also Mord, begangen an Deutschen, nicht gleichzusetzen mit Mord, begangen von Deutschen. Der Rechtsstaat aber kennt keine solchen Differenzierungen. Für Sager ist es entscheidend, daß deutsche Verbrechen den Verbrechen anderer vorangegangen sein sollen. Weiß der Mann wirklich nichts von den Massenuntaten an Volksdeutschen lange vor Kriegsausbruch? Weiß er nichts von dem Holocaust an der deutschen Zivilbevölkerung durch Fortsetzung der Blockade nach Ende des Ersten Weltkriegs?

Kein Kapitel, das nach dem Zweiten Weltkrieg von Fälschungen verschont geblieben wäre, sofern es die Deutschen belasten konnte. Nicht einmal der Anfang stimmt: Nicht, wie eine heroisierende Geschichtsschreibung der Sieger berichtet, am 25. April 1945 um 16.40 Uhr bei Torgau an der Elbe fand das erste Zusammentreffen amerikanischer und sowjetischer Truppen auf deutschem Boden statt. Die erste Begegnung lag vielmehr drei Stunden und zehn Minuten zurück. Ein US-Leutnant namens Albert Kotzebue von der 69. Division traf dort einen Rotarmisten, der berichtete, daß seine Truppe am ostwärtigen Elbufer liege. Leutnant Kotzebue setzte mit einigen seiner Soldaten über den Fluß. Am Ufer lagen über mehrere hundert Meter hinweg tote Zivilisten; Männer, Frauen und Kinder, verstreut zwischen umgekippten Planwagen, Gepäck- und Kleidungsstücken. Eine Gruppe Rotarmisten befand sich in der Nähe des niedergemetzelten deutschen Flüchtlingstrecks. Amerikaner und Sowjetsoldaten grüßten einander ohne viel Gemütsregung. Das erste Zusammentreffen zwischen ihnen auf deutschem Boden fand am Ort eines grauenhaften Massakers statt. Alle anderen Darstellungen sind erlogen; wie so vieles andere.

Zu Hunderten „zeitgeschichtlich unkorrekte" und somit zensierte, indizierte, beschlagnahmte oder sonstwie aus dem Verkehr gezogene Bücher, Schriften, Artikel und dergleichen sind für viele nicht gerade ein Beweis für Meinungsfreiheit. Es geht wahrlich nicht darum, den Nationalsozialismus und seine Führer in irgendeiner Form reinzuwaschen. Jeder normaldenkende Deutsche verurteilt geschehenes Unrecht, das es aufzuarbeiten gilt. Aus der Geschichte lernen, muß auch heißen, auf der Basis der Wahrheit den Weg für Völkerverständigung und Aussöhnung der Zukunft zu ebnen.

Nachfolgend streifen wir einige Beispiele der antideutschen Bewältigung im „deutschen" Fernsehen.

„Holocaust"

Als Startschuß für eine bis heute andauernde Umerziehungswelle der „neuen Art" gilt der Hollywoodschinken „Holocaust", der am 22. Januar 1979 erstmals über die deutschen Bildschirme lief. Auch weil eine solch hinterlistige Masche, Vergangenheitsbewältigung in Spielfilm-Art zu präsentieren, seinerzeit noch nicht alltäglich war, wurde der Streifen von vielen für bare Münze genommen und für einen Dokumentarfilm gehalten. Inhalt: Eine gütige jüdische Familie hilft einer bösen deutschen Familie und wird dafür mit dem Gaskammer-Tod „belohnt". Die Schnulze fiel damals genau in die Zeit der Diskussionen um die „Verjährung", d.h. die Deutschen waren drauf und dran, einen Schlußstrich unter die Vergangenheit zu ziehen. Das Fernsehsofa wurde mit „Holocaust" zur Anklagebank, begleitet von einem geradezu irrsinnigen Fernseh-Wirbel. Die TV-Volkspädagogen priesen „Holocaust" als „Pflichtsendung" an. Nach jeder Folge des Streifens gab es direkt übertragene Diskussionsrunden. Lief „Holocaust" noch 1979 auf allen dritten Programmen, wurde die Sendung 1982 unter mächtigem Fernseh-Trommelwirbel im Hauptprogramm der ARD wiederholt.

„Charkow 1943"

Am 19. Juni 1980 strahlte die ARD den Film „Charkow 1943 – Deutsche vor einem sowjetischen Militärgericht" aus. Dabei handelte es sich ganz eindeutig um eine Aneinanderreihung sowjetischer Propagandaaufnahmen, die historischen Wert nur insofern haben, als daß sie überzeugende Dokumente sowjetischer Geschichtsfälschung sind. Vom „deutschen" Fernsehen aber wurde der Film als „Beweis" für deutsche Schuld ausgestrahlt und darüber hinaus von der Filmbewertungsstelle in Wiesbaden für „wertvoll" erachtet.

„Inside the Third Reich"

Daß Geschichtslügen vom Fernsehen nicht selten bewußt in Kauf genommen werden, zeigt auch dieses Beispiel: Ein US-Schinken mit dem Titel „Inside the Third Reich" (Verfilmung von Albert Speers Memoiren) kommentierte die offizielle ARD-Fernsehspiel-Infoschrift vom Oktober/November 1982 so: „Trotz einiger Geschichtsfälschungen versucht dieser Film zum ersten Mal das Phänomen des Nationalsozialismus als Ganzes zu erklären, aufgegriffen an der Person des Edel-Nazis Albert Speer. Der Film steckt immer noch voller Klischees und Vereinfachungen; trotzdem hat der Film ein positives Moment: Der böse Nazi nimmt plötzlich Konturen an ... " Geschichtsfälschungen, Vereinfachungen ... – Hauptsache, der „böse Nazi" stimmt. So „verantwortungsbewußt" geht die ARD mit Zeitgeschichte um!

„Der unvergessene Krieg"

Ein ganz besonders übler Fernseh-Umerziehungs-Streifen war die TV-Serie „Der unvergessene Krieg", ausgestrahlt im Jahre 1982. Verantwortlich: Wieder einmal der WDR. Es handelte sich um einen sowjetischen Propaganda-Film, durchsetzt von zahlreichen Geschichtsfälschungen. Dennoch waren bundesdeutsche Etablierte teilweise hellauf begeistert. Es war sogar davon die Rede, den Film bundesweit an deutschen Schulen zur Vorführung zu bringen. Damals war es immerhin die CDU-Bundestagsabgeordnete Ursula Benedix-Engler, die solchen Plänen energisch widersprach. Die Abgeordnete verwies darauf, daß Produktionsplan und Drehbuch der Filmserie bis in kleinste Einzelheiten von der Abteilung „Agitation und Propaganda" des Zentralkomitees der KPdSU gesteuert wurden und daß der Film präzise bis zur Kapiteleinteilung der parteioffiziellen „Geschichte des Großen Vaterländischen Krieges" folgt.

WDR-Werbeplakat für:
„Der unvergessene Krieg"

Und ein solcher Film sollte geeignet sein als Lernmaterial für deutsche Schulen? Eine ähnliche Sprachregelung hatte der WDR vor Ausstrahlung des Films ausgegeben. Der damalige Intendant von Sell: „Was uns bewogen hat, diese Serie zu erwerben, ist die sehr große dokumentarische Treue, mit der in jener Zeit sowjetische Kriegsberichterstatter das Geschehen gefilmt haben." Und der verantwortliche WDR-Redakteur Rühle fügte an: „Wir strahlen die Serie aus, weil es unersetzliche Dokumente gegen den Krieg sind." Nach der Ausstrahlung rückte der WDR von solchen Behauptungen allerdings ab. Mitarbeiter Dr. Klaus Katz sprach nun auch von einem „Propagandafilm".

Aus „Der unvergessene Krieg": In der Folge „Befreiung Weißrußlands" zeigte die TV-Serie zwei Frauen, die einen vor ihnen liegenden Toten beweinen – angeblich ein Opfer der blutrünstigen Deutschen. In Wahrheit aber stammte der Filmausschnitt aus der „Deutschen Wochenschau" Nummer 568 vom Juli 1941, und der Mann, dessen Tod der Fernsehfilm den Deutschen anlastete, war in Wirklichkeit von der sowjetischen Geheimpolizei GPU in Lemberg ermordet worden.

Der exilpolnische Historiker und Dokumentarfilmer Janusz Piekalkiewicz sagte: „Spätestens ab der Folge über Stalingrad stammen 85 bis 90 Prozent dieser 'Dokumentarserie' aus sowjetischen Spielfilmen."

ZDF mit Rudel-Hetze

Im Sommer des Jahres 1983 hielt der ZDF-Sportspiegel Rückblick auf „20 Jahre Bundesliga". Journalist Horst Vetten streifte zwei Jahrzehnte deutsche Fußballgeschichte. Als die Sprache auf die Weltmeisterschaft von 1978 in Argentinien kam, wurde – ohne erkennbaren Anlaß – plötzlich das Andenken des deutschen Nationalhelden, Hans-Ulrich Rudel, geschmäht. Originalton ZDF: „Alt-Nazi Oberst Rudel" habe die Nationalmannschaft im Trainingslager besucht. Und das, obwohl Rudel nie einer Partei angehört hatte; ganz im Gegensatz zu vielen Mediengewaltigen. Die Nationalmannschaft unter Trainer Helmut Schön und Assistent Jupp Derwall jedenfalls freute sich damals über den Besuch. Schließlich war der höchstausgezeichnete deutsche Soldat auch ein sportliches Vorbild. Nicht nur vor 1945 waren seine Leistungen olympiareif, sondern auch nach dem Krieg hielt er im Spitzensport (beinamputiert!) blendend mit; so im Tennis, Schwimmen und sogar Skifahren. Vor allem vollbrachte er bergsteigerische Glanzleistungen. Damit war er auch vor allem Versehrten und Behinderten ein Vorbild. Ein Ansehen, das letztlich auch das ZDF nicht zerstören konnte.

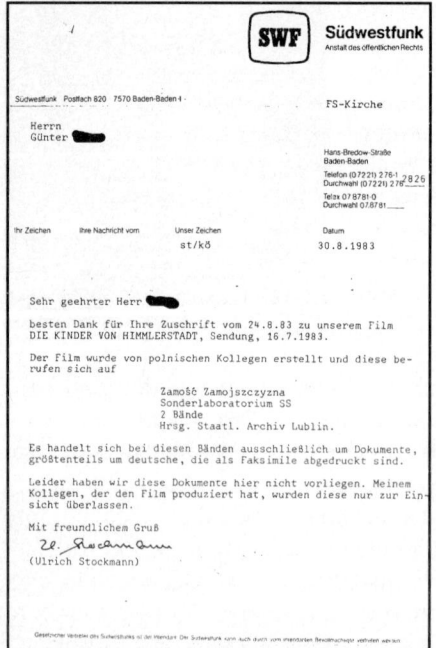

Die Kinder von Himmlerstadt

16. Juli 1983: „Die Kinder von Himmlerstadt" heißt ein Fernsehfilm, den das Erste Deutsche Fernsehen ausstrahlt und der am kommenden Tage im Vormittagsprogramm wiederholt wird. Zentrale Behauptung des Streifens: Bei der Umsiedlung des polnischen Städtchens Zamosz (Samosch) seien mehr als 45 000 Kinder bestialisch von „den Deutschen" ermordet worden. Kurz darauf entlarvte die „Deutsche National-Zeitung" die Behauptung gemäß Untersuchungen von Volkszählungen und der einschlägigen Literatur als kommunistische Propagandafälschung.

Selbstentlarvende Auskunft des Südwestfunks.

Denn das sind die Fakten: Die in Südpolen gelegene Stadt Zamosz hatte nach damaligen Volkszählungen nur knapp 25 000 Einwohner. Wie kann es da angehen, daß 45 000 Kinder ermordet wurden? Der britisch-jüdische Holocaust-Historiker Gerald Reitlinger erwähnte in seinem Standard-Werk „Die Endlösung" die Stadt Zamosz gleich siebenmal. Von einer angeblichen Ermordung von 45 000 polnischen Kindern weiß Reitlinger nichts, ebensowenig wie andere Historiker.

Eine Nachfrage beim verantwortlichen Südwestfunk ergab, daß die deutschen Fernsehmacher unkritisch Material aus rotpolnischen Manipulationswerkstätten übernommen hatten. Wörtlich heißt es in einem Schreiben vom Südwestfunk an einen Kritiker: „Der Film wurde von polnischen Kollegen erstellt." Mit anderen Worten: Aus der Warschauer Propagandaschmiede direkt und ungefiltert auf den deutschen Bildschirm! Man stelle sich dies einmal anders herum vor. In diesem Fall aber wurde der Greuelfilm sogar mit Geldern der Stadt Düsseldorf und des Landes Nordrhein-Westfalen finanziert.

„Professor Mamlock"

Am Sonntag, dem 13. November 1983, kam im ZDF der Film „Professor Mamlock" zur Ausstrahlung. Er handelte vom Schicksal eines hitlerverfolgten jüdischen Arztes. Wie üblich versäumten es damals Sendeanstalt und Programmzeitschriften, die bemerkenswerten Hintergründe des Streifens zu erläutern. Der 1961 in der ehemaligen DDR gedrehte Film fußt auf einem Bühnenwerk des kommunistisch-jüdischen Dramatikers Friedrich Wolf, der 1953 als hoher SED-Funktionär und Diplomat der Ulbricht-Clique verstarb. Regie führte Konrad Wolf, des Dramatikers 1925 in Hechingen (heute: Baden-Württemberg) geborener Sohn. Konrad trat schon als 11jähriger in dem sowjetischen Film „Kämpfer" auf. Die Familie lebte seit 1934 im Reiche Stalins. 1942 wurde Konrad Wolf Soldat der Roten Armee und zog – ordensgeschmückt – ins „befreite" Berlin ein. Dort stieg er in der Hierarchie der Mauermörder empor, kontrollierte das Kulturleben im Auftrag der SED und wurde kurz vor seinem Ableben (März 1982) ZK-Mitglied. Auch der berüchtigte „Stasi-Wolf", nämlich Markus Wolf, führender Kopf des ehemaligen DDR-Geheimdienstes, gehört der reizenden Familie an. Er ist Sohn des erwähnten Friedrich Wolf.

150 Bewältigungsstunden ...

Als sich 1983 der Jahrestag von Hitlers Machtübernahme zum 50. Male jährte, schlug eine „Sternstunde" der öffentlich-rechtlichen Fernseh-Umerzieher. 150 Fernsehstunden wurden aufgeboten, Nachrichtensendungen nicht einmal mitgezählt. Wenn man bedenkt, was eine Werbeminute im Fernsehen kostet, dann standen den Umerziehern für ungezählte Millionen Mark Sendezeit zur Verfügung. Hier eine kleine Auswahl des Bewältigungs-Mammut-

Programms: „Hitler kriegt die Saar nicht" (15.10.1982, 21.45 Uhr), „Europa unterm Hakenkreuz" (13 Folgen, ab 17.10.1982, ARD, jeweils 20.25 Uhr), „Filmforum: Holocaust im Film" (ZDF, 7.11.1982, 15.15 Uhr), „Holocaust: Die Tat und die Täter" (9.11.1982, ZDF, 21.20 Uhr), „Warum habt ihr Hitler nicht verhindert?" (25.1.1983, 21.20 Uhr), „NS-Alltag in einer kleinen Stadt" (ZDF, 27.1.1983, 21.20 Uhr), „Vor 50 Jahren war alles dabei" (ZDF, 1. 2.1983, 22.05 Uhr).

Zur ARD-Serie „Europa unterm Hakenkreuz" erschien ein halbes Jahr später folgende Meldung in der „Deutschen National-Zeitung": „Der am 7. November 1983 im ARD-Programm ausgestrahlte Film 'Nürnberg - Stadt der Reichsparteitage' aus der Reihe 'Europa unterm Hakenkreuz' hat gegen das Rundfunkgesetz verstoßen. Mit dieser klaren Feststellung (21 gegen 5 Stimmen) verurteilte der Rundfunkrat des Bayerischen Rundfunks (BR) diesen umstrittenen Beitrag zur 'Vergangenheitsbewältigung'. (...) Durch harte Gegenschnitte von Bildern aus dem Dritten Reich (Reichsparteitage) und heutigen Ereignissen (Prozesse gegen Linksrandalierer, über die Stränge schlagende Fußballfans) habe der Streifen auf unzulässige Weise dem demokratischen Rechtsstaat eine nationalsozialistische Tendenz unterstellt."

„Der letzte Zivilist"

Als übler Vergangenheitsbewältigungs-Schinken erwies sich 1984 auch der ZDF-Zweiteiler „Der letzte Zivilist". Scharen uniformierter NS-Schläger bevölkerten den Bildschirm. Was die Zuschauer nicht erfuhren: Ernst Glaeser, der die Vorlage zu „Der letzte Zivilist" schrieb, war ein fleißiger Hitler-Trommler, bevor er sich in einen Umerzieher verwandelte. Seine Lebensgeschichte in Stichworten: Geboren 1902 in Butzbach/Hessen, berühmt geworden durch den 1928 erschienenen Roman „Jahrgang 1902". Ende 1933 ging er in die Schweiz. Dort verfaßte er den Roman „Der letzte Zivilist". Als Hitler zum mächtigsten Mann Europas aufgestiegen war, kehrte Glaeser ins Deutsche Reich zurück, weil ihm „draußen die Luft zum Atmen" fehlte. Als Hauptschriftleiter einer Luftwaffen-Propagandazeitung verbreitete er NS-Sieges- und Durchhalteparolen. Mit dem NS-Zusammenbruch diente Glaeser sich

den Alliierten als Umerzieher an. Das trieb er so weit, bis selbst die Bewältigungs-Extremisten der „Süddeutschen Zeitung" ihm „Schwarzweißmalerei" vorwarfen. 1963 verschied er in Mainz.

Szene aus dem ZDF-Zweiteiler „Der letzte Zivilist" nach dem Roman von Ernst Glaeser: Ein „SA-Mann" (Diether Krebs) schlägt zu.

Sogar die „Rappelkiste ..."

Bewältigung sogar im Kinderprogramm. Erinnern Sie sich noch an die ZDF-„Rappelkiste"? Eine tendenziöse Kindersendung, die jahrelang über den Bildschirm flimmerte. 1984 leistete man sich im Rahmen dieser Sendung folgendes: Da war ein sehr sympathischer Opa, der von seiner kleinen hübschen Enkelin gefragt wurde, warum er nur einen Arm habe. Der freundliche Opa gibt die Auskunft, er sei im letzten Krieg schwer verwundet worden und hätte dabei seinen Arm verloren. Wie das? Das Kind ist neugierig und der Opa „packt aus".

Vergangenheitsbewältigung schon im Kinderprogramm...

„Die Deutschen" hätten 1939 plötzlich begonnen, fast alle europäischen Staaten zu überfallen; dann sei es auch zu einem Überfall auf Rußland gekommen, bei dem „die" Deutschen die armen Russen aus ihren Häusern vertrieben, diese dann geplündert und schließlich angezündet hätten. Das hätten die Russen dann umgekehrt auch getan, und die Bomber der Westalliierten hätten schließlich Deutschland bestraft.

Das ZDF und Lettow-Vorbeck

10. Oktober 1984, ZDF, 23.05 Uhr: Mit der Ausstrahlung des Streifens „Lettow-Vorbeck" leistet sich das Zweite Programm ein ganz starkes Stück der Geschichtsklitterung und der Verdrehung von geschichtlichen Tatsachen. Der Generalmajor wurde als Kriegstreiber geschmäht, obwohl er sich in Wahrheit gegen eine mehr als hundertfache, modern ausgerüstete Übermacht bis zum Kriegsende unbesiegt verteidigt hatte. Das ZDF schämte sich nicht, die Wahrheit auf den Kopf zu stellen und für die Nichteinhaltung der „Kongo"-Akte – die für den Kriegsfall eine Neutralisierung aller Kolonien der europäischen Mächte vorsah – ausgerechnet den deutschen Verteidiger, nämlich v. Lettow-Vorbeck verantwortlich zu machen, dessen kleine, eigentlich nur für den Polizeidienst vorgesehene Truppe doch unmittelbar nach dem Kriegsbeginn in Europa im fernen Afrika von übermächtigen britischen See- und Landstreitkräften angegriffen wurde.

General v. Lettow-Vorbeck, bekannt als eine starke Persönlichkeit mit hohem geistigen Niveau und humorvoller Wesensart, wurde vom ZDF geradezu als eine Karikatur dargestellt, die den Eindruck eines tumben, verstörten und unsicheren Führers machte. Zudem enthielt der ZDF-Streifen eine Huldigung auf Deserteure.

„Die Wannseekonferenz"

„Wir erschüttern! Wir schaffen den Zuschauer in unsere Falle, die Falle der Betroffenheit." – Bemerkenswertes Zitat des Drehbuchautors Paul Mommertz. Sein „Dokumentarfernsehspiel" mit dem Titel „Die Wannseekonferenz" lief kurz vor Weihnachten 1984 in der ARD über die Mattscheiben, angeblich gestützt auf unwiderlegbares Material. Allerdings fiel selbst dem „Spiegel" über das Mommertz-Werk auf: „Es ist wohl an der Zeit, daß die Fernsehanstalten endlich anfangen, den hektischen Strom ihrer recht unterschiedlichen Zeitgeschichtsproduktionen zu drosseln und Quantität durch Qualität zu ersetzen. Sonst erleidet die immer noch notwendige Auseinandersetzung mit der Vergangenheit einen Schaden, der nicht wiedergutzumachen ist." Die ARD über den Film: „Die Wucht der unglaublichen Fakten

verleiht dem Film erschütternde, langandauernde Wirkung". Die kommunistische „Deutsche Volkszeitung/die tat" überschlug sich: „Die geil und feige zitternde Kühnheit der Bande ist mit einer Einfühlung vorgemacht, die beweist, daß Deutsche noch immer ihre besten Darsteller sind."

Paul Mommertz,
Drehbuchautor von „Die Wannseekonferenz"

„Krieg der Bomber"

Am Donnerstag, dem 10. Januar 1985, begann im Ersten „Deutschen" Fernsehen eine Umerziehungs-Dokumentation in fünf Teilen zur besten Sendezeit (20.15 Uhr). Titel: „Krieg der Bomber". Die Serie basierte auf einer besonders gemeinen Lüge gegen Deutschland. Denn die wahre Geschichte um die Schuld am Luftterror unterscheidet sich wesentlich von den Darstellungen in der Meinungsindustrie, die sich bemüht, allein die deutsche Seite zu belasten. „Nun zeigt sich die Wahrheit in all ihrem Schrecken", feierte beispielsweise der Südwestfunk die Sendung. Ist das so?
Verbrechen an Deutschen wurden im „Krieg der Bomber" verharmlost. Beim Terrorangriff auf Dresden seien „35 000, vielleicht auch mehr" Menschen umgekommen. Daraufhin beschwerten sich Zuschauer beim Südwestfunk über diese Art der Geschichtsfälschung. Beispiel für eines der Antwortschreiben (12. März 1985): „Zu einer Berichtigung unserer Aussage in der 5. Folge der Reihe 'Krieg des Bomber' zu der Zahl der Toten beim Angriff auf Dresden am 13./14. 2. 1945 besteht kein Anlaß. Die Zahl der Toten ist heute exakt nicht mehr festzustellen ... Wir dürfen Ihnen versichern, daß wir keinerlei Interesse daran haben, falsche Zahlen zu verbreiten, sondern daß wir uns bemüht haben, ein Stück Zeitgeschichte ohne Tendenz zu dokumentieren."

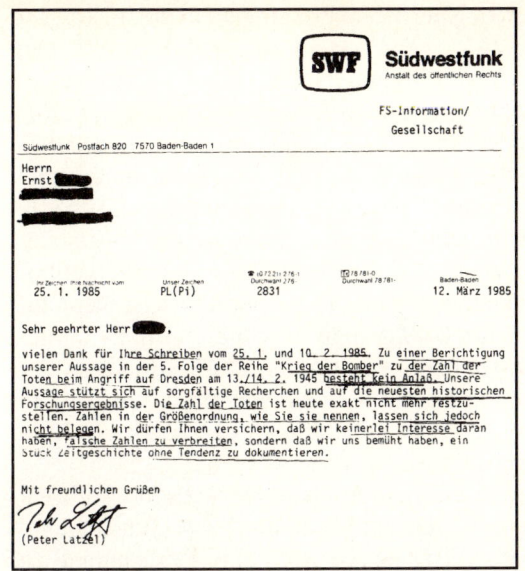

Schreiben des Südwestfunks in Sachen „Krieg der Bomber"

Die Zahl von 35 000 Toten beim Dresden-Angriff ist eine extreme Untertreibung. Stellvertretend für zahlreiche Zeugenaussagen und Experten-Gutachten nachfolgend die Worte von Werner Mühe, langjähriger Chefredakteur der „Celleschen Zeitung": „Leider muß ich die Zahl der angeblich 35 000 Opfer in Dresden aus besserer Sachkenntnis der geschichtlichen Wahrheit ganz entschieden berichtigen. Ich war damals Chef vom Dienst der politischen Zentralredaktion des Deutschen Nachrichtenbüros (DNB), des Vorgängers der heutigen dpa, in Berlin und wurde sofort als Sonderberichterstatter in das noch brennende Dresden beordert. Noch immer wüteten nach meiner Ankunft in der grausig zerstörten Stadt riesige Flächenbrände. Blindgänger und Zeitzünder detonierten, und die Zahl der geborgenen Toten wuchs stündlich. Hinzu kamen die zahllosen verstümmelten Toten. In einer amtlichen, streng vertraulichen Verlautbarung des Polizeipräsidenten von Dresden, die mir damals zur Verfügung gestellt wurde, hieß es unter anderem: 'Bisher wurden 202 040 Tote, überwiegend Frauen und Kinder, geborgen. Es ist damit zu rechnen, daß die Zahl auf 250 000 ansteigen wird.' Mein Sonderbericht, ich erlebte damals auch die amerikanischen Tagesangriffe, es waren Tiefflieger, die rücksichtslos in die Flüchtlingstrecks schossen, kam über das DNB nicht an die Presse; er wurde auf höchste Weisung (Goebbels) sofort gesperrt. 'Es ist alles zu grausig', hieß es. (...) Dresden, das bis dahin noch keinen Luftangriff erlebt hatte, war damals – 1945 – eine riesige Lazarettstadt und mit Verwundeten und Genesenden überbelegt. Hinzu waren in den letzten Tagen vor dem Angriff Tausende und Abertausende in riesigen Trecks aus den Ostgebieten, besonders aus Schlesien, auf der Flucht vor der mit starken Panzerkräften vorrückenden Roten Armee nach Dresden gekommen, die nicht registriert waren und deren Opfer man auch später nicht amtlich feststellen konnte. (...) Dresden hatte damals weit mehr als eine Million Menschen in seinen Mauern."

In eine ähnliche Richtung wie „Krieg der Bomber" ging auch die im August 1992 ausgestrahlte WDR-Produktion „Köln – Ein Requiem". Parallele: Die im Dienste der Umerziehung stehende Meinungsindustrie in der Bundesrepublik Deutschland versucht dem deutschen Volk weiszumachen, der mörderische Luftterror der Alliierten, der mehr als eine Million Deutsche auf entsetzlichste Art und Weise ums Leben brachte, sei eine Vergeltungsmaßnahme für vorausgegangene und vergleichbare Verbrechen der Deutschen Luftwaffe gewesen. Tatsächlich liegen zahlreiche Bekundungen vor, auch britischer Historiker und Politiker, die bezeugen, daß die Royal Air Force mit wahllosen Bombardierungen auf Wohnstätten begann. Der amerikanische Kapitänleutnant Richard G. Alexander schrieb 1956, daß die Studien für die strategischen Luftangriffe gegen Deutschland „von Engländern erstmalig in der Mitte der 20er Jahre unternommen wurden ... Einzelheiten für die zur Durchführung der Angriffe bestimmten Bombereinheiten wurden bereits 1932 in den Vereinigten Staaten und England niedergelegt".

Der englische Unterstaatssekretär J.M. Spaight, die erste britische Autorität auf dem Gebiet des Luftkriegsrechts, schrieb in seinem 1944 (!) erschienenen Werk „Bombing vindicated": „Wir begannen Ziele in Deutschland zu bombardieren, ehe die Deutschen das in England taten. Das ist eine historische Tatsache, die auch öffentlich zugegeben worden ist. Wir wählten damit den besseren, aber härteren Weg."

Der berühmteste britische Militärhistoriker, Sir Liddell Hart, im Jahre 1946: „Als Mr. Churchill an die Macht kam, war eine der ersten Entscheidungen seiner Regierung, den Bombenkrieg auf das Nichtkampfgebiet auszudehnen – die unzivilisierteste Art der Kriegsführung, die die Welt seit den Verheerungen durch die Mongolen gesehen hat."

Der Mann, der Verantwortung für die Luftterror-Serie des Fernsehens trägt, der das Buch und alle fünf Folgen geschrieben hat und sich heute Jochen von Lang nennt, heißt eigentlich Piechocki und war zur Hitlerzeit Vertreter der SS im Reichspropagandaministerium des Dr. Goebbels. Tag für Tag verbreitete er radikale Durchhalteparolen. Er erlebte den Untergang der NS-Führer im Berliner Bunker. In der Bundesrepublik Deutschland stieg er dennoch zu einem der führenden Umerzieher auf. In zahlreichen Dokumentationen „analysierte" er die deutsche Vergangenheit. Bekannt wurden seine Arbeiten für die „Stern"-Serie „Die letzten 100 Tage des Hitlerreiches" und „Die Mörder sind wie Du und ich." Außerdem war er lange beim ZDF Autor und Regisseur der Senderreihe „Augenzeugen berichten".

Am 2. Mai 1945 gelang ihm die Flucht vor der Roten Armee. Am gleichen Tag flüchtete auch Martin Bormann, Hitlers „Braune Eminenz". Ein bemerkenswerter Zufall, daß es von Lang-Piechocki war, der ein Vierteljahrhundert später „nach intensiven Recherchen" die Gebeine des in aller Welt gesuchten Bormann fand und daraus eine Sensationsgeschichte fertigte. Die

„Zeit" jubelte damals: „Martin Bormann ist tot. Die größte und kostspieligste Fahndung der deutschen Nachkriegsgeschichte ist beendet. Die Spürnase des stern-Redakteurs Jochen von Lang setzte die Fahnder erst auf die richtige Fährte."

„Die Deutschen im Zweiten Weltkrieg"

Sechsmal neunzig Minuten lang widmete sich im Jahre 1985 das Fernsehen dem Thema „Die Deutschen im Zweiten Weltkrieg". Sendetermine: 18., 21., 25., 28. April sowie 2. und 5. Mai; jeweils zur besten Sendezeit. Es handelte sich um eine Gemeinschaftsproduktion von Bayerischem Rundfunk, Südwestfunk und dem österreichischen ORF. Vorbereitungs-Zeit: Etwa drei Jahre. Kosten: Ungefähr sieben Millionen Mark. Schon vor Ausstrahlung jubelte die „Zeit": „Alles in allem werden die Deutschen nach dieser Serie sagen: So ist es gewesen."

Regie führte übrigens Joachim Hess, der einst den grauen Rock der Wehrmacht trug. Als Autor zeichnete Henric. L. Wuermeling, erprobter Bewältigungs-Literat, verantwortlich. Übrigens diente für diese Serie u.a. Sebastian Haffner als Berater. Haffner, 1907 geboren, heißt eigentlich Raimund Pretzel. In den ersten Jahren des Dritten Reiches war er Journalist (u.a. „Vossische Zeitung") und als Rechtsanwalt tätig. 1938 verließ er Deutschland und ging nach Großbritannien. In England schlug er vor, Deutschland zu achtteilen. Im August 1942 veröffentlichte er einen Aufsatz im „World Review" mit dem Untertitel „Deutschland muß wieder der Zivilisation zugeführt werden." Dabei gipfelten seine Vorstellungen in Horrorvisionen über die Rache an der SS: „Mit aller Wahrscheinlichkeit läuft dies auf das Töten bis zu 500 000 junger Männer hinaus, entweder durch summarische Kriegsgerichtsverfahren oder sogar ohne ein Verfahren. Selbst wenn man die tatsächliche Tötung vermeiden will und dafür die SS in eine Anzahl von lebenslänglich mobilen Zwangsarbeiter-Divisionen umwandeln wollte, würde dies nichts anderes als lebendigen Tod bedeuten."

Insgesamt traf für die Dokumentation „Die Deutschen im Zweiten Weltkrieg" zu, was die nationalfreiheitliche Wochenpresse schon vor Ausstrahlungsbeginn mutmaßte: „Dichtung und Wahrheit werden geschickt und zu deutschem Nachteil miteinander verquickt." In der Tat: Angebliche oder tatsächliche Verbrechen „der" Deutschen wurden in aller Breite vorgeführt, Massaker der Alliierten schlicht weggelassen. Einmal mehr wurde beispielsweise der „Überfall auf die Sowjetunion" 1941 einseitig dargestellt. Die bösen Deutschen und ihre Opferlämmer. Alleinschuld am Luftkrieg? Natürlich die Deutschen. Bombenterror auf deutsche Städte? Natürlich Vergeltungen. Kaum eine Lüge, die in „Die Deutschen im Zweiten Weltkrieg" nicht aufgefahren wurde.

Zur Vertreibung und Ermordung von Millionen Deutschen hieß es: „Die große Flucht aus dem Osten begann. Ungeordnet. Bis zuletzt hatte niemand geglaubt, daß die Russen so weit kommen würden. Mitten unter den deutschen Flüchtlingen marschierten russische Gefangene gegen Westen. Trotzdem jeder half, wo er konnte, kamen Tausende bei dieser überstürzten Flucht um." Während auf diese Weise deutsche Opferzahlen des Holocaust im Osten verharmlost wurden, widmeten die Fernseh-Manipulateure etwa dem Fall Oradour breitesten Raum. Zur SS-Panzerdivision „Das Reich" hieß es: „Auf ihr Konto geht die größte militärische Greueltat des Krieges im Westen. Auf der Suche nach Partisanen wurde das südfranzösische Dorf Oradour sur Glane dem Erdboden gleichgemacht."

In Wahrheit war Oradour ein Zentrum der völkerrechtswidrig kämpfenden Partisanen, die mit äußerster Brutalität vorgingen. Daß Zehntausende französische Frauen und Kinder alliierten Terrorbombardements zum Opfer gefallen sind, Hunderttausende Franzosen die „Befreiungssäuberungen" 1944/45 nicht überlebten, wiegt nach Ansicht der Fernseh-„Zeitgeschichtler" offensichtlich nicht so schwer. Zum Fall Oradour verzeichnet die Divisionsgeschichte der Waffen-SS-Division „Das Reich" den Bericht des verantwortlichen deutschen Kompanieführers: Die Kompanie habe in Oradour Widerstand gefunden. Darauf habe sie die Ortschaft besetzt und eine genaue Durchsuchung der Häuser durchgeführt. Ein deutscher Offizier, den Partisanen entführt hätten, sei dabei nicht gefunden worden, jedoch viele Waffen und Munition. Deshalb habe er alle Männer der Ortschaft, die mit Sicherheit Maquisards (französische Partisanen) gewesen seien, erschießen lassen. Die Frauen und Kinder seien während dieser Zeit in der Kirche eingesperrt gewesen. Anschließend sei die Ortschaft in Brand gesetzt worden; dabei sei in fast allen Häusern noch versteckte Munition hochgegangen. Durch den Brand des Dorfes habe das Feuer auch auf die Kirche übergegriffen, in der ebenfalls im Dachstuhl Munition versteckt gelegen habe. Dadurch sei die Kirche sehr schnell abgebrannt, die Frauen und Kinder seien so ums Leben gekommen. (Aus der Divisionsgeschichte von Otto Weidinger).

Gegen den verantwortlichen Kompanieführer, der die Befehlsgewalt in Oradour hatte, wurde sofort deutscherseits eine kriegsgerichtliche Untersuchung angeordnet. Zu deren Abschluß kam es jedoch nicht, da der Mann an der Normandiefront fiel.

Der heutige Stand eingehender Untersuchungen zum Komplex Oradour bestätigt die Darstellung des Kompanieführers in den wesentlichen Passagen. Die gründlichste Untersuchung des Falles hat der Publizist Herbert Taege vorgenommen. Nach seinem Recherchen-Ergebnis sei Oradour keineswegs ein friedlich dahindämmerndes Dorf gewesen, sondern ein Tummelplatz französischer Partisanen. Morde an deutschen Soldaten und Verwundeten seien auf das Konto dem Völkerrecht zuwiderhandelnder Banditen gegangen. Die einrückenden deutschen Soldaten wurden mit den Spuren gräßlicher Kriegsverbrechen konfrontiert: Die verstümmelte Leiche eines deutschen Offiziers sowie einen Sanitätstransport des Heeres, den die Partisanen mit allen Verwundeten, die Fahrer am Steuer gefesselt, verbrannt hatten. Die Durchsuchung der Häuser in Oradour (so die Ermittlungsergebnisse Taeges) habe tatsächlich den Fund riesiger Mengen von Waffen und Munition gebracht. Es sei sogar zu Partisanengegenwehr in der Ortschaft gekommen. Die Kirche schließlich sei keineswegs von deutschen Soldaten angesteckt worden, sondern vielmehr von Partisanen, die in ihr Zuflucht suchten und ihren Ausbruch tarnen wollten. Auf deren Konto gehe der Tod so vieler Zivilisten.

Diese Forschungsergebnisse zeigen in jedem Falle auf, daß es ungerechtfertigt ist, den Fall Oradour einseitig als deutsches Kriegsverbrechen abzustempeln. Genau dies aber haben Fernseh-Umerzieher im Sinn, ohne sich die Mühe detaillierter Nachforschungen zu machen. Niemandem ist gedient, wenn Geschichtsfälscher vor den historischen Tatsachen die Augen verschließen und die Geschehnisse verdrehen. Verbrechen, die unter dem NS geschahen, bedauert jeder Denkende zutiefst und aufrichtig. Welchen Sinn ergeben aber Lügen und Fälschungen?

Ein starkes Stück leistete sich die Fernsehserie „Die Deutschen im Zweiten Weltkrieg" auch in bezug auf Großadmiral Karl Dönitz. Wörtlich hieß es: „Dönitz glaubte mit U-Booten, Harris allein mit den Bombern den Krieg gewinnen zu können." – Kein Hinweis darauf, daß sich der Charakter der beiden Genannten himmelweit unterschied: Der tadellose Admiral, der sich streng an die Vorschriften des Völkerrechts hielt, dem auch vom Kriegsgegner Anständigkeit und Fairneß bescheinigt wurde und der Millionen Deutsche aus dem Osten rettete auf der einen und der skrupellose Hintermann des Bombenholocausts gegen wehrlose Frauen und Kinder auf der anderen Seite! Sprecher der sechsteiligen TV-Serie war damals übrigens Will Quadflieg. „Als man mir die Sprecherrolle der Serie anbot, habe ich sofort zugesagt ... Ich hoffe, daß viele davon genau so bestürzt und angerührt sein werden, wie ich es bin", erklärte der Schauspieler damals. Unschwer zu erraten, daß auch er im Dritten Reich „Widerstandskämpfer" gewesen sein will. In Springers „Hörzu" gab er dazu folgendes zu Protokoll: „Als immer mehr Siegesmeldungen von der Front kamen, zitterten meine Freunde und ich um die Zukunft. Wir fragten voller Sorge: Was wird, wenn Hitler den Krieg gewinnt?" Tatsächlich aber war Quadflieg gefeierter und gehätschelter Star unter Hitler, den man sogar zur Truppenbetreuung einsetzte. Der Mann, der eigentlich Friedrich-Wilhelm mit Vornamen heißt, wurde 1914 in Oberhausen geboren. Seine Karriere begann 1933 am Theater der Heimatstadt. Es folgte ein unaufhaltsamer Aufstieg. Über die Bühnen von Gießen und Gera gelangte er 1937 in die Reichshauptstadt.

Bis 1940 wirkte Quadflieg an der Berliner Volksbühne und am Theater der Jugend, von 1940 bis zum Kriegsende am Berliner Schillertheater. Ab 1938 gehörte er zu den Leinwandhelden von „Dr. Goebbels' Traumfabrik". Sein erster Film hieß „Maulkorb", es folgte „Liebelei und Liebe".

1940 kam der Revuefilm „Kora Terry" zur glanzvollen Aufführung, in dem Quadflieg den Buhler der gelenkigen Marika Rökk spielte. Im gleichen Jahr sah man den „NS-Gegner" in dem deutschen Leinwand-Epos „Das Herz der Königin".

„Widerstandskämpfer" Will Quadflieg im „Almanach der deutschen Filmschaffenden 1943", herausgegeben vom Reichsfilmintendanten.

„Das Ufer"

Am Sonntag, 7. Juli 1985, brachte das Erste Deutsche Fernsehen zweieinviertel Stunden lang den sowjetischen Spielfilm „Das Ufer". Der Streifen verharmloste die Verbrechen der Roten Armee beim Einmarsch 1945 und verspottete den deutschen Soldaten. Verfasser des Drehbuches war Juri Bondarjew, Mitglied des Präsidiums des Obersten Sowjets, die Regie führte KPdSU-Mann Wladimir Naumow. In der Hauptrolle war neben Sowjet-Kolleginnen und -Kollegen auch Bernhard Wicki zu sehen, der schon in Hitlers Großdeutschland ein Star war und später als korrespondierendes Mitglied der DDR-Akademie der Künste angehörte. Finanziert wurde das Machwerk auch mit deutschen Geldern: Der WDR schusterte fast eine Million Mark hinzu. Produziert hat das Ganze: Mosfilm/Moskau!

„Das Ufer" schilderte das Schicksal eines „gütigen Rotarmisten", in den sich 1945 ein deutsches Mädchen verliebte. Die millionenfachen Schandtaten beim Sowjet-Einmarsch 1945 werden auf eine (versuchte) Vergewaltigung reduziert. Dazu der Regisseur: Vergewaltigungen deutscher Frauen durch Soldaten der Roten Armee seien die „absolute Ausnahme" gewesen. Sogar Sieghart Rost, CSU-Mann im Rundfunkrat des Bayerischen Rundfunks platzte damals der Kragen: „Hier sollen uns geschichtliche Vorgänge aus sowjetischer Sicht untergejubelt werden."

Die „Deutsche National-Zeitung" urteilte: „Für die Millionen Ostdeutschen, die von Rotarmisten ermordet und geschändet wurden, ist der Sowjetfilm 'Das Ufer' eine Verunglimpfung des Andenkens. Die Untaten 1944/45 kamen nicht von ungefähr, sondern waren eiskalt geplant. Ilja Ehrenburg war dabei der berüchtigte Haupt-Hetzer Stalins. Er schrieb in Flugblättern für die Rotarmisten: 'Die Deutschen sind keine Menschen. Von jetzt ab ist das Wort Deutscher für uns der allerschlimmste Fluch ... Für uns gibt es nichts lustigeres als deutsche Leichen'."

„Feuersturm"

Gleich in sieben Teilen brachte das ZDF ab dem 25. Januar 1986 zur besten Sendezeit das „Holocaust"-ähnliche Machwerk „Der Feuersturm". Für diesen antideutschen Streifen wurde eine gigantische Werbetrommel gerührt. 100 Millionen Mark soll die Produktion gekostet haben, in der 285 Schauspieler und Tausende Statisten mitwirkten. Ein Sammelsurium antideutscher Klischees wurde aufbereitet, die sich in den Jahrzehnten antideutscher Propaganda angesammelt hatten. Dabei spielte ein Mime namens Jeremy Kempf einen deutschen Generalmajor, wie ihn nur Hollywood erfinden konnte. Im Film standen schließlich die deutschen Schurken edlen alliierten Lichtgestalten gegenüber.

Der Film wurde nach dem 1971 erschienenen Roman von Herman Wouk „The Winds of War" gestaltet. Wouks jüdische Eltern kamen um die Jahrhundertwende aus dem Russischen Reich in die USA. In New York wurde ihnen 1915 Sohn Herman geboren. Während des Zweiten Weltkriegs soll er US-Seeoffizier im pazifischen Raum gewesen sein. Seine schriftstellerische Laufbahn begann er mit dem witzigen Roman „Aurora Dawn". Dann schrieb er „Gags" für Hollywood-Komiker Woody Allen, der bei seiner Geburt noch Königsberg hieß. Für den – ebenfalls verfilmten – Roman „Die Caine war ihr Schicksal" zeichnete man ihn mit dem Pulitzer-Preis aus. Die Hauptrolle in „Der Feuersturm" spielte Westernheld a. D. Robert Mitchum, der zeitweise wegen einer Alkohol-Entziehungskur verschwunden war.

Schauspieler Robert Mitchum,
Hauptdarsteller im „Feuersturm".

Die Deutschen – lauter Schurken, die morden und plündern. Das ist die Botschaft von „Feuersturm". Es ging darum, so das ZDF, „eine emotionale Beziehung zum Stoff herzustellen und die geschichtlichen Vorgänge plastisch und nachvollziehbar zu machen". Was dabei letztlich herauskam, hatte mit geschichtlicher Wahrheit wirklich nichts zu tun. Damalige Inhaltsbeschreibung der „Quick": „Die Deutschen sind piekfeine Bankiers, die die Juden in großem Stil ausplündern. Sie sind gnadenlose SS-Leute, die fanatisch auf Menschenjagd gehen und Kinder, Frauen, Greise in Massengräbern erschießen. Gangster-Typen als Gestapo-Häscher. Fiese Kellner, die Ausländern Soße auf den Tisch schütten. Und natürlich jede Menge Soldaten, die stahlhart immer nur eines wollen: Siegen!"

Szene aus „Der Feuersturm". Der deutsche Unsympath (hier ein Berliner Kellner) tölpelt feine Herrschaften aus Amerika an.

Wie eine Horde fielen „die" Deutschen in „Feuersturm" beispielsweise in Polen ein. Von den vorausgegangenen Verbrechen an Deutschen kein Wort. Deutsche Stuka massakrierten Flüchtlingstrecks. Daß eben dies genau die Methode der Kriegsgegner war, fand keinerlei Beachtung. So prangerte „Feuersturm" deutsche Bombenüberfälle auf London an, ohne jeden Hinweis darauf, daß die Luftwaffe erst zurückschlug, nachdem Churchills RAF monatelang deutsche Städte mit Bomben angegriffen hatte. Dennoch hatte Wouk keine Scheu zu behaupten: „Die Geschichte des Krieges innerhalb dieses Romans ist nach Möglichkeit historisch genau; die Statistiken sind zuverlässig."
Bemerkenswert, wie die „Cellesche Zeitung" den Streifen kommentierte: „Weil auch Kritiker nicht gern als professionelle Miesmacher gelten wollen, wurde dem Publikum nach der ersten Folge empfohlen, erst einmal abzuwarten. Dieser Ratschlag muß nun mit dem Ausdruck des Bedauerns zurückgenommen werden. Nach der dritten Fortsetzung weiß man definitiv, daß der Schmarren nur noch größer, dümmer und sentimentaler werden kann. Zu niemandes Nutzen, denn ältere Zuschauer, die diese Zeit miterlebt haben, müßten sich nur grün und blau ärgern, die jüngeren würden mit einem Geschichtsbild konfrontiert, wie es sich Klein-Moritz alias Herman Wouk zurechtgepinselt hat. Nun, wie amerikanische Filmleute mit der Historie umgehen, ist sattsam bekannt, und wie sie ihre Rassenprobleme bewältigen, ist ihre Sache. Daß sich die von einem Professor geführte Mainzer Mannschaft aber wieder so hat reinlegen lassen, ist ein Jammer, der zudem noch viel Geld kostet." Sogar „Hörzu" erkannte den Schwindel und schrieb: „Das ist der Stoff, aus dem die Märchen Hollywoods über den Zweiten Weltkrieg sind." Die Zuschauer hatten ihr Urteil rechtzeitig gefällt. Im Januar 1986 landete „Feuersturm" gemessen am Zuschauerinteresse nur auf den Plätzen 36, 44, 50 und 51.

Szene aus „Feuersturm“:
Die Schöne und die deutsche Bestie ...

„Shoah“

Mit einem gigantischen Werbeaufwand lief im Frühjahr des Jahres 1986 in sämtlichen dritten Fernsehprogrammen der neuneinhalb-Stunden-Film „Shoah“ (hebräisch: „Vernichtung“) an, der – so sein Schöpfer Claude Lanzmann – den Sinn hat, „Vergangenheit als Gegenwart wieder zum Leben zu erwecken und ihr so eine überzeitliche Gültigkeit zu verleihen“. Grundgedanke sei, „die Distanz zwischen Vergangenheit und Gegenwart aufzuheben, so daß man vollkommen vergißt, daß seit 1942 schon 43 Jahre vergangen sind.“ Die Erinnerung der von Lanzmann vorgeführten Zeitzeugen sei mehr als getreu. „Sie erinnern sich an alles mit phantastischer, im wahrsten Sinne halluzinatorischer Genauigkeit.“ Das schlimmste moralische und künstlerische Verbrechen, das man bei einem Werk über den Holocaust begehen könne, sei, ihn als Vergangenheit zu betrachten.

Selbst dem in Frankreich wirkenden Regisseur Marcel Ophüls, der sich in seinen Werken der deutschen Vergangenheitsbewältigung gewidmet hat und Lanzmanns Streifen im Prinzip gutheißt, kommen gewisse Bedenken: „Wenn einer der Männer, die der Hölle entkommen sind, vor der Kamera schluchzend zusammenbricht, sein Gesicht in den Händen verbirgt und Lanzmann anfleht, mit dem Filmen aufzuhören, besteht er – gleichsam wie ein gutmeinender Folterknecht – darauf, weiter zu filmen; da verspürt man den plötzlichen Drang auszuholen und ihm ins Gesicht zu schlagen.“ Lassen wir dies unkommentiert ebenso wie folgenden Lanzmann-Ausspruch: „Es hat eine deutsche Kollektivschuld gegeben ... Was geschehen war, hätte nicht geschehen können ohne den Konsens der Deutschen. Es war nicht das Werk einiger Gangster.“ Und noch eine Kostprobe: „Die jungen Deutschen mit ihren Schnauzbärten, die heute zwischen fünfunddreißig und vierzig sind, kommen mir wie Gespenster vor, kopflos, blind.“

„Shoah“ begann mit der Vorstellung eines Mannes aus Tel Aviv, der als Überlebender von Chelmno bezeichnet wird, in dem „die (!) Deutschen 400 000 Juden ermordeten“ (so ein deutsches Fernsehmagazin). Der zur Tatzeit 13jährige sei verschont worden, weil er „mit schöner, fester Stimme Soldatenlieder sang, die ihm ein SS-Mann beigebracht hatte“. So sind denn die Deutschen allesamt Täter, „bürokratische Monstren“, bestenfalls Mitläufer.

Lanzmann bringt in seinem Film auch Zeugenaussagen, zum Beispiel von einem tschechischen Juden, der „fünf Liquidationen des Sonderkommandos Auschwitz überlebt hat". Und: „Für die Ermordung von sechs Millionen Juden gibt es natürlich Gründe und Erklärungen", heißt es in der „Shoah"-Broschüre des Westdeutschen Rundfunks (WDR), und erwähnt wird „die germanische (!) Disziplin" sowie der „jüdische Geist als vollkommene Verneinung des deutschen Geistes".

Szenenfoto aus „Shoah"

„Shoah"-Schöpfer Claude Lanzmann wurde 1925 in Paris geboren. Er sei einer der Organisatoren des Widerstandes in Clermont-Ferrand während der deutschen Besatzungszeit gewesen, heißt es in der „Shoah"-Broschüre des WDR, der die Federführung bei der Verbreitung von „Shoah" in der Bundesrepublik Deutschland innehatte.

Auf das Konto dieses „Widerstandes" gingen nicht nur grausame Verbrechen an Deutschen, sondern auch barbarische Abrechnungen mit Landsleuten ab 1944, die der produtschen Kollaboration verdächtigt wurden. Mehrere hunderttausend Franzosen fielen diesen oft entsetzlichen Foltern zum Opfer. Es muß die Frage erlaubt sein, woher Lanzmann das Recht nimmt, über Deutschland moralisch zu richten, während er gleichzeitig nach eigenem Bekunden in Treue fest zu Israel steht; jenem Staat, der beständig von der UNO-Vollversammlung wegen schwerer Völkerrechtsverletzungen verurteilt wurde.

Nach Ausstrahlung von „Shoah" gab es dann schlechte Kunde für die Bewältiger. Der Streifen, vom Verband der New Yorker Filmkritiker mit dem Preis für den besten Dokumentarfilm des Jahres 1985 ausgezeichnet, war eine Zuschauer-Pleite. Nur ein bis zwei Prozent Einschaltquote wurde erreicht. Im hessischen Sendegebiet lag die Sehbeteiligung während des dritten Teils unter den Zusehern zwischen 14 bis 49 Jahre nahe null Prozent. Dabei hatte „Shoah"-Macher Lanzmann geglaubt, sein Streifen würde „der erste befreiende Film für die Deutschen seit 1945" sein. Er bekennt weiter: „Ich zeigte den WDR-Leuten die Rohkopien. Sie waren begeistert."

„Die Befreiung von Auschwitz"

Am Volkstrauertag 1986 wartete die ARD mit dem Streifen „Die Befreiung von Auschwitz" auf. Aus Propagandamaterial, das Stalin 1945 drehen ließ und das die bundesdeutschen Profi-Vergangenheitsbewältiger Irmgard von zur Mühlen sowie Ehemann Bengt in Moskau „aufspürten", wurde der Streifen gedreht. Das Material haben die Sowjets zur Untermauerung der Anklage im Nürnberger Prozeß erstellt, womit die Dokumentqualität hinreichend belegt sein dürfte. Als Kommentator konnte das Bewältigungs-Paar Stalins einstigen Propagandisten Alexander Woronzow gewinnen, der sich zweifellos in Sachen Massenmord auskennt ...

Sonntag   **16. Juni**

14.00   **„Steh' auf, es ist Krieg!"**
                 5. Verbrannte Erde

                 Nach den verlorenen Schlachten um Moskau und Stalingrad zog sich die deutsche Armee zurück — nicht ohne dabei Hunderte von Dörfern dem Boden gleichzumachen. Nicht alle Soldaten folgten dem Befehl, Frauen und Kinder zu erschießen, sie konnten aber nicht verhindern, daß alles, was arbeitsfähig war, als Zwangsarbeiter ins „Deutsche Reich" deportiert wurde.

Ankündigung einer WDR-Fernseh-„Dokumentation" mit dem Titel „Steh auf, es ist Krieg!" aus dem Jahre 1991. Daß „nicht alle" deutschen Soldaten „dem Befehl, Frauen und Kinder zu erschießen" gefolgt seien, kann eigentlich nichts anderes heißen als: Fast alle seien gefolgt ...

„Väter und Söhne"

Viermal 110 Minuten lang bestrahlte die ARD 1986 die Zuschauer mit dem Film „Väter und Söhne". Er war – natürlich – der deutschen „Vergangenheitsbewältigung" gewidmet und wurde produziert von WDR, Bavaria München, dem italienischen und französischen Fernsehen. Außerdem: „Es steckt nicht wenig amerikanisches Geld drin" („Frankfurter Rundschau"). Das Machwerk kostete insgesamt ca. 20 Millionen Mark. Der Film sollte die „Verstrickung einer mit Hitler verbundenen deutschen (Chemie)-Industriellenfamilie darstellen. Gleich zu Anfang wurde die Geschichte auf den Kopf gestellt, denn nicht etwa die Deutschen begannen mit dem Gaskrieg, sondern Frankreich setzte im Ersten Weltkrieg als erste Macht Kampfgasgeschosse ein. Regisseur und Drehbuchautor des Vierteilers ist der 1949 geborene Bernhard Sinkel, ehedem „Spiegel"-Mitarbeiter. Er verfaßte Drehbücher für die TV-Märchenstunde („Sesamstraße"). Sein Urgroßvater war Mitbegründer der IG Farben, sein Vater dort Chemiefachmann.

In der Hauptrolle von „Väter und Söhne" konnte man Hollywood-Veteran Burt Lancaster bewundern. Der deutsche Schauspieler Martin Benrath mimte in „Väter und Söhne" einen jüdischen Bankier. Im Krieg war Benrath bei der Flak noch damit beschäftigt, jene alliierten Terrorbomber vom Himmel zu holen, die übrigens den Namen Lancaster trugen.

„Das Boot"

Mit einem selbst für unsere heutige Umerziehungsgesellschaft außerge-
wöhnlichen Fanatismus betreibt Lothar-Günther Buchheim Vergangenheitsbewältigung. Er hat den Roman „Das Boot" zu verantworten, aus dem später der vielumjubelte Fernseh-Mehrteiler entstand. Seine damals durch den
Film gestiegene Popularität nutzte er gleich, um vor allem gegen den Ober-
befehlshaber der deutschen Kriegsmarine und letzten Reichspräsidenten,
Großadmiral Dönitz, zu hetzen.
Funk und Fernsehen nahmen jede antideutsche Parole von ihm dankbar auf.
Man feiert ihn beispiellos. Bis heute. Aus seinem Leben wird auch allerlei
berichtet, z. B. daß er einmal sächsischer Landesmeister im Schwergewichts-
Ringen gewesen sei. Daß Buchheim aber auch als Schwergewicht der natio-
nalsozialistischen Propaganda wirkte, wurde stets peinlich verschwiegen.
Dabei hätte es hier einiges Wissenswertes zu vermelden gegeben.
Während des Krieges 1939 bis 1945 war er bei der Propagandakompanie,
veröffentlichte Kriegsbücher. Seine Zeichnungen fanden sich nicht nur im
offiziellen NS-Schulungsheft, sondern wurden auch im Münchner Haus der
Kunst 1941 bis 1943 ausgestellt – als Zeugnis künstlerischen „Zurückgehens
auf Rasse und blutmäßige Eigenart". Vor 1945 gehörten seine Zeichnungen
zum ständigen Repertoire der NS-Propaganda. Auch wirkte er an Dr. Goebbels' Zeitung „Das Reich" mit. Später aber mußten sich ehemalige U-Boot-
Fahrer von ihm als „alte Säcke" beschimpfen lassen.
Die Verfilmung des Buchheim-Romans „Das Boot" ist zwar recht spannend
gemacht, doch auch mit zahlreichen Widerwärtigkeiten gespickt, die die deutschen Soldaten verhöhnen. In Gefahrensituationen gebärden sich die Deutschen wie heulende, schreiende und zitternde Hysteriker. Dabei herrschte in
solchen Situationen in Wahrheit in den Booten in aller Regel höchste Kon-
zentration und Aufmerksamkeit. Auch gab es nicht unter den deutschen Soldaten – am allerwenigsten unter den
auserlesenen U-Boot-Männern – den
permanenten Gossenton, ebensowenig
ekelhafte Schweinereien bis hin zu auf
der Tagesordnung stehenden Saufor-
gien, die hier dargeboten wurden.

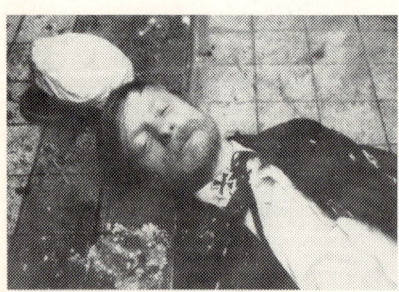

*Szene aus dem Streifen „Das Boot":
Ein „Ritterkreuzträger wälzt sich alko-
holisiert in Erbrochenem.*

Etablierte hingegen haben Buchheim immer besonders verehrt. Anläßlich
seines 70. Geburtstages 1988 erschien ein Jubelbuch über Buchheim von prominenten Politikern. Darunter Kanzler Kohl: „An Ihrem 70. Geburtstag müs-

sen Sie uns die Chance geben, Sie so zu ehren und zu feiern, wie dies ein solcher Festtag gebietet." Kohl erwähnt,
daß er Buchheim seit anderthalb Jahrzehnten kenne, daß
auf des Literaten Erzeugnisse nicht verzichtet werden dürfe,
daß Buchheim sein „Lebenswerk zielstrebig fortführen"
möge. Zahlreiche Auszeichnungen hat er erhalten. Und bis
heute kommen immer neue hinzu.

Lothar-Günther Buchheim

„Soldat Richter"

ARD, Mittwoch, 10. Dezember 1986, 20.15 Uhr. Böse Stahlhelm-Deutsche
bevölkern den Bildschirm in Bundesdeutschland. Zur Ausstrahlung kommt
der Film „Soldat Richter". Inhalt laut ARD-Filmbeschreibung: „Seelenkon-
flikt eines deutschen Landsers, für den Gehorsamspflicht und Gewissen im
November 1943 zu unvereinbaren Gegensätzen geworden waren." Bei dieser Gelegenheit erfährt der Zuschauer, daß deutsche Soldaten junge Russin-

nen das eigene Grab schaufeln
ließen, um die Frauen an-
schließend umzubringen.
Bei „Soldat Richter" handelte es
sich um eine Sendung des
Bayerischen Rundfunks (BR),
produziert auch für das französische Fernsehen.

Szenenbild aus
„Soldat Richter"

„Das Mädchen mit den roten Haaren"

ARD, 15. Dezember 1986, 23.00 Uhr: Das öffentlich-rechtliche Fernsehen
„schenkt" uns mit „Das Mädchen mit den roten Haaren" eine ganz besondere
Art und Weise antideutscher Propaganda. Der niederländische Spielfilm aus
dem Jahre 1983 schildert herzensgute Partisanen und finstere Deutsche. In
der Ankündigung der ARD hieß es: „Hannie ist eine eher schüchterne, ein-
zelgängerische Studentin, die sich von ihrem Gewissen gedrängt fühlt, am
aktiven Kampf gegen deutsche Besatzer teilzunehmen."

„Der Schrei nach Leben"

Ende des Jahres 1986 wurde im bundesdeutschen und österreichischen Fernsehen der französische TV-Mehrteiler „Der Schrei nach Leben" gezeigt: Der deutsche Soldat als kinderschändender und mordender Unhold.

„Das siebte Kreuz"

Kurz davor präsentierte die ARD den antideutschen Hollywood-Film „Das siebte Kreuz". Regisseur Zinnemann, bekannt für „Western" wie „12 Uhr mittags", schuf dieses Machwerk 1944 nach dem Roman der Kommunistin und späteren SED-Einpeitscherin in Mitteldeutschland Anna Seghers. Höhepunkt des Films: Die Deutschen kreuzigen ihre Feinde.

„Polen: Der Traum vom freien Vaterland"

Am 9. Januar 1988 um 20.15 Uhr lief im 3. Fernsehprogramm der ARD die mehrteilige Sendung „Polen: Der Traum vom freien Vaterland". Zum sechsten Teil erhielt das DSZ-Archiv folgende Zuschrift eines aufmerksamen Zuschauers: „In der Sendung hieß es wörtlich: (...) 'Die Ungewißheit führte zu gewalttätigen Auseinandersetzungen. Das Militär ging gegen Ukrainer vor, die zu beiden Seiten der vormals polnisch-sowjetischen Grenze ihren eigenen Staat gründen wollten. Die Unruhen weiteten sich zu einem mit aller Härte geführten Bürgerkrieg aus. 160 000 Ukrainer wurden gewaltsam in Polens neue Westgebiete deportiert' (...) – Dazu wurden Deutsche aus Nemmersdorf, aus der Deutschen Wochenschau vom 2.11.1944 gezeigt. Den Anfang des Berichtes der Deutschen Wochenschau mit dem großen Ortsschild 'Nemmersdorf' hat man tunlichst übersehen. Hier wurden Ermordete von Nemmersdorf einwandfrei als ermordete Ukrainer gezeigt." Im ostpreußischen Nemmersdorf kam es im Oktober 1944 zum ersten sowjetischen Massaker auf reichsdeutschem Boden. Insbesondere deutsche Frauen und Kinder wurden bestialisch hingerichtet. Auch 50 französische Kriegsgefangene zählten zu den Opfern. Das schrecklichste Bild boten an den Scheunentoren gekreuzigte vergewaltige Frauen sowie offensichtlich furchtbar mißhandelte Kinder.

„11 Tage zwischen Krieg und Frieden"
„Die Saat des Krieges / Hitlers Angriff auf Europa"

Mit der Wahrheit ebenso ungenau nahmen es die Fortsetzungsserien „11 Tage zwischen Krieg und Frieden" (ARD) und „Die Saat des Krieges/Hitlers Angriff auf Europa" (ZDF). Die „Deutsche National-Zeitung" kommentierte damals, 1989: „ARD und ZDF wetteiferten im Nationalmasochismus. Alle Schuld am Kriege und seinen Untaten soll allein der deutschen Seite aufgeladen werden, um unser Volk in der Gegenwart und in der Zukunft um sein

Recht auf Selbstbestimmung und Gleichberechtigung zu bringen. Halb- und Scheinargumente sollen die Zuschauer systematisch desinformieren."

Geschichtsfälschung in „Kontraste"

Ein dreister Fall antideutscher Geschichtsfälschung ereignete sich am 8. August 1989 in der Sendung „Kontraste" (Sender Freies Berlin). Moderator: Jürgen Engert, der als Oberlehrer der Nation auftrat und erklärte, „Kontraste" habe herausgefunden, daß der Zweite Weltkrieg nicht am 1. September 1939 um 4.45 Uhr begonnen habe, sondern bereits um 4.40 Uhr, und zwar mit einem Kriegsverbrechen:

Deutsche Sturzkampfflugzeuge, Stukas, hätten die völlig unbefestigte, von Militär und Industrie freie Stadt Wielun angegriffen. Ziel sei die Zivilbevölkerung gewesen, insbesondere das Krankenhaus. Der Angriff sei von dem damaligen Hauptmann Walter Sigel von der 1. Gruppe des Sturzkampfgeschwaders 76 geleitet worden, ebenso ein zweiter Angriff um 6.05 Uhr. Der dritte Angriff um 13.30 Uhr habe unter der Leitung von Major Oskar Dinort gestanden. Er war zu diesem Zeitpunkt Chef der 1. Gruppe des Stuka-Geschwaders Immelmann.

Engert beziffert in seiner „sensationellen Enthüllungssendung" die Zahl der durch Bombenangriffe auf Wielun getöteten Zivilisten auf 1200. Insgesamt seien Bomben mit einem Gesamtgewicht von 46 000 kg auf Wielun abgeworfen worden. Eigenartig mußte dem interessierten Zuschauer schon erscheinen, daß es dem Fernsehen vorbehalten bleiben sollte, ein derart großes Kriegsverbrechen zu ermitteln, mit dem angeblich der Zweite Weltkrieg eröffnet worden sei.

Die Anfrage beim Militärgeschichtlichen Forschungsamt ergab: Der zuständige Oberstleutnant und Experte in Luftkriegsfragen weiß nichts von einem derartigen Kriegsrechtsbruch. Es lägen dafür weder Unterlagen noch irgendwelche Anzeichen vor. Die Stadt Wielun habe im Kampf der Luftwaffe während des Polenfeldzuges keine Rolle gespielt. Darüber hinaus habe sich die Luftwaffe stets an das Kriegsrecht gehalten, auch in den umstrittenen Fällen Warschau und Modlin.

Hinweis Nummer zwei, daß die ARD und Engert die Fernsehzuschauer belogen haben: Der französische Luftattaché in Warschau, General Armengaud, berichtete über die Einsätze der Deutschen Luftwaffe mit Datum des 14. September 1939: „Die Tätigkeit der Deutschen Luftwaffe hat ... einen sehr erheblichen Einfluß auf den Verlauf der Operationen gehabt ... Das polnische Oberkommando sah nichts mehr, hatte keine Verbindungen, keine Verbindungsstraßen, die Arbeitsbedingungen seines Generalstabes waren außerordentlich schlecht; es erfuhr nichts mehr, konnte nichts mehr voraussehen, keine Nachrichten und Befehle mehr geben. Deutschlands Überlegenheit zur Luft ist vielleicht die erste und wichtigste Ursache der polnischen Niederlage, denn sie hat das Oberkommando und die Verkehrsadern des mobilisierten Landes fast ausgeschaltet. Die Deutsche Luftwaffe hat die Bevölkerung nicht angegriffen. Ich muß unterstreichen, daß die Deutsche Luftwaffe nach den Kriegsgesetzen gehandelt hat; sie hat nur militärische Ziele angegriffen. Und wenn oft Zivilpersonen getötet und verwundet worden sind, so deswegen, weil sie sich neben den militärischen Zielen befanden. Es ist wichtig, daß man das in Frankreich und England erfährt, damit keine Repressalien unternommen werden, wo kein Anlaß zu Repressalien ist, und damit nicht von uns aus ein totaler Krieg entfesselt wird."

Argument Nummer drei: Auch der britische Unterstaatssekretär für Auswärtige Angelegenheiten, Richard Austen Butler, bestätigte in seinem Bericht vom 6. September 1939, daß es keine Luftangriffe Deutschlands auf unverteidigte Städte gegeben habe. Die Befragung zahlreicher ehemaliger Stuka-Flieger hat weiter erhärtet, daß Engert und seine Kollegen den Fernsehzuschauern Erfindungen aufgetischt haben.

Der Ritterkreuzträger und Oberstleutnant der Bundeswehr, Karl-Herrmann Lion, bei Kriegsende Major, flog am ersten Kriegstag als Stuka-Pilot vom Flugplatz Stolp aus einen Angriff auf den Marine-Stützpunkt der Halbinsel Hela. Er stellte fest, daß es der Deutschen Luftwaffe ausdrücklich verboten war, zivile Ziele anzugreifen und daß der in „Kontraste" geschilderte Vorgang undenkbar sei.

Der Oberst a. D. der Bundeswehr, Friedrich Lang, Träger des Eichenlaubs mit Schwertern, damals Leutnant im Immelmann-Geschwader, erinnert sich an die entscheidenden Ziele des ersten Kriegstages: „Die für den Nachschub wichtige Weichselbrücke bei Dirschau soll durch die Stukas vor der Zerstörung bewahrt werden. Die Sprengleitungen werden durch die exakt gezielten Bomben auch tatsächlich zerrissen, von den Polen jedoch wieder geflickt. Der Angriff begann 15 Minuten vor dem offiziellen Kriegsausbruch, die Brücke flog um 6.30 Uhr in die Luft."

Ein weiteres Ziel war der Militärflugplatz von Krakau. Daneben bombardierten die Stukas am ersten Kriegstag den Marinestützpunkt der Halbinsel Hela und die dort liegenden Kriegsschiffe. Oberst Lang übernahm später nach der schweren Verwundung des erfolgreichsten Kampffliegers aller Zeiten, Hans-Ulrich Rudel, zeitweilig das Kommando über das Immelmann-Geschwader.

Auch der damalige Oberleutnant Frank Neubert, Ritterkreuzträger, der der 1. Gruppe des Immelmann-Geschwaders unter Major Oscar Dinort angehörte, weiß nichts von der behaupteten Bombardierung. Er startete am 1. September 1939 um 4.45 Uhr, um mit seinen Kameraden den Flugplatz Krakau zu bombardieren. Bei diesem Angriff erzielte Neubert den ersten Luftsieg des Zweiten Weltkrieges, als er ein polnisches Jagdflugzeug abschoß. Oberleutnant a. D. Behling, Sprecher der „Immelmänner" bestätigt, daß die von „Kontraste" aufgestellten Behauptungen nicht der Wahrheit entsprechen können. Es handelte sich um einen besonders infamen Versuch, die deutschen Soldaten des Zweiten Weltkrieges als Verbrecher darzustellen. Infam deshalb, weil sich die Verleumdungen gegen zwei Luftwaffenoffiziere wandten, von denen einer 1944 gefallen und der andere 1965 verstorben ist. Beide konnten sich nicht mehr wehren.

Oberst Walter Sigel, ab 1935 Kommandeur der ersten Gruppe des Stuka-Geschwaders 167 (später 3), ab April 1942 dessen Kommodore, war berühmt für seine Tapferkeit und Einsatzbereitschaft. Seinen Fliegern war er ein vorbildlicher und kameradschaftlicher Führer. Der beliebte Offizier erhielt im September 1942 als 116. deutscher Soldat das Eichenlaub zum Ritterkreuz. Als Fliegerführer in Norwegen fiel er am 8. Mai 1944.

Generalmajor Oskar Dinort gehörte der Luftwaffe seit 1933 an. Ab Mai 1939 Kommandeur der 1. Gruppe des Immelmann-Geschwaders, wurde er im Oktober 1939 dessen Kommodore. Mit Dinort, der stets an der Spitze flog, erreichte das Geschwader große Erfolge im Westen, auf dem Balkan, über Kreta und im Osten. Seinen Besatzungen war er stets Vorbild, als „Stukavater" war er äußerst beliebt. Ab Herbst 1941 wurde er Chef des Stabes von Feldmarschall Milch, nachdem er zuvor als 21. Soldat der Wehrmacht das Eichenlaub zum Ritterkreuz verliehen bekommen hatte. Bei Kriegsende war Dinort Kommandeur der 3. Fliegerschuldivison. 1965 verstarb er in Köln.

Dies alles interessierte die „Kontraste"-Macher um Engert nicht. Sie hatten es vollbracht, den ungezählten Propagandalügen gegen Deutschland eine weitere hinzuzufügen.

Deutschland entlastet - Ein Verbrechen?

Fernseh-Anklagen gegen Deutschland gibt es wohl zu Abertausenden. Wehe aber, Deutschland und das deutsche Volk würden einmal entlastet. Im Jahre 1990 mußte die „Deutsche National-Zeitung" berichten: „Mit den Forschungsergebnissen des kanadischen Publizisten und Historikers James Bacque über die Massenvernichtung deutscher Kriegsgefangener in US-amerikanischen und französischen Lagern 1945/46 setzte sich kürzlich das Fernsehmagazin 'Panorama' auseinander. Zwar wurde dabei eingestanden, daß 'Tausende' Wehrlose in den Lagern umkamen und brutal ermordet wurden. Auch wurden erschütternde Filmdokumente gezeigt. Doch Bacques These, daß dem Terror zwischen 800 000 und einer Million Deutsche zum Opfer gefallen seien, bezeichneten die 'Panorama'-Redakteure als 'absurd'. Eine fundierte Widerlegung der Bacque-These ersparte man sich.

„Der Tod ist ein Meister aus Deutschland"

Linksjournalistin Lea Rosh und Umerziehungsprofessor Eberhard Jäckel zeichneten 1990 verantwortlich für die als „Dokumentation" getarnte vierteilige ARD-Fernsehserie „Der Tod ist ein Meister aus Deutschland". Dabei griffen die beiden Bewältiger bezeichnenderweise auf Szenen aus östlichen Propagandafilmen zurück. Ihr Ziel: Dem deutschen Volk soll für alle Ewigkeit der „gelbe Fleck" der KZ-Barbarei und des Völkermordes angeheftet werden.

Vor Fernsehfälschung schreckten Rosh und Jäckel in „Der Tod ist ein Meister aus Deutschland" nicht zurück: Im dritten, Polen und Rumänien betreffenden Teil der TV-Serie wurde zur „Zeugenaussage" einer Frau über die furchtbare Judendeportation in Rumänien des Sommers 1941 das Bild eines mit Tausenden von Menschen vollgestopften Kohlenzuges an einem Bahnsteig gezeigt. Dasselbe Bild findet man in dem 1979 im linken Römerberg-Verlag (Frankfurt am Main) herausgegebenen Buch „Kennzeichen J". Text dort: „Transporte in Ghettos und Vernichtungslager." Das Buch „Kennzeichen J" erschien erstmals 1965 in Ost-Berlin. Verfasser ist der an der Dresdner Technischen Universität lehrende Helmut Eschwege, der sich zur Kriegszeit – seiner jüdischen Herkunft wegen – in Palästina aufhielt und dem 1984 in der Bundesrepublik Deutschland wegen „Verdienste um die historische Wahrheit über die Judenverfolgung" die Buber-Rosenzweig-Medaille verliehen wurde.

Zur Bildquelle: Das Original stammt aus der Bildstelle des Hamburger Hauptbahnhofes, und es hängt mit korrekter Erklärung seit Jahren im Intercity-Restaurant in der Hansestadt. Der Schnappschuß ist 1946, ein Jahr nach Kriegsende, entstanden. Er zeigt den Hamburger Hauptbahnhof mit einem Kohlenzug, der zusammengepferchte Deutsche ins Ruhrgebiet bringen soll. Mit Judendeportation hat das Bild also nichts zu tun, sondern mit den schlimmen Zuständen im fremdbesetzten Deutschland.

Daß dies keine bedauerliche Panne war, sondern vorsätzliche Fälschung hinter der Sache steckte, zeigt folgende Tatsache: Ein im Hintergrund stehender Doppeldeckerzug, dessen Identifizierung den Schwindel hätte sofort auffliegen lassen, ist von Fälscherhand schwarz retuschiert worden.

Einer der beiden Verantwortlichen von „Der Tod ist ein Meister aus Deutschland", nämlich Eberhard Jäckel, wird übrigens bei seiner Auswahl von „Dokumenten" selten vom Glück verfolgt. 1984 mußte er zugeben, daß er in seinem Werk „Hitler - Sämtliche Aufzeichnungen" einer Unzahl von Fälschungen aufgesessen war.

Zusammen mit Lea Rosh, die zudem noch NDR-Landesfunkhaus-Chefin in Hannover ist, stellt er so etwas wie das „Traumpaar der Umerziehung" dar. Die Rosh verficht voller Leidenschaft die Auffassung, daß niemals vergessen werden darf, „daß es die (!) Deutschen waren, die die Idee zum größten Völkermord der Menschheitsgeschichte hatten und die diesen Völkermord auch organisierten". Sie sagt: „Die andere Qualität der Vernichtung der Juden, wie sie sich die (!) Deutschen ausgedacht hatten, ist, daß sie perfekt organisiert war." Einem Hörer, der sich über die ständigen Interviews mit Leuten wie Gysi und die permanenten Attacken gegen deutsche Soldaten bei Lea Rosh beschwerte, antwortete sie u.a. folgendes: „Ihre Bewertung der Waffen-SS kann ich nicht teilen, da historisch feststeht, daß dieser Nazi-Verband an unzähligen Verbrechen beteiligt war. Beispielhaft möchte ich an die Mörder der Divison 'Das Reich' in Tulle und Oradour vor 50 Jahren erinnern."

NDR

NORDDEUTSCHER RUNDFUNK

Herrn
~~████████████████~~
~~███~~

DIREKTORIN DES
LANDESFUNKHAUSES
NIEDERSACHSEN

29.08.94
LR/sl

Betr.: Ihr Schreiben vom 09.08.94 an den NDR-Intendanten

Sehr geehrter Herr ████,

der Intendant hat mich gebeten, Ihr o.g. Schreiben zu beantworten.
Die Zusammensetzung der Diskussionsrunde ist aus redaktionellen Gründen nicht zu beanstanden.

Ihre Bewertung der Waffen-SS kann ich nicht teilen, da historisch feststeht, daß dieser Nazi-Verband an unzähligen Verbrechen beteiligt war. Beispielhaft möchte ich hier an die Morde der Division "Das Reich" in Tulle und Oradour vor 50 Jahren erinnern.

Lea Rosh

Lea Rosh als oberste Vergangenheitsbewältigerin.

Kurz-Interview
mit der SFB-Talkmeisterin

Lea Rosh, was haben Sie gegen die Wiedervereinigung?

Weil Wiedervereinigung, wie sie sich einige bei uns erhoffen, bedeutet, daß die DDR der Bundesrepublik als neues Bundesland in den Schoß fällt. Wenn ich nicht irre, will die DDR-Bevölkerung die Wiedervereinigung gar nicht.
Wie kommen Sie darauf?
In unserer „Freitagnacht"-Talkshow aus Leipzig war die Reaktion der Leute eindeutig. Und ich sagte 80 Millionen wiedervereinigte Deutsche furchtbar.
Warum furchtbar?
Weil wir nicht ignorieren können, daß im Ausland viele Angst davor haben. Nehmen wir die Teilung doch als Bürde der Geschichte hin. In freien Wahlen wird sich zeigen, was die DDR-Bevölkerung will. Eine Art Konföderation. zwei Deutschlands in einem gemeinsamen europäischen Haus. wäre doch nicht schlecht.

Lea Rosh und ihre Hetze gegen die deutsche Wiedervereinigung von West- und Mitteldeutschland.

Der eigentliche Vorname der Lea Rosh lautet Edith; den Namen „Lea" legte sie sich zu, weil er so jüdisch klinge (Lea bedeutet im Hebräischen „Hirschkuh" oder „die sich umsonst müht"). Der Nachname lautete ursprünglich Rohs. Nachdem sie als Mode-Moderatorin beim Sender Freies Berlin keine Karriere machen konnte, entdeckte sie das lukrative Geschäft der Vergangenheitsbewältigung.

Als sie das Funkhaus in Hannover an die Leine nahm, liefen die Hörer in Scharen weg. Ihre Ablösung als Landesfunkhauschefin ist für den 1. Februar 1997 geplant. Die SPD-Frau hatte sich in den fünf Jahren ihrer Amtszeit mit fast allen Redaktionen angelegt. Daß sie das Niedersachsenlied als „faschistoid" (obwohl es lange Zeit vor Hitler entstanden war und keine Zeile von Hitler oder dessen Bewegung enthält) aus dem Programm streichen ließ, gehörte zu den traurigen Höhepunkten ihres Wirkens. Doch ihr offenbar zwanghafter Hang, Tag für

Lea Rosh

Tag Vergangenheitsbewältigung zu leisten, bleibt uns erhalten. Sie leitet künftig wieder „Talk-Shows" und wird sicher weiter auch „Ausländerfeindlichkeit" auf der Spur sein.

„100 Jahre Hitler, Adolf"

Im Dritten Programm des Westdeutschen Rundfunks (WDR III) lief am 28. April 1991 der Fernsehfilm „100 Jahre Hitler, Adolf. Die letzte Stunde im Führerbunker". Was viele Zuschauer für eine Dokumentation halten mußten, las sich in der kleingedruckten Ankündigung so: „Neun Personen, fünf Männer, vier Frauen, von einem Handscheinwerfer aus dem Dunkel herausgezerrt, beschimpfen sich eine Stunde lang, belauern sich, haben gespenstische Auftritte und verkriechen sich ängstlich in die Ecke. Kaputte Gestalten in einem kaputten Film. Wenn da nicht die Namen wären: Hitler, Göring, Goebbels, Bormann, Eva Braun ... " Die Nachrichtenagentur „edp" jubelte: „Die Banalität des Bösen, hier wird sie zum Ereignis, und dann ist es völlig egal, ob das historisch in irgendeiner Weise stimmt."

„Der Prozeß"

Sinnigerweise am 17. Juni 1991, dem Jahrestag des mitteldeutschen Volks-
aufstandes, wiederholte die ARD den dreiteiligen antideutschen Streifen „Der
Prozeß". Die „Süddeutsche Zeitung" bejubelte die Darstellung des soge-
nannten Majdanek-Verfahrens: „Karl-Otto Saur, damals gerade neu beim
'Spiegel', hatte vor einem Jahr die Idee: Warum nicht den 10. Jahrestag der
Majdanek-Urteile zum Anlaß nehmen, den Dreiteiler zu wiederholen?"
Umerzieher Karl-Otto Saur hätte allerdings allen Grund, nicht das deutsche
Volk anzuklagen, sondern lieber Bewältigung in eigener Sache vorzunehmen.
Sein Vater, Karl Otto Saur sen. (1902 geb.), war u.a. 1942 bis 1945 Chef des
Technischen Amtes im Ministerium Speer. In Hitlers Testament wurde er als
Nachfolger Speers bestimmt. Speer nannte ihn später einen Mann, der durch
die Gunst Hitlers unangreifbar gewesen sei.
„Der Prozeß" war damals Startschuß zu einer neuerlichen Welle antideut-
scher Bewältigung. Der Kölner Rechtsanwalt Hans Selas, der im Majdanek-
Prozeß Pflichtverteidiger war, fragte damals: „Würde man sich ernsthaft vorstellen können, daß etwa in England noch im Jahre 1940 Verbrechen aus dem
Burenkrieg hätten verhandelt werden können? Würde man es für denkbar
halten, daß in der Bundesrepublik Deutschland noch bis zum Jahre 1958 Verbrechen aus dem Ersten Weltkrieg hätten verhandelt werden können? Genau
das ist die Zeitspanne, die zwischen den behaupteten Morden von Majdanek
und dem Prozeß von Düsseldorf liegt."
Über den Auftritt von Zeugen meinte damals sogar die „Frankfurter Allgemeine Zeitung": „Zuweilen ist Vorsicht gegenüber dem Eifer einiger Zeugen geboten. Natürlich haben einige Zeugen, soweit ihr Entschädigungs-
verfahren noch läuft, ein Interesse daran, möglichst viele Exzeßtaten in
Majdanek aus eigenem Erleben zu bekunden. Oft können sie nur beweisen,
daß sie tatsächlich als Häftling in Majdanek waren, und davon wiederum
hängt die Höhe der Entschädigung ab. Die Frage aber ist, ob ein solches ver-
ständliches Interesse von Zeugen an ihrem Entschädigungsanspruch die Aussage, die sie dann über SS-Leute machen, nicht von vornherein entwerten
muß."
Der Vorsitzende der Düsseldorfer Strafkammer, Bogen, führte in seiner Urteilsbegründung aus, in Majdanek seien „mindestens 200 000" Häftlinge zu
Tode gekommen, davon rund 60 000 Juden. Das damalige SED-Zentralor-
gan „Neues Deutschland" sprach sogar von 360 000 Opfern. Das Dreifache
der kommunistischen Zahl gab die Hamburger „Zeit" an. Ihr Autor Dietrich
Strothmann bezeichnet Majdanek als „den Schlachthof – wo schätzungsweise
eine Million Menschen, hauptsächlich Juden, vor allem Kinder, umgebracht
wurden". Aber selbst das reichte den Propaganda-Spezialisten noch nicht:
Andere kommen im Fall Majdanek mühelos auf 1,5 Millionen Tote.

Wie viele andere Umerziehungsschinken auch, erreichte der TV-Dreiteiler „Der Prozeß" über das Majdanek-Verfahren, der immerhin in allen dritten Fernsehprogrammen und als Wiederholung „im Ersten" ausgestrahlt wurde, nur minimale Einschaltquoten. Als Regisseur für den Streifen verantwortlich war übrigens Eberhard Fechner, geboren 1926 in Liegnitz/Schlesien. Er ging bei der Ufa in die Lehre, als dort Dr. Goebbels das Sagen hatte. 1944/45 trug er die Uniform der Deutschen Wehrmacht. 1946 bis 1948 ließ sich Fechner am kommunistisch kontrollierten Deutschen Theater in Ost-Berlin ausbilden. Später war er auch als Schauspieler tätig, zum Beispiel in der Verfilmung der „Bekenntnisse des Hochstaplers Felix Krull".

„Stacheldraht und Fersengeld"

1992 kaufte SAT.1 aus dem antideutschen Topf ein. 50 Folgen der 168teiligen Serie „Hogans Heroes". Hiesiger Titel: „Stacheldraht und Fersengeld". Produziert wurde die Serie von 1965 bis 1971. Der Inhalt: US-amerikanische Helden im Kriegsgefangenenlager contra pervers-idiotische Deutsche. Das alles war auch dem „Gong"-Fernsehkritiker J. Kahn zuviel: „Klink und Schultz (die beiden deutschen Haupttypen der Serie) prägten in den USA mit das Bild vom Deutschen: Der Deutsche ist blöd und blasiert ... Hogans Heroes paßte damals perfekt in die 'Schweinehund-Darstellung' des Deutschen in den Medien der Siegermächte." Lapidarer Kommentar eines SAT.1-Sprechers: „Vor 20 Jahren hätten wir es sicher nicht gewagt, diese Serie zu zeigen", sagte er. „Wir glauben aber, daß die Zeit reif dafür ist. Wir halten diese Form von Humor, die zwar grundsätzlich gegen die Deutschen, aber auch allgemein gegen die doofen Soldaten geht, jetzt im deutschen Fernsehen für möglich."

In der Fernsehserie „Stacheldraht und Fersengeld" spielt Werner Klemperer, ein Sohn des jüdischen Dirigenten Otto Klemperer, den Lagerkommandanten Oberst Wilhelm Klink (links) und der österreichische Emigrant John Banner den Feldwebel Hans Schultz. Die Serie schildert das Leben amerikanischer Kriegsgefangener in einem deutschen Lager, wobei sich die US-Krieger durch Pfiffigkeit, ihre Bewacher durch Tölpelhaftigkeit auszeichnen.

Polnischer Schatz geraubt?

Im Jahre 1992 verlasen Nachrichtensprecher auf diversen Fernsehkanälen folgende dpa-Nachricht: „Von Nazi-Deutschland geraubter polnischer Schatz an Polen zurückgegeben." Was steckte dahinter? – dpa: „Die Bundesrepublik hat Polen eine Sammlung frühgeschichtlicher Funde zurückgegeben, die nun im Königsschloß in Warschau ausgestellt sind. Die Sammlung, die unter anderem Goldschmuck aus der Bronzezeit und 1500 antike römische Münzen umfaßt, stammt ursprünglich aus einem Museum in Posen und war während des Zweiten Weltkriegs nach Deutschland gelangt. Bis zu ihrer Rückgabe lagerten die Stücke bei der Stiftung 'Preußischer Kulturbesitz' in Berlin." Was als „von den Nazis den Polen geraubt" dargestellt wird, stammt also ursprünglich aus dem Museum von Posen, welches bis 1918 Teil des Deutschen Reiches war und dann von der neuen polnischen Republik okkupiert wurde. Die „Rückerstattung" des Posener Schatzes an Polen hat seine Grundlagen in Artikel 28 Absatz 3 des sogenannten deutsch-polnischen Nachbarschaftsvertrages. Darin heißt es, daß auch im Kulturbereich nach „Verständigung" gestrebt werde. Nach dem in deutsch-polnischen Beziehungen üblichen Einbahnstraßen-Verhältnis wird also Polen „zurückgegeben", was „Polen zusteht". Wobei das Bonner Außenministerium nach dem „Territorialprinzip" vorgeht. Maßgeblich seien die Grenzen von 1937, weshalb Polen auch „Anspruch" auf Wertgegenstände aus den dem Deutschen Reich nach 1918 von Polen entwendeten Gebieten habe.

Wollte Polen auch nur die Hälfte der nach 1945 den Deutschen geraubten Wertgegenstände und Kunstkleinodien zurückgeben, würde vermutlich der Bestand an Güterwaggons der polnischen Republik für den Transport nicht ausreichen. Von den bereits nach 1918 rechtswidrig geraubten Kulturgütern ganz zu schweigen.

Ein Beispiel von vielen: Der Schatz von Grüssau. Während des Zweiten Weltkrieges wurde im schlesischen Grüssau ein großes Auslagerungsdepot geschaffen. Man wollte unersetzliche Kostbarkeiten der deutschen Kultur vor der Zerstörung durch alliierte Bomber bewahren. Das Depot umfaßte nicht weniger als 505 große Kisten. In Grüssau lagerte der wertvollste Teil der Breslauer Bibliotheksbestände. Zum anderen befanden sich dort die herrlichsten Kleinode aus der Preußischen Staatsbibliothek Berlin, darunter beispielsweise die 20 000 wertvollsten Musikhandschriften, Originalpartituren unserer größten Komponisten wie Mozart, Beethoven, Bach. Ein Viertel aller überhaupt von Mozart bekannten Notenhandschriften sollte in Grüssau den Krieg überdauern.

Ferner lagerten in Grüssau Originalmanuskripte unserer größten Dichter und Denker sowie Werke weltberühmter Künstler. Krönung: Einer gewaltige Sammlung mittelalterlicher Handschriften. Der Kunstschatz überstand zwar später den Einmarsch der Roten Armee, doch zwischen Mai und August 1946 rollten polnische Lastwagenkolonnen vor und transportierten alles ab. Einiges Material wurde 1984 in der polnischen Jagiellonka-Bibliothek in Krakau entdeckt. Es war Honecker, der im Mai 1977 einen kleinen Teil des Schatzes für die DDR zurückbekam. Rotpolnische Genossen überreichten ihm als „Staatsgeschenk" drei Schachteln mit den Originalpartituren der Zauberflöte und der Jupitersinfonie von Mozart sowie einiger Werke von Beethoven und Bach.

„Hitler zu verkaufen"

Szene aus „Hitler zu verkaufen".

Das britische Fernsehspiel „Hitler zu verkaufen", das der WDR im Jahre 1993 dem TV-Gebührenzahler zumutete, reihte sich ebenfalls in eine antideutsche Bewältigungs-Welle ein. Das Buch zum Zweiteiler, der sich um die gefälschten Hitler-Tagebücher drehte, stammt von einem englischen Gentleman namens Howard Schumann. Selbst etablierten Journalisten schien der Streifen zu dick aufgetragen. Eine Illustrierte notierte: „'Hitler zu verkaufen' zeichnet ein merkwürdiges Deutschland-Bild. Danach haben die 'Krauts' immer eine Wagner-Arie auf den Lippen, trinken Schnaps direkt aus der Pulle und ballern nachts – Pickelhaube auf dem Kopf, Wehrmachtspistole in der Hand – in der Gegend herum." Und dafür deutsches Gebührengeld!

Seife aus Juden?

Was im Dritten Reich mit Juden geschah, ist wahrhaftig schrecklich genug. Wer die grausame Realität auch noch mit wilder, nicht selten perverser Phantasie anreichert, um dadurch reißerische Propaganda im Sinne angeblich deutscher Kollektivhaftung zu fertigen, versündigt sich nicht nur am Andenken derer, die leiden mußten, übersteigert nicht nur die verachtenswerte NS-Sippenhaft ins Gigantische, sondern riskiert auch, daß eines Tages nichts mehr geglaubt wird.

Im Jahre 1994 holte zum Beispiel der von öffentlich-rechtlichen Zwangsgebühren lebende Süddeutsche Rundfunk (SDR) wieder die Horrorgeschichte von „Seife aus Juden" aus der Rumpelkammer der Horror-Propaganda. In einer Pressemitteilung stellte der SDR den Streifen „Der wiedergefundene Freund" als eine „Kino-Coproduktion des Süddeutschen Rundfunks im ARD-Programmpunkt 'Widerstand' zum 50. Jahrestag des 20. Juli 1944" vor. Regie führte der New Yorker Filmemacher Jerry Schatzberg („Asphaltblüten"), dem attestiert wird, in seinem Schaffen „komödiantische und emotionale Szenen, rohe Gewalt und urbane Satire mit spielerischer Leichtigkeit vereinigt" zu haben. Das Drehbuch steuerte der Engländer Harold Pinter (eigentlich da Pinto, aus jüdisch-portugiesischer Familie) bei. Die Vorlage lieferte ein 1971 erschienener Roman von Fred Uhlmann (1901–1985), der 1938 als Jude aus Deutschland emigriert war.

Als Gütesiegel für Uhlmanns Roman führt der SDR in seiner Presseaussendung nun folgendes Wort des aus jüdisch-ungarischer Kaufmannsfamilie stammenden Literaten Arthur Koestler an: „Ein Meisterwerk. Über die Zeit, als Leichen zu Seife verarbeitet wurden, um die arische Rasse reinzuhalten, sind bislang Hunderte von dicken Wälzern geschrieben worden, und doch wird dieses schmale Bändchen seinen dauerhaften Platz in den Bücherregalen finden."

Nachdem ähnliche Vorwürfe schon im Ersten Weltkrieg von der britischen Propaganda gegen die Deutschen erhoben worden waren (London dementierte ausdrücklich nach 1918), tischte der sowjetische Ankläger beim Nürnberger Prozeß 1945/46 die Behauptung auf, die Deutschen hätten Seife aus Menschen erzeugt, wobei Genosse Smirnow am 19. Februar 1946 dem Hohen Gericht als „Beweismaterial" zwei Töpfe „mit fertiger Seife aus Menschenfett" präsentierte. Immer wieder tauchte fortan die Geschichte auf. Beispielsweise als der Chef der jüdischen Gemeinde zu Bozen die Beschlagnahme von „50 Stück Wehrmachtsseife aus Juden" verlangte (1968) oder die israelische Presse Henry Kissinger mit den Worten zitierte, seine Verwandten seien von den Deutschen „zu Seife verarbeitet" worden (1974), oder die grüne Bundestagsabgeordnete Antje Vollmer im Hohen Haus behauptete, die Wehrmachtssoldaten hätten sich mit Seife aus Juden gewaschen (1985) oder der einstige HJ-Aktivist und jetzige Umerzieher Ludwig Harig bei einer Lesung in Pirmasens laut Ortspresse „auf die Schwemmseife zu sprechen kam, zu der die Körper der Juden verarbeitet worden waren" (1991).

Schon 1968 hatte die Staatsanwaltschaft beim Landgericht Flensburg mitgeteilt, daß ein Ermittlungsverfahren gegen Professor Spanner vom Anatomischen Institut Danzig eingestellt worden sei, dem man die grausigen Machenschaften angelastet hatte. Die Ermittlungen hätten ergeben, daß seinerzeit „Seife aus Menschenleichen im Anatomischen Institut der Medizinischen Akademie in Danzig nicht hergestellt worden ist".

Am 24. April 1990 meldete die Nachrichtenagentur dpa: „Mehrere israelische Experten haben die grauenvolle Behauptung bestritten, daß die Schergen des Nationalsozialismus die Leichen jüdischer Holocaust-Opfer zu Seife verarbeitet hätten." Die Presseagentur brachte die Stellungnahme der Holocaust-Gedenkstätte Jad Vaschem (Jerusalem) folgenden Inhalts: „Es gibt kein Dokument, das beweist, daß die Nazis aus menschlichem Fett Seife gemacht hätten."

Doch selbst das Dementi der höchsten jüdischen Autoritäten der Holocaust-Forschung kann einen öffentlich-rechtlichen deutschen Fernsehsender in seinem antideutschen Wahn offenbar nicht beirren. Dabei ist das Geschehene schrecklich genug. Unter dem NS begangene Verbrechen werden von jedem anständigen Deutschen zutiefst bedauert und leidenschaftlich verurteilt.

„Massenmord an Sowjets"?

Am 29. April 1995 verbreitete das gemeinsame Videotext-Programm von ARD und ZDF die Tatarennachricht, der Tod von „über drei Millionen russischen Kriegsgefangenen, die die SS bei Dachau erschossen hat", sei „ein Teil der Geschichte, der zu wenig bekannt ist". In der Tat ist „dieser Teil der Geschichte" selbst eingefleischten Deutschenhassern völlig unbekannt, was kein Wunder ist, da er überhaupt nicht stattgefunden hat. Nachdem zahlreiche Fernsehzuschauer beim Sender Freies Berlin, wo die Videotext-Redaktion sitzt, angerufen und darauf hingewiesen hatten, weder bei Dachau noch sonstwo habe die SS drei Millionen russischer Kriegsgefangener erschossen, wurde die Darstellung geändert – jedoch durch eine erneute Geschichtslüge ersetzt. Jetzt war vom „Tod von über drei Millionen russischer Kriegsgefangener in Nazi-Deutschland" die Rede.

Dazu muß man wissen, daß seit dem Ende des Zweiten Weltkrieges bis zum Untergang der Sowjetunion in der Moskauer Propaganda die Zahl aller sowjetischen Kriegstoten um durchschnittlich eine Million im Jahr wuchs. Den Höhepunkt des Millionen-Pokers setzte der sowjetische Historiker Koslow mit der Behauptung, die UdSSR habe 54 Millionen Kriegstote zu beklagen gehabt. Das ist fast das Achtfache dessen, was Stalin 1946 behauptete, fast das Dreifache dessen, was unter Chruschtschow verbreitet und das Doppelte dessen, was unter Breschnjew als „gesicherte Tatsache" bezeichnet wurde. Bei der ständigen Aufblähung sowjetischer Menschenverluste und damit des deutschen Schuldkontos mußte man auch immer mehr umgekommene sowjetische Soldaten und darunter solche „unterbringen", die angeblich in deutscher Kriegsgefangenschaft ermordet worden seien. So „wuchs" die Zahl der toten Sowjetsoldaten in Moskaus Propaganda von etwa fünf Millionen auf zunächst sieben Millionen, um dann in den 70er Jahren einen Sprung auf 13 Millionen zu machen. Das war schon deshalb erforderlich, weil man „beweisen" wollte, daß erst eine, dann zwei, dann drei und schließlich 3,3 Millionen Rotarmisten in deutscher Kriegsgefangenschaft umgekommen seien. Der russische Verteidigungsminister Jasow korrigierte dann im März 1991 in einem „Prawda"-Interview die maßlosen Übertreibungen. Nicht 13 oder mehr Millionen Sowjetsoldaten seien im Zweiten Weltkrieg zu Tode gekommen, führte Jasow aus. In der Zeit des „Großen Vaterländischen Krieges einschließlich der Kriegshandlungen im Fernen Osten" hätten Armee und Kriegsmarine zusammen mit Grenztruppen und inneren Truppen rund achteinhalb Millionen Militärangehörige verloren. Dazu zählten, so Jasow, neben den Gefallenen auch Opfer von Unglücksfällen sowie vermißte und aus der Kriegsgefangenschaft nicht heimgekehrte Soldaten.

Mit dieser Feststellung ist die Propaganda, allein in deutscher Kriegsgefangenschaft seien über drei Millionen Sowjetsoldaten umgekommen, ad absurdum geführt. Oberst Hans Roschmann hat in dem vom Militärgeschichtlichen Forschungsamt des Bundesverteidigungsministeriums herausgegebenen Werk „Der Angriff auf die Sowjetunion" die Frage der Verluste sowjetischer Kriegsgefangener in deutscher Hand untersucht. Er kommt zu dem Schluß: „Das deutsche Ostheer hat sich, insgesamt gesehen, gegenüber Kriegsgefangenen wie der Zivilbevölkerung menschlich gezeigt und – trotz teilweise unbeschreiblicher Grausamkeiten der Rotarmisten und Partisanen – den von der politischen Führung aufgezwungenen Feldzug getreu den Grundsätzen des deutschen Soldatentums anständig geführt."

Gewiß sei eine „erhebliche Zahl sowjetischer Kriegsgefangener" in deutscher Gefangenschaft umgekommen, teils an Folgen schwerer Verwundungen, teils aus Erschöpfung und Unterernährung, Seuchen und Erfrierungen. Doch die Propagandazahl von über drei Millionen könne nicht einmal annähernd zutreffen.

„Schindlers Liste"

Am 3. März 1994 startete in den Kinos der US-Streifen „Schindlers Liste", der 1996 seine Fernseh-Premiere feierte. Wie kein zweiter Film ist dieses Machwerk von Funk, Fernsehen und Presse in einer gewaltigen Werbekampagne gefördert worden. Der Film zeige – so die Werbekampagne –, daß es während der NS-Herrschaft wenigstens einen guten Deutschen gegeben habe, der unter lauter Mördern und Sadisten edel und mutig geblieben sei und unter dem Einsatz seines Lebens Juden vor dem Tode gerettet habe.

„Schindlers Liste" – Ein Produkt des jüdischen US-Regisseurs Steven Spielberg, der mit weltweit erfolgreichen Schockern wie „Jurassic Park", in dem die vor Millionen Jahren ausgestorbenen Dinosaurier wiederauferstehen, sowie „Der weiße Hai", der den Meeresbewohner zur alles beherrschenden Gefahr für die Menschheit aufbauscht, umfassende Erfahrungen in der Darstellung gruseliger Szenen sammelte. „Schindlers Liste" filmte Spielberg in Schwarzweiß, was auf naive Betrachter den Eindruck einer authentischen Dokumentation macht.

Als Stoff der Holocaust-Neuauflage diente Spielberg ein Buch des in Australien lebenden Schriftstellers Thomas Keneally, der sich wiederum auf Erzählungen des Besitzers eines Lederwarengeschäfts in Los Angeles namens Leopold Pfefferberg berief. Dieser bezeichnet sich als einer der Juden, die von Schindler gerettet worden seien.

Die internationalen Medienmacher schanzten dem Film schließlich gleich sieben „Oscars" zu. Damit war die Spielberg-Rechnung aufgegangen: Er hatte mit „deutscher Schuld" Millionen gescheffelt. Spielberg war mit seinem Schocker für Bundesdeutsche nicht etwa deswegen Vorbild, weil er die Leiden seines eigenen Volkes dargestellt hatte, sondern weil er auf das deutsche Volk einprügelte. Während bundesdeutsche Meinungsmacher vor Begeisterung regelrecht in die Knie gingen, kam Kritik von mehreren jüdischen Orthodoxen aus den USA. Rabbi Hirsch Ginsberg, Direktor der Union Orthodoxer Rabbis in den USA und Kanada, kritisierte zum Beispiel die „sexuellen Teile" des Filmes sowie die „pornographischen und unmoralischen" Bilder. Außerdem meldeten die Agenturen, daß im südostasiatischen Malaysia „Schindlers Liste" nicht aufgeführt werden durfte. Begründung: Ein solcher Streifen sei rassistisch, denn er verherrliche ein Volk bei gleichzeitiger kollektiver Abwertung eines anderen.

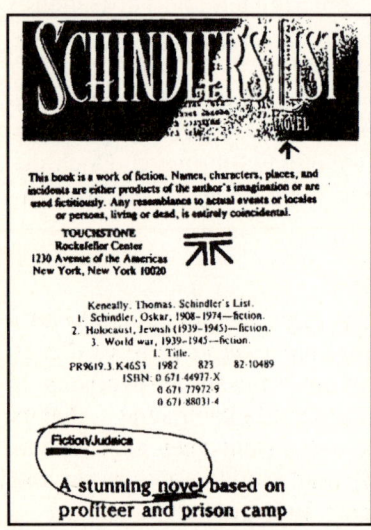

Im Gegensatz zur üblichen Darstellung in bundesdeutschen Medien hat Schriftsteller Thomas Keneally, Verfasser des dem Spielberg-Film als Vorlage dienenden Buches „Schindler's List", seine Novelle gar nicht als Dokumentarwerk ausgegeben. Anläßlich der Präsentation der amerikanischen Ausgabe des Buches, 1982 in New York, wurde mehrfach darauf hingewiesen, daß es sich um „Fiction" handelt (siehe Faksimile). Ähnlichkeiten mit der Wirklichkeit seien zufällig.

Wo bleibt ARD/ZDF-Selbstbewältigung?

Das ZDF z. B. hätte wahrlich genug damit zu tun, in eigener Sache zu bewältigen. An seiner Wiege standen einstige braune Trommler. Über Jahrzehnte hinweg machten im ZDF Leute „Bewältigung" (allerdings nicht in eigener Sache), die früher unter Hitler so braun waren wie kein Deutscher Urlauber nach sechs Wochen Mallorca. Der Gründervater und langjährige Chef des ZDF, der Herr Professor Holzamer, beispielsweise war nach 1933 beim NS-gleichgeschalteten Westdeutschen Rundfunk leitend tätig (u.a. für den Schulfunk zuständig) und wirkte im Zweiten Weltkrieg als „Sonderführer Z" für die Goebbels-Propaganda.
Und die ARD? – Zu den Gründervätern ihrer Sendeanstalt WDR (damals noch NWDR) gehörten Gestalten wie Karl-Eduard von Schnitzler. Er zählte zu den schlimmsten Hetzern im deutschsprachigen Fernsehen (im mitteldeutschen Volksmund „Sudel-Ede" genannt). Im DDR-Fernsehen trieb er seine wiedervereinigungsfeindliche Hetze im „Schwarzen Kanal" auf die Spitze. Der 1918 in Berlin Geborene studierte im Dritten Reich (erfolglos) Medizin und betätigte sich dann als Inhaber einer Speditionsfirma. Das Per-

sonenlexikon „Prominente ohne Maske" berichtet über den Fernseh-Hetzer, daß er 1944 in britische Gefangenschaft geraten und Mitarbeiter der deutschfeindlichen Propagandaabteilung der BBC geworden sei. Er diente dem berüchtigten Sefton Delmer, der seine verlogene und durchtriebene Arbeit bezeichnenderweise „Schwarze (!) Propaganda" nannte.

Nach einem kurzen Zwischenspiel beim NWDR (stv. Intendant) machte Schnitzler schließlich ab 1947 in Mitteldeutschland Karriere. Er stieg zum Chefkommentator des DDR-Fernsehens auf und gab dort eine ebenso peinliche Figur ab wie der frühere SED-Boß Ulbricht.

Eine der letzten TV-Kampagnen v. Schnitzlers war gegen die DVU gerichtet. 1989 empörte er sich über eine bundesweite Postwurfsendung der DVU. Dabei zeigte er deutlich den DVU-Brief mit Absender. Viele Mitteldeutsche notierten sich dabei die Anschrift der DVU-Bundesgeschäftsstelle in München. Wenig später – nach gelungener Flucht – fanden etliche Mitteldeutsche den Weg direkt zur DVU. Die Anschrift hatten sie von Karl-Eduard von Schnitzler bekommen ...

Schwer NS-belastete Personen wie WDR-Fernsehdirektor Theo M. Loch (der einstige SA- und SS-Führer, der das Programm mit US-Serien wie „Holocaust" füllte) stellten die WDR-Weichen auf Extrem-Umerziehung. In Nord 3 und West 3 wurde zum Jahresende 1991 Dieter Gütt im Fernsehen gefeiert, der Ende Januar 1990 aus Verzweiflung über die Wiedervereinigung und aus Haß gegen das deutsche Volk Selbstmord begangen hatte. Die Lieblingsthese des Meinungsmachers, der in Fernsehen, Funk und Illustrierten sich leidenschaftlich für eine Radikalumerziehung eingesetzt hatte: „Den Deutschen ist nicht mehr zu helfen." Gütt hatte gehofft, die Zerstückelung Deutschlands habe Ewigkeitswert. Nach dem 9. November 1989 brachte ihn die Vorstel-

lung zum Wahnsinn, der Anschluß der DDR an die Bundesrepublik sei nur einer von vielen Schritten hin zu „Großdeutschland". Dieter Gütt war Sohn des SS-Brigadeführers und NS-Staatssekretärs Arthur Gütt, der als maßgeblicher nationalsozialistischer Rassentheoretiker den Beinamen „Rasse-Gütt" innehatte.

Beging Selbstmord aus Verzweiflung über die Vereinigung von West- und Mitteldeutschland: Dieter Gütt, Sohn des „Rasse-Gütt".

Viele Jahre prägte Claus-Hinrich Casdorff die antideutsche TV-Szene maßgeblich. Der 1925 in Hamburg geborene Meinungsmacher war einst bei der HJ, dann schloß er sich nach eigenen Angaben der Opposition gegen Hitler

an. 1942 seien zwei Gestapo-Leute in die Lateinstunde gekommen und hätten ihn mitten im Klassenzimmer verhaftet. Sechs Wochen lang habe er im Zuchthaus Hamburg-Fuhlsbüttel gesessen und Mißhandlungen erfahren. Später kam er nachweislich in den Arbeitsdienst und zur Wehrmacht (an der Ostfront schwer verwundet). Er geriet als Unteroffizier in sowjetische Gefangenschaft. 1947 begann Casdorff seine Karriere beim NWDR, ab 1961 arbeitete er für das Fernsehen. Besonders durch „Monitor"
wurde er bekannt. Von Mai 1965 bis Ende 1981 leitete Claus-Hinrich Casdorff das Polit-Magazin.
Casdorff versuchte mit viel Zynismus, das deutsche Volk umzuerziehen. Im Jahre 1973 gab er zu:
„Wieviel Strafanträge ich mir einhandelte, weiß ich
beim besten Willen nicht mehr." Zeitweise war er
stellvertretender Chefredakteur des WDR-Fernsehens.

Claus-Hinrich Casdorff

Aus dem Schoß der ARD krochen auch solch reizende Gestalten wie Ulrike Meinhof, die Gründerin der RAF-Bande. Sie begann politisch mit Anti-Atom-Märschen und Anti-Bundeswehrprotestaktionen. Später war sie in der Chefredaktion des linksextremen Blattes „konkret" tätig. Sie drehte auch für „Panorama" Beiträge und für den Südwestfunk Fernsehspiele. 1969 plante und bereitete sie die Befreiung des Kaufhausbrandstifters Baader vor, bei der drei Menschen schwer verletzt wurden. Meinhof ging in den terroristischen Untergrund. 1972 gefaßt, hatte sie sich zusammen mit ihren Genossen Baader, Raspe und Ensslin für nicht weniger als fünf Morde, 43 Mordversuche, Sprengstoffanschläge, Bankdiebstähle und weitere Delikte vor Gericht zu verantworten. Sie erhängte sich in ihrer Haftzelle in Stammheim.
In der ARD der 90er Jahre geben antideutsche Figuren wie Lea Rosh den schlechten Ton an, die 1989/90 gegen die deutsche Einheit hetzte („Ich fände 80 Millionen wiedervereinigte Deutsche furchtbar") und sich damit zur NDR-Landesfunkhauschefin qualifizierte.
Wenn man sich vergegenwärtigt, was das Fernsehen nahezu täglich an Schund, Schrott und antideutscher Hetze über den Bildschirm flimmern läßt, dann kann man erahnen, wer dort hinter den Kulissen sein Unwesen treibt. Kaum denkbar, daß innerhalb der Meinungsindustrie jemand Fuß fassen könnte, der sich nicht stromlinienförmig an antideutsche Hetze anzupassen bereit wäre.

Es hat schon Tradition
Antideutsche Hetze in der Vergangenheit

Antideutsche Hetze hat eine lange Tradition. Allerdings gibt es heute einen wesentlichen Unterschied zu früheren Tagen. Waren es bis zum Ende des Zweiten Weltkrieges ausschließlich internationale Meinungsmacher, die sich auf Deutschland eingeschossen hatten, so geht heute das vielzitierte Ausland mit dem deutschen Volk weitaus vornehmer um als eigene Nestbeschmutzer. Antideutsche Zelluloid-Hetze gegen Deutschland gab es bereits im Ersten Weltkrieg. Obwohl z. B. die USA nominell bis 1917 neutral waren, stieß die dortige Filmindustrie massenweise antideutsche Propagandamachwerke aus. Dazu zählen Streifen, die auf den „Erinnerungen" des einstigen US-Botschafters in Berlin, Gerard, basierten, eines ganz besonders üblen Deutschenhassers. Gerard fanatisierte die Bürgerinnen und Bürger der USA „zur Ausrottung des Kaisers und seiner Verbrecherbande", erzeugte die „tiefste Verachtung gegen die Hunnen und ihre Schandtaten". Auch der später wegen Sittlichkeitsuntaten verurteilte Filmproduzent, United-Artists-Boß und Schauspieler Charles Spencer („Charlie") Chaplin ließ seinem antideutschen Haß schon im Ersten Weltkrieg, also lange bevor Hitler auf die Bühne trat, freien Lauf. Sein Film „Shoulder Arms" ist eine der infamsten Verhöhnungen und Verleumdungen deutscher Soldaten.

Charlie Chaplin als Adolf-Hitler-Karikatur in „Der große Diktator", USA 1940.

Eine weitere Hetz-Welle gegen Deutschland schwappte aus den USA in den 30er Jahren über unser Volk. Damals löste der „böse Deutsche" den „bösen Indianer" als Hauptschurken ab. Nimmt man Film und Fernsehen zusammen, so hat die US-Meinungsindustrie Zigtausende bösartige antideutsche Streifen produziert, die jeder für sich der Handvoll schrecklicher antisemitischer Filme des Dritten Reiches an Haß in nichts nachstehen.

Beispiele aus der Zeit des Zweiten Weltkrieges: „The North Star" zeigte deutsche Militärärzte, die Kindern Blut abzapfen und sie dann brutal töten. „Hitlers Kinder" schilderte weibliche Arbeitslager der Deutschen, in denen unverheiratete Mädchen gezwungen wurden, „Kinder für das Reich" zur Welt zu bringen; sollte sich ein Mädchen weigern, wurde es – so das Drehbuch – verstümmelt. „Hitlers Verrückter" zeigte Mord, Plünderung und erzwungene

Prostitution tschechischer Mädchen, die dann von den Deutschen auch noch als Kanonenfutter mißbraucht wurden. Diese Beispiele könnten seitenweise fortgesetzt werden.

Was einst die feindliche Kriegspropaganda an Niedertracht produzierte, darf heute straffrei u. a. von einer gewissenlosen Journaille in Deutschland verbreitet werden. Hier: Der deutsche Soldat in der Darstellung der westalliierten Kriegspropaganda des Ersten Weltkrieges.

Das Motiv dieser französischen Postkarte zeichnet vom deutschen Soldaten des Ersten Weltkrieges ein bezeichnendes Bild.

Der Umerziehung ist es gelungen, einen dieser antideutschen Filme der Kriegszeit auch für viele Deutsche als bewunderungswürdigen Klassiker erscheinen zu lassen: „Casablanca", bereits mehrdutzendfach über die bundesdeutsche Mattscheibe gelaufen. Als Regisseur hatten die Produzenten (Warner Brothers – Gebrüder Eichelbaum) Michael Curtiz verpflichtet, der eigentlich Mihaly Kertesz hieß, aus Ungarn stammte und sich zunächst bei der UFA verdingt hatte, bevor er von den Eichelbaums für Hollywood angeheuert wurde.

Dort machte er als Inszenator von Horrorfilmen Dollars. Als männlicher Hauptdarsteller von „Casablanca" wirkte Humphrey Bogart, an dem außer der ständig flatternden Fahne des Quartalssäufers nichts echt war (er hatte sein Geburtsdatum manipuliert, trat mit mächtigen Klötzen unter den Füßen auf, um seinen Filmpartnerinnen wenigstens auf gleicher Höhe in die Augen schauen zu können usw.). Für Hollywood entdeckt wurde Bogart, als man einen Schauspieler suchte, der der Verbrechervisage des US-Gangsterbosses Dillinger am nächsten kam.

Was die „hehre antifaschistische Moral" von „Casablanca" angeht, so muß man bedenken, daß dieselben Produzenten und derselbe Regisseur ein Jahr zuvor den Streifen „Mission to Moscow" hergestellt hatten, eine abstoßende Hymne auf Stalin mit Verherrlichung der stalinistischen Schau- und Foltertribunale. Es entsprach dem Wunsch des Präsidenten Roosevelt, den Multimassenmörder im Kreml filmisch zu heroisieren.

Bei Kriegsende schwärmten US-amerikanische Propagandaspezialisten des Geheimdienstes OSS aus, um „Dokumentarfilme" über das von den Deutschen begangene Unrecht zu erstellen. Dazu der britische Historiker Irving: „Jacksons (US-amerikanischer Hauptankläger in Nürnberg) Privatpapiere liefern den Beweis der entstellten Auswahl der Filmbelege." Ein Beispiel dafür sei der Hauptfilm mit dem Titel „Der Nazi-Plan" gewesen. Ein OSS-Team unter Jim Donovan hatte ihn zur Illustration des Anklagepunktes I (Verschwörung gegen den Frieden) angefertigt. Irving: „Es gab sogar eine Menge Material, das der Verteidigung nützen würde und deshalb besser wieder herausgeschnitten werden sollte. 'Zusätzlich', schrieb einer seiner Experten an Jackson, 'würde ich bei den Schneidearbeiten jene Szene entfernen, die den Marsch über die Grenzen nach Österreich, ins Sudetenland und über den Rhein zeigt. Denn all diese fahnenschwenkenden, blumenüberreichenden Menschen mit ihren fröhlichen Gesichtern würden unsere These zunichte machen, daß hier Völker an Krieg mit ihren Nachbarn gedacht hätten' ..."

Auch die britischen und sowjetischen Sieger fertigten 1945 sogenannte Dokumentarfilme an, wobei sich die stalinistische Propaganda nicht scheute, gefälschtes oder manipuliertes Material zu verwenden. Bilder von sowjetischen Massenverbrechen wurden zur Illustration deutscher Untaten benutzt. Die USA indes überzogen nach dem Kriege – und zwar bis heute – die Welt mit ungezählten Filmen über deutsche KZs. Der um Objektivität bemühte US-amerikanische Völkerrechtler und Historiker Professor Dr. Alfred M. de Zayas schreibt über die Wirkung des antideutschen Trommelfeuers in den USA: „Der starke psychologische Eindruck von KZ-Filmen, die im Rahmen des Pflichtkurses (an den Schulen) gezeigt werden, die merkwürdige Schulaufgabe, Gedichte über die Ausrottung der Juden zu schreiben – all dies bedeutet eine starke emotionelle Belastung für Vierzehn- und Fünfzehnjährige, die weder über ausreichende Geschichtskenntnisse noch über ein angemessen entwickeltes Urteilsvermögen verfügen ... Deutsch-amerikanische Schulbuchgespräche können dazu führen, daß künftig amerikanische Schüler lernen, daß Preußen nicht nur identisch war mit 'einer Armee', daß Friedrich der Große und Otto von Bismarck keine 'Hitlers des 18. bzw. 19. Jahrhunderts' waren und daß Völkermord kein 'deutsches Monopol' ist."

Eine der übelsten „Bewältigungs"-Produktionen der Nachkriegszeit war der „Lebensborn"-Film, der in den 50er Jahren auf Geheiß des Zelluloid-Zaren Artur („Atze") Brauner hergestellt wurde. Der Lüge von der „NS-Zuchtanstalt" stehen folgende Tatsachen gegenüber: Max Sollmann, von 1940 bis 1945 Leiter des 1936 als Wohlfahrtsunternehmen ins Leben gerufenen „Lebensborn" wurde sowohl von den gewiß nicht übermäßig gnädigen Alliierten als auch in den vier Spruchkammerverfahren freigesprochen. In der Urteilsbegründung des Nürnberger Kriegsverbrechertribunals hieß es zum Thema „Lebensborn": „Aus dem Beweismaterial geht klar hervor, daß der Verein 'Lebensborn', der bereits lange vor dem Krieg bestand, eine Wohlfahrtsvereinigung und in erster Linie ein Entbindungsheim war. Von Anfang an galt die Fürsorge den Müttern, sowohl den verheirateten als auch den unverheirateten sowie den ehelichen und unehelichen Kindern. Der 'Lebensborn' war unter den zahlreichen Organisationen des Dritten Reiches die einzige Stelle, die alles tat, um diesen Kindern eine angemessene Fürsorge zuteil werden zu lassen und ihre rechtlichen Interessen zu wahren."

Die nazimanische Perversion im Film nahm im Verlaufe der 80er Jahre immer abstoßendere Formen an, wurde vermischt mit unerträglicher Dekadenz. Mittlerweile sind es längst deutsche Umerzieher, die selbst die antideutschen Streifen produzieren. Ein Prototyp des deutschen Umerziehungsfilms war ohne Zweifel der Nachkriegs-Streifen „Die Mörder sind unter uns!" von Wolfgang Staudte mit Wilhelm Borchert und Hildegard Knef. Über die genauen Umstände der Filmproduktion ist ein interessanter Bericht des Regisseurs Geza von Cziffra bekanntgeworden. Demzufolge bot Staudte die Hauptrolle zuerst Peter van Eyck an, der später als Schauspieler Karriere machte, ab 1943 in US-Uniform gegen sein Herkunftsland Deutschland gekämpft hatte und 1945/46 als Kontrolloffizier der US-Besatzungsmacht in Berlin wirkte. Van Eyck war einverstanden, verlangte aber von Staudte nähere Angaben über dessen Wirken im Dritten Reich. Da Staudte zur Hitler-Zeit in zahlreichen Filmen mitgespielt (darunter „Jud Süß") und etliche Streifen als Regisseur inszeniert hatte, zog er es vor, van Eyck keine Rechenschaft abzulegen und mit seinem Projekt zu den sowjetischen Behörden zu gehen, die weniger pingelig waren.

Als Hauptdarstellerin erkor Staudte mit Hildegard Knef ein Filmsternchen der NS-Zeit aus; die Wahl des Hauptdarstellers fiel auf Wilhelm Borchert. Geza von Cziffra: „Als Staudte seinen Film fertiggestellt hatte, beabsichtigte die sowjetzonale Defa, im Admiralspalast im russischen Sektor eine festliche Premiere zu veranstalten, zu der die Vertreter aller vier Besatzungsmächte eingeladen werden sollten. Kurz vor der Premiere wurde Borchert von den Amerikanern verhaftet. Ein neugieriger US-Leutnant hatte in Dokumenten herumgeblättert, die er in einem Panzerschrank gefunden hatte, und eine Akte über den Schauspieler Borchert aufgespürt, die von den Nazis angelegt worden war. Aus ihr ging hervor, daß Borchert 1933 Mitglied der NSDAP wurde und zum Überfluß auch noch der SA beigetreten war." „Die Russen mußten ihre ganze Macht einsetzen, damit Borchert sich bei der festlichen Premiere vor dem Vorhang verbeugen konnte. Er kam in Begleitung von zwei Militärpolizisten, die ihn, nachdem er vom Publikum gebührend gefeiert worden war, wieder mitnahmen."

Staudte drehte für die Defa Ulbrichts als Regisseur noch ein Dutzend Jahre weiter und verfilmte u.a. den Roman „Der Untertan" nach Heinrich Mann.

In der Bundesrepublik setzte er zum Beispiel den Streifen „Rosen für den Staatsanwalt" in Szene, in dem Martin Held, der zur NS-Zeit zu den vielbeschäftigten Mimen gehört hatte, einen Nationalzeitungs-lesenden „Ewiggestrigen" spielte.

Von Cziffra schreibt über Staudtes Neigung, die Fahne nach dem Winde zu drehen: „Was alle überraschte, war die Erkenntnis, wie schnell er einen Purzelbaum schlagen konnte."

Wie sieht es heute aus? – „Versteckt, ein Tatsachenbericht über die letzten Juden in Berlin", „Deutsch, meine Muttersprache; Juden erinnern sich an ihre christlichen Mitbürger", „Zeitspiegel Rechtsradikalismus" – das sind nur wenige Beispiele einer antideutschen Fernsehkampagne, die nun schon seit Jahrzehnten bei ARD, ZDF, ORF sowie bei den Privaten anhält. Hinzu kommen eine Unzahl alter und verstaubter Kriegspropagandafilme aus Großbritannien und den USA, in denen gutmütige und tapfere Alliierte die Welt vor den bösen Deutschen retten. Verabscheuungswürdige Verbrechen an Juden werden via Mattscheibe den Deutschen kollektiv angelastet. Und es hat schon fast Tradition: Verbrechen von anderen an Deutschen finden keine Erwähnung.

Was bringt die Zukunft? Hollywood macht es vor: Es hat die antideutsche Vergangenheitsbewältigung mittlerweile längst auch in die Zukunft verlegt. In zahlreichen „Science-fiction"-Streifen treten böse Nazis in tollen Variationen als Schurken auf. So treibt z. B. Maximilian Schell als „deutschstämmiger diabolischer Allherrscher" im 22. Jahrhundert sein Unwesen am Rande der Milchstraße im Hollywood-Film „Das schwarze Loch", der für viel Geld auch vom öffentlich-rechtlichen Ersten Deutschen Fernsehen ausgestrahlt wurde.

Die Anpassungsjournalisten
Wie TV-Prominente beschaffen sind

Bei der einseitigen Ausrichtung heutiger Fernsehprogramme kann man erahnen, wie TV-Promis beschaffen sein müssen, um Karriere zu machen. Nachfolgend ein kleiner und unvollständiger Ausflug in die Gedankenwelt derjenigen, die uns heute Moral predigen wollen. Einige Gegenbeispiele zeigen auf, daß „weiße Raben" heute mehr denn je in der Minderheit sind.

Wie kaum ein anderer wird Fernsehmoderator Alfred Biolek von der Meinungsindustrie hofiert. „Bio" hat Angst vor den Rechten. Er rief am 31. Oktober 1992 auf, an einer Großdemonstration „gegen Ausländerhaß, für Toleranz" teilzunehmen. Er faselte, angesichts „der großen Gefolgschaft der Rechtsradikalen" seien „wir in Deutschland bereits kurz vor dem Punkt, wo es schon fast zu spät ist". Doch der „äußerst tolerante" Biolek weiß Rat: „Eher sollte die Atombombe auf dieses Land fallen und es dem Boden gleichmachen." Wahrlich eine Zierde des öffentlich-rechtlichen Fernsehens! Es regiert der manchmal rasende Haß auf das eigene Volk. Wo sind die Zeiten geblieben, in denen mit Gert Fröbe einer der größten deutschen Schauspieler sagte: „Ich lehne weiterhin alle Rollen aus dem Ausland ab, in denen ich das Ansehen meines Vaterlands herabsetzen würde." Auch „Hörzu" wußte: „Selbst Hollywood hat sich einen Korb bei ihm geholt. Die Rolle eines 'bösen Deutschen' lehnte Fröbe ab – trotz Supergage."

Alfred Biolek

Mit der linken TV-Schicki-Micki hat sich während der Fußball-Weltmeisterschaft 1990 ARD-„Sportschau"-Chef Heribert Faßbender angelegt. Weil er den argentinischen Schiedsrichter beim WM-Spiel Bundesrepublik Deutschland gegen Holland „zurück in die Pampas" wünschte, mußte sich der Reporter wochenlang vorwerfen lassen, er moderiere „zu national". Seither erntet Faßbender bei großen Fußball-Turnieren nahezu ausschließlich Häme; so auch während der EM 1996.

Von der TV-Schickeria gefeiert wird hingegen Filmproduzent Hans W. Geißendörfer. Es ist der „Vater der Lindenstraße". Böse Zungen behaupten, er habe die TV-Serie von der britischen Bandwurmserie „Coronation Street" abgekupfert. Geißendörfer hat Deutschland den Rücken gekehrt und fühlt sich in London daheim. Warum? „Der eigentliche Grund, warum ich nicht in Deutschland leben will, wird mir jetzt erst so richtig klar. Früher dachte ich immer, daß mir das Reisen einfach Spaß macht. Heute glaube ich, daß etwas anderes die Ursache ist: Ich bin 1941 geboren, mein Vater fiel im Krieg. Als ich heranwuchs, stellte ich schockartig fest, daß einige unserer Väter Mörder sind. Das war ein Alptraum. Das hat offensichtlich dazu geführt, mich ganz schnell aus diesem Land zu entfernen."

Heribert Faßbender

Geißendörfer, gebürtiger Augsburger, ist Sohn eines in Rußland gefallenen Militärgeistlichen der Deutschen Wehrmacht. 1968 wartete er mit seinem Erstlingsfilm auf; der Streifen handelte von einer Literatin namens Lena Christ, die 1920 Gift geschluckt hatte. Den Durchbruch schaffte der Alptraumgepeinigte mit Psychokrimis und Horrorfilmen über Vampire und andere Blutsäufer. Seit 1985 flimmert Geißendörfers „Lindenstraße" über die öffentlich-rechtlich finanzierte Mattscheibe. Mehrfach erhielt der von mörderischen deutschen Vätern Bezahlte vom Bundesinnenministerium die aus Steuergeldern hochdotierten Filmbänder in Gold und Silber.

Von der „Lindenstraße" sind mittlerweile mehr als 500 Folgen gesendet worden. Die sonntägliche Familienserie bot unter anderem: Zwei Fälle von Abtreibung, einen AIDS-Todesfall, zwei Alkoholentzüge, diverse Fälle von „Ausländerfeindlichkeit", zwei Fälle von Bestechung, einen Fall von Bisexualität, einen Fall, in dem „Neonazis" eine Pizzeria in Brand stecken, Demonstrationen gegen Rüstung, gegen Atomkraft und für Ausländerwahlrecht, zehn Fälle von Diebstahl, zwei Fälle von Drogenabhängigkeit mit entsprechenden Nebengeschichten über Drogenentzug und Drogenkriminalität, acht Fälle von Ehebrüchen, sechs Fälle von Bestechung, zwei Fälle von Fahnenflucht, dazu Fälle von Körperverletzungen und Fahrerflucht, sechs direkte Fälle, die unter das Stichwort „Gewalt gegen Ausländer" fallen, dazu Gewalt in der Ehe, Gewalt in der Schule, Hausbesetzungen, illegales Glücksspiel, illegaler Organhandel; ferner spielen wesentliche Rollen Homosexualität, Kidnapping, Kindesmißhandlungen, acht Fälle von Körperverletzungen, ein Leukämie-Todesfall, ein Fall von „Lynchjustiz", von Medikamentenmißbrauch, von Magersucht, drei Fälle von Nervenzusammenbrüchen, ein Fall von Prostitution, sechs Scheidungen, zwei Selbstmorde, vier Selbstmordversuche, ein Fall von Spielsucht, ein Fall von Steuerhinterziehung, drei Fälle von Urkundenfälschung, drei Fälle von Unzucht mit Abhängigen, sechs tödliche Verkehrsunfälle, zwei Fälle von Veruntreuung, usw.

Bei soviel „Unterhaltungskunst" verwundert es nicht, daß „Quotenqueen" Uschi Glas manchmal Probleme mit den einflußreichen „Fortschrittlichen" hat: Sie wird von der TV-Schickeria wegen ihrer normalen Ansichten insbesondere über Ehe, Familie und Kinder als „rechte Zicke" bezeichnet.

Solche Probleme hat die mediengehätschelte Punk-Frau Nina Hagen nicht. Sie tönt: „Das Wort Deutschland bringt mich um den Verstand. Das hört sich so national an." Nina Hagen hatte übrigens im österreichischen Fernsehen Mitte der 80er Jahre ihren ganz großen Auftritt, als sie während einer direkt übertragenen Diskussionssendung selbsterprobte Masturbationstechniken vorführte.

Nina Hagen während einer „Live"-Sendung im österreichischen Fernsehen.

145

Spaßmacher Dieter Hallervorden – bis heute mit großen Samstagabend-Sendungen betraut – sagte auf dem Höhepunkt der damaligen Waldheim-Diskussion: „Nach Österreich reise ich so lange nicht, wie es einen Waldheim als Bundespräsidenten gibt." Gegenbeispiel: Dieter Thomas Heck, TV-Moderator wurde in bezug auf die Musikauswahl in öffentlich-rechtlichen Rundfunk- und Fernsehprogrammen erfreulich deutlich: „Das Programm wird am Hörer vorbeigesendet. Seine Bedürfnisse werden nicht befriedigt. Das kann er aber erwarten, wenn er monatlich zahlt. 90 Prozent verstehen schließlich nur Deutsch, haben also Anspruch auf Lieder in ihrer Muttersprache."

Elke Heidenreich gehört ohne Zweifel zu den Hätschelkindern der Fernseh-Schickimicki. Warum? Vielleicht darum: „ ... und es ist so viel von Heimat und Nation und Volk die Rede, daß ich denke: Die Türken, die Italiener, die Griechen, die seit so vielen Jahren bei uns leben, die das Teutonische so angenehm aufgeweicht haben – wird unser Land auch noch deren Heimat sein, oder werden sie überrollt von den umhäkelten Klorollen West, die sich mit den Klorollen Ost jetzt so innig mischen?" O-Ton Heidenreich zur Wiedervereinigung zwischen West- und Mitteldeutschland in der „Brigitte", Nr. 12/90: „Nationalgefühl hab ich nicht und will ich auch nicht kriegen."

Als Morallehrer der Deutschen hat sich Wolfgang Herles versucht. Als maßgeblicher ZDF-Redakteur hatte er insbesondere zu Zeiten des Mauerfalls seine großen Auftritte. Im Jahre 1990 erschien aus seiner Feder ein Buch mit dem Titel „Nationalrausch". Dabei bezeichnete er die Wiedervereinigung als „zweitrangiges" Ziel. Als die Mauer fiel, rief Herles nach Geißler. Wörtlich: „Geißler fehlt nach dem 9. November, kann die nationale Euphorie des Kanzlers nicht mehr relativieren." Seine Absage an den deutschen Nationalstaat begründet Herles auf besonders abenteuerliche Weise: „In Böhmen lebten Tschechen, Slowaken und Deutsche jahrhundertelang in einer multikulturellen Gesellschaft friedlich miteinander, bis die Seuche des Nationalismus ausbrach." Auch mit dem Begriff „Wiedervereinigung" vermochte sich ZDF-Herles 1990 noch immer nicht anzufreunden: „Es ist natürlich ein falsches Wort. Es bezeichnet die Rekonstruktion des Deutschen Reiches." Der 9. November (Fall der Mauer) sei „auch ein Tag der Kapitulation".

Bonn oder Berlin als deutsche Hauptstadt? Klar, daß der TV-Mann von heute hier klare Position bezieht. „Wer für Berlin als Hauptstadt plädiert, läßt sich von schönen, aber wirren Träumen leiten. Berlin steht nämlich nicht bloß für die deutsche Einheit in Freiheit, sondern auch deutsche Zerrissenheit und Unfreiheit im doppelten Sinne, historisch und ideologisch. Berlin steht symbolisch für alle Schaurigkeit der deutschen Geschichte, Diktatur, Intoleranz, Untertanengeist und Militarismus, Pickelhauben und Hakenkreuze, Hammer und Sichel ..." Und der Eiserne Kanzler, Herr Herles? – „ Ein Kriegstreiber und Friedensverhinderer!" US-Amerika? – Herles jubelt: Die Vereinigten Staaten seien „die erste große universelle Nation der Erde".

Gern setzt sich auch der deutsche Schauspieler Hardy Krüger als einseitiger Vergangenheitsbewältiger in Szene. Als Eberhard Krüger wurde er 1928 in Berlin geboren. In seinem autobiographischen Roman „Junge Unrast", den er seiner dritten Frau, einer Israelin, widmet, stellte er sich als „Antifaschist" dar, der unter Hitler um ein Haar hingerichtet worden wäre. Wahr ist, daß seine Filmkarriere 1943 in dem nationalsozialistischen Durchhaltefilm „Junge Adler" begann, daß er die Eliteanstalt Adolf-Hitler-Schule besucht hatte und schließlich Angehöriger der SS-Nibelungendivision war.

Als die Erfolgsschriftstellerin Utta Danella im Jahre 1983 während seiner Fernsehsendung die deutschen Soldaten lobte, sprang Hardy Krüger wütend auf und verließ entnervt das Studio.

Wolfgang Menge, 1924 geborener Fernsehmann, der früher Krimis schrieb, dann das TV-„Ekel" Alfred schuf, war auch verantwortlich für das WDR-Fernsehspiel „Ende der Unschuld" über den Bau der Atombombe. Menge brachte es dabei fertig, den Deutschen die US-amerikanische Atombombe auf Hiroschima zur Last zu legen. Menge: „Die amerikanische Bombe, die über Hiroschima abgeworfen wurde, ist nur ge-baut worden, weil man vor der deutschen Bombe Angst hatte. Der Abwurf hatte dann zwar andere Ursachen, aber im Grunde ist das auch unsere Bombe. Ohne die Deutschen hätte es diese Bombe nicht gegeben. Vielleicht gar keine."

Szene aus der WDR-Produktion „Ende der Unschuld". Rechts: Albert Einstein.

„Unsere Bombe" – Der Herr Menge, Sohn einer jüdischen Mutter, versteht das besitzanzeigende Fürwort wohl nicht bezogen auf Menschen jüdischer Herkunft. Zwar haben deutsche Wissenschaftler die Kernspaltung vollbracht, doch zum Massenvernichtungsmittel wurde die Technik in den 40er Jahren im militärischen Kernforschungszentrum der USA, Los Alamos, wo hauptsäch-lich jüdische Emigranten aus Europa wirkten. Der Präsident der USA, Roo-sevelt, wurde von niemandem anderen als von Albert Einstein schon vor Aus-bruch des Zweiten Weltkrieges zum Bau der Atomwaffe angestachelt. Jenem Einstein, der nach 1945 erster Präsident Israels werden sollte und der später eingestand: „Ich habe auf den Knopf gedrückt."

Ganz im antideutschen Sinne wirkt auch Dietmar Schönherr. Der linke Schau-spieler wurde 1925 in Innsbruck geboren. Sein eigentlicher Name ist Diet-mar (Edler) von Schönleiten. Nach dem Abitur in Potsdam 1943 erhielt er Schauspielunterricht und wirkte – wie Hardy Krüger – im NS-Durchhalte-film „Junge Adler" mit. 1944 veröffentlichte er ein Buch „Achtung Aufnahme". Ein Zeitgenosse: „Schönherr zeigte schon sehr früh seine Neigung, dem jeweiligen Zeitgeist stets einige Meilen voran zu sein. In den oberen Klassen des Gymnasiums jedenfalls verstummten die Gespräche, wenn Dietmar als überzeugter HJ-Führer und oft in Uniform auftauchte." Als kriegsfreiwilliger Fahnenjunker geriet er in Gefangenschaft. In den 50er und 60er Jahren spielte er in zahlreichen Kino- und Fernsehstücken mit.

Alice Schwarzer, „Emma"-Herausgeberin und TV-Schickimicki-Liebling, sagt: „Als ich mit 21 erstmals außerhalb von Deutschland, in Frankreich, lebte, habe ich mich geschämt für meinen deutschen Kopf. Schuldig fühle ich mich nicht, aber das Wort von der Kollektivscham leuchtet mir sehr ein."

Ulrich Wickert von den „Tagesthemen" hat keine besonders hohe Meinung von den Deutschen, aus deren Gebührengeldern er immerhin sein üppiges Honorar bezieht. In einem Interview sagte er 1991: „In Frankreich gibt sich selbst der einfache Mann Mühe, Stil zu entwickeln. Den dicken Deutschen hingegen fehlt jede Lebensart." Er habe als Korrespondent in Paris deutsche Touristen beobachtet: „In ihren langen, hellgrauen Regenmänteln mit uniformig breiten Schultern und Gürteln, die irgendwo zwischen Hintern und Unterschenkeln baumeln und ihnen die Figur von Kröten geben."

Wickerts Vater (geboren 1915) war als Diplomat Hitlers tätig, zum Zeitpunkt der Geburt des Sohnes in Tokio (1942). Wickert senior betätigte sich im Dritten Reich schriftstellerisch. 1938 zum Beispiel erschien seine Erzählung „Fata Morgana". Als sich das „Tausendjährige Reich" als Trugbild herauszustellen schien, schaltete Wickert senior um. Seit Anfang der 50er Jahre wieder im Auswärtigen Amt beschäftigt, stieg er zum Vertrauten des damaligen Außenministers Brandt auf, der ihn zum Leiter des Referates für „Strukturfragen des Ostens" erkor. Später leitete Erwin Wickert die deutschen Botschaften in Sofia und Peking. Sohn Wolfram, der Bruder von Tagesthemen-Wickert, wurde zum zweiten Mann in der Pressestelle von SPD-Kanzler Schmidt.

Barbara Wussow

Barbara Wussow, Tochter des aus Pommern stammenden Burgschauspielers und bekannten Fernsehdarstellers Klausjürgen Wussow, sowie Ehemann Albert Forell haben sich 1993 als engagierte Lebensschützer zu erkennen gegeben. Forell: „Abtreibung ist Mord!" Übrigens hat auch Peter Hahne, „heute"-Nachrichtensprecher vor einiger Zeit einmal gesagt: „Wir demonstrieren für den fern Nächsten in der Dritten Welt, aber der allernächste im dritten Monat ist schutzlos der Zerstörung ausgeliefert. Es gibt keinen Grund, Leben im Mutterleib zu vernichten. Wer das befürwortet, stellt sich außerhalb der Ordnungen Gottes."

Der Fall Werner Höfer

Über Jahrzehnte leitete Werner Höfer Woche für Woche den „Internationalen Frühschoppen" zunächst im Hörfunk- und schließlich auch im Fernsehprogramm. Dabei trat er immer wieder als antideutscher Umerzieher allerersten Ranges in Erscheinung. Schließlich stolperte er über seine eigene NS-Vergangenheit, die die „Deutsche National-Zeitung" schon früh aufdeckte. Sein wahrer Lebenslauf: Geboren im Jahre 1913 in Kaiseresch. Seine Nachkriegskarriere: 1946 bis 1961 Leiter der Aktuellen Abteilung des NWDR/WDR, 1964 Direktor des III. WDR-Fernsehens, 1972-1977 WDR-Fernsehdirektor (verantwortlich für 25 Prozent des ARD-Fernsehprogramms), danach Mitarbeiter beim „Stern" und schließlich ab 1972 Leiter des „Internationalen

Frühschoppens". Seine lang vertuschte Vorkriegskarriere: 1933 NSDAP-Eintritt, Mitarbeiter etlicher NS-Zeitungen. Propagandakompanie. April 1944 Pressereferent beim Reichsminister für Rüstung, Dezember 1944 Sachbearbeiter mit Ministerialzulage im Berliner NS-Machtzentrum. Er nahm an den geheimen Rüstungskonferenzen und Waffenvorführungen teil. Seine Artikel erschienen sogar auf Seite 1 von Dr. Goebbels' Renommierblatt „Das Reich".

Werner Höfer

1943 rechtfertigte Werner Höfer die Hinrichtung des 27jährigen Pianisten Karlrobert Kreiten wegen „Wehrkraftzersetzung": „Es dürfte heute niemand dafür Verständnis haben, wenn einem Künstler, der fehlte, mehr verziehen würde als dem letzten gestrauchelten Volksgenossen."

Im August 1942 fand im Berliner Rose-Theater eine Aufführung des Shakespeare-Stückes „Der Kaufmann von Venedig" statt. Darin geht es bekanntlich um das Treiben eines Juden namens Shylock. Theaterleiter Paul Rose trieb bei der Aufführung den damals grassierenden Antisemitismus auf die Spitze: Um die Besucher vollends zu verhetzen, mischte er Statisten unter das Publikum, die beim Auftreten Shylocks in gellendes Pfeifen, Schmährufe und Schimpfen ausbrachen. Während etliche Theaterbesucher von solch antijüdischer Propaganda angeekelt waren, weckte sie bei einem Zuschauer ganz besondere Begeisterung: Bei Werner Höfer. Er begeisterte sich dafür, daß die antisemitische Tirade des Paul Rose „fraglos eine entlarvende Zeichnung des Juden" gewesen sei. Besonders angetan hatte es Höfer ein Schauspieler, „der den Antonio mit der Noblesse des königlichen Kaufmanns ausstattete und so das rechte Gegenbild zum Schacherjuden schuf". Den Verantwortlichen der Aufführung bescheinigte Höfer schließlich „guten Instinkt". Der „Fall Höfer" hat aber noch eine andere Seite: Bemerkenswert war nämlich, wie „lieblos" der WDR seinen Musterschüler fallenließ, als sich die Schlinge um ihn zuzog. Höfers Brief an den damaligen WDR-Intendanten Friedrich Nowottny spricht Bände: „Ich ersuche den Westdeutschen Rundfunk, sich und mir jedwede öffentliche Bekundung zu ersparen zu meinem 75. Geburtstag und bei meinem Ableben." Erinnern wir uns: Als Werner Höfer in seiner Funktion als maßgeblicher WDR- und ARD-Etablierter noch kräftig und mächtig war, scharwenzelten dieselben, die dann über ihn herfielen, unterwürfig um ihn herum. Dem Programmdirektor Höfer lag die Welt zu Füßen, den Höfer, der zuletzt nur noch freier WDR-Mitarbeiter war, trat „die Welt" mit Füßen. Keiner der vielen tausend von Höfer zu seinem Frühschoppen eingeladenen Journalisten, angeblich die Creme der kritisch hinterfragenden „Weltpresse", hat es über Jahre hinweg gewagt, vor surrenden Kameras Kritik wegen seiner NS-Machenschaften zu üben.

Vier Jahrzehnte hatte sich Höfer voll und ganz in den Dienst der Umerziehung gestellt. Als es aber hart auf hart kam, ließ man ihn fallen wie die sprichwörtlich heiße Kartoffel.

Der Fall Riefenstahl

In ihrer Ausgabe Nr. 4/85 berichtete die „Deutsche National-Zeitung": „Leni Riefenstahl, berühmteste Filmkünstlerin der Welt, wehrt sich gegen Rufmord. Vor dem Freiburger Landgericht gelang ihr ein juristischer Teilerfolg gegen die linke Filmemacherin und 'Dokumentarfilmerin' Nina Gladitz. Diese mußte die ehrverletzende Szene aus dem Streifen 'Zeit des Schweigens und der Dunkelheit' entfernen, in der behauptet wird, Frau Riefenstahl habe 1940 sechzig Zigeunern, die sie für ihren 'Tiefland'-Film eingesetzt habe, entgegen vorherigen Versprechungen nicht geholfen, der Deportation nach Auschwitz zu entgehen."

Ein bezeichnendes Licht auf die Glaubwürdigkeit der Filmemacherin Gladitz wirft ihr Verhalten gegenüber ihrem Opfer. Sie hatte Leni Riefenstahl 1980 im Audimax der Freiburger Universität vor die Linse bekommen. Sie gab vor, ein TV-Porträt mit dem Titel „Große Künstlerinnen des Jahrhunderts" fertigen zu wollen. „Mit honigsüßen Formulierungen buhlte Nina Gladitz in einem Brief um ein Interview mit der ahnungslosen Greisin, das dann aber nicht zustandekam", heißt es in einem Zeitungsbericht. Nina Gladitz in diesem Schreiben an Leni Riefenstahl wörtlich: Sie hege „Verehrung und Bewunderung für Ihre große Kunst".

Es ist nicht das erste Mal, daß sich Leni Riefenstahl juristisch gegen Rufmord wehren mußte. 1949 wurde der einstige NS-Propagandist und Nachkriegs-Umerzieher Helmut Kindler von ihr angezeigt und wegen Verleumdung verurteilt – 600 Mark Geldstrafe oder 20 Tage Haft, Bezahlung der Gerichtskosten und Abdruck des Urteils in seiner „Revue" sowie drei anderen Blättern. Das Blatt hatte „enthüllt", Leni Riefenstahl habe „Filmsklaven" für ihre Arbeit eingesetzt.

Leni Riefenstahl setzte sich auch gegen einen Verlag durch, der verbreitete, sie verdanke ihre Karriere der Tatsache, daß sie nackt vor Hitler getanzt habe. Diese „Information" hatte Luis Trenker mittels (falschem) Tagebuch der Eva Braun ausgestreut. Vor der „Entnazifizierungs"-Spruchkammer konnte Riefenstahl 1952 den Vorwurf entkräften, in Polen Judenerschießungen beigewohnt zu haben. Udo Wolter, der für diese Verleumdung verantwortliche Redakteur, entpuppte sich bei dieser Gelegenheit als ehemaliger Korrespondent des „Völkischen Beobachters". Dr. Levison, jüdischer Vorsitzender der Spruchkammer, damals zu Frau Riefenstahl: „Wenn Sie eines Tages einen pflichtbewußten Zeugen brauchen, lassen Sie mich vorladen. Ich stehe Ihnen jederzeit zur Verfügung. Noch nie habe ich eine solche Verleumdungskampagne zur Zerstörung eines Menschenlebens erlebt."

Dennoch reißt die Hetze nicht ab: Den kläglichen Versuch eines Leni-Riefenstahl-Verrisses leistete sich 1994 das ZDF in der Dokumentation „Die Macht der Bilder". Die damals schon 92jährige wurde als „berühmt-berüchtigte Filmregisseurin des Dritten Reiches" nach dem bekannten Strickmuster „gewürdigt". In Wahrheit hatte Leni Riefenstahl niemals der NSDAP oder einer ihrer Gliederungen angehört.

Der Fall Wiesenthal

Am 8. Februar 1996 überraschte „Panorama" mit einem über 20 Minuten langen Beitrag über „Nazi-Jäger" Simon Wiesenthal die Fernseh-Nation. Die „Heldenfigur" Wiesenthal wurde nach allen Regeln der Kunst demontiert. Zwar wußten die Leser von „Deutscher National-Zeitung" und „Deutscher Wochen-Zeitung" schon seit Jahrzehnten von den erheblichen Widersprüchen im Leben des Simon Wiesenthal; doch für die Wahrheit ist es nie zu spät. Und so konnte „Panorama" den „Nazi-Jäger" als „inkompetent", und „egomanisch" entlarven. Man unterstellte ihm gar, „falsche Informationen" zu verbreiten und „falsche Spuren" zu legen. „Panorama" deckte am Beispiel der Jagd auf Adolf Eichmann im Jahre 1961 auf, wie Wiesenthal jahrzehntelang die Medien mit erfundenen Geschichten und Sensationsmeldungen bedient habe. Seine zahlreichen „Lügenmärchen" habe er dann gewinnbringend vermarktet. – „Er hat die Überlebenden des Holocaust belogen. Er hat uns alle belogen." So das Fazit von Eli Rosenbaum, Direktor jener Abteilung beim US-Justizministerium, die bis heute für die offizielle Nazi-Verfolgung zuständig ist. „Panorama"-Magazin-Chef Joachim Wagner: „Ohne diesen kompetenten Zeugen hätten wir es nie gewagt, diesen Beitrag zu machen."

„Nazi-Jäger" Wiesenthal

Ein Zitat, das die Zeitschrift „Transparenz in den Medien" zu folgender Stellungnahme veranlaßte: „Dieses Eingeständnis des einflußreichen NDR-Fernsehjournalisten ist entlarvend und wirft ein bezeichnendes Licht auf den publizistischen Umgang mit der Wirklichkeit. In diesem Sinne ist der 'Fall' des greisen, heute 87jährigen Wiesenthal auch ein Fall der Medien." Denn: „Über ein halbes Jahrhundert haben sie und ihre Macher, die angeblich so unabhängigen und unbestechlichen Journalisten, nie einen Versuch gemacht, die Tätigkeit von Wiesenthal zu hinterfragen oder gar kritisch unter die Lupe zu nehmen." Und weiter: „Das Versagen der Medien zeigt sich aber auch in der blinden Gläubigkeit gegenüber falschen Informationen, Spekulationen und bewußter Irreführung."

Im Jahre 1989 lief der international produzierte ZDF-Mehrteiler „Recht, nicht Rache" über die Mattscheibe. Die angeblich „authentische Geschichte des Nazi-Jägers". Wiesenthal wurde gespielt von dem britischen Schauspieler jüdischer Herkunft, Ben Kingsley (spielte auch schon Gandhi und Lenin). Kingsley nach einem Treffen mit Wiesenthal: „Zehn Minuten sprach er mit mir, dann hatte ich Tränen in den Augen. Gemeinsam hörten wir die Stimmen der Millionen Opfer des Holocaust."

Was bringt die Zukunft?
Fazit und Ausblick

Die Fernseh-Manipulation ist eines der großen unbewältigten Probleme unserer Zeit. Besserung ist auch am Horizont nicht erkennbar. Im Gegenteil: In allernächster Zeit schon werden 100 oder mehr Fernsehkanäle uns „beglücken". Doch was nach Meinungsvielfalt aussieht, ist in Wahrheit Gleichmacherei. Ungezählte TV-Programme der Zukunft liegen in der Hand weniger. Bertelsmann und Medienmogul Leo Kirch ziehen die Fäden. Trotz vieler neuer Fernsehprogramme spielt wahre Meinungsvielfalt praktisch keine Rolle. Kirch (70), der keine Interviews gibt, wird bald schon aus dem Vollen schöpfen können. Für Milliardenbeträge hat er sich die Übertragungsrechte für kommende Fußball-Weltmeisterschaften gesichert. Rund 15 000 Spielfilme und 50 000 Stunden Fernsehprogramme lagern derzeit im Kirch-Archiv.

Das TV-Monopol droht. Bereits heute verweilt der Fernseh-Konsument durchschnittlich weniger als zehn Minuten am Stück auf einem Kanal. Und dies nicht etwa, weil er die Programmvielfalt auskosten möchte, sondern weil er sich sprichwörtlich von Not nach Elend „zappt". Solche Untersuchungsergebnisse sind eigentlich bereits Demonstrationen der Gebührenzahler. Doch eine Lösung des Problems ist weiter denn je entfernt.

Die „Aktion Deutsches Radio und Fernsehen" (ARF), eine Aktionsgemeinschaft der DVU, hat schon vor weit mehr als einem Jahrzehnt einen Forderungskatalog vorgelegt, der an Aktualität nichts eingebüßt hat. Kernpunkt des ARF-Programmes: „Das vom deutschen Gebührenzahler finanzierte Programm in Rundfunk und Fernsehen hat sich in erster Linie am Lebensrecht und an den Lebensinteressen des deutschen Volkes zu orientieren. Es ist nicht einzusehen und untragbar, daß in deutschen Rundfunk- und Fernsehanstalten nichtdeutsche und antideutsche Belange mit großer Leidenschaft vertreten werden, die Rechte der eigenen Nation aber, zum Beispiel auf Gleichberechtigung unseres Volkes, keine Rolle spielen."

Dabei geht es sicher nicht darum, das Fernsehen von einem Propagandainstrument zum nächsten umzuwandeln. Doch ist es nach Auffassung ungezählter Bürger nur logisch, daß im Fernsehen zumindest das Gebot der Wahrheit herrschen sollte, besonders, wenn es um historische und politische Darstellungen geht. Dies müßte eine Selbstverständlichkeit sein.

Daß bei Sendungen auf das moralische Empfinden der breiten Mehrheit Rücksicht genommen werden sollte und auch der Schutz von Kindern und Jugendlichen gewährleistet bleiben muß, sind im Normalfall keine revolutionären Forderungen, sondern das Mindestmaß, an dem sich ein Fernsehprogramm, das von Gebührenzahlern finanziert wird, orientieren sollte.

Vor allem aber ist eine direkte Mitbestimmung der Gebührenzahler bei der Besetzung der Rundfunkräte geboten. Die Besetzung der Rundfunkräte bedarf in der Tat einer revolutionären Erneuerung, z. B. mit Einführung von Direktwahl durch das Volk. Hier muß sich die Bevölkerung wirklich repräsentiert fühlen. Geschaffen werden müssen wirkliche Kontrollinstanzen des TV-Programms. Die Fernsehwirklichkeit darf sich von der Realität nicht gänzlich entfernen.

Und: Anzustreben ist eine tatsächliche Meinungs- und Programmvielfalt; zu schaffen ist darüber hinaus auch Meinungsfreiheit. Wer diese untergräbt, kann mit unserer Demokratie nichts Gutes im Schilde führen. Hier ist jeder Wahrheitsliebende gefordert!

Der Hetze trotzen!
Anschriften von Fernsehsendern

Nachfolgend eine Auflistung von maßgeblichen Fernsehanstalten. Nicht selten macht es durchaus Sinn, Kritik oder auch Lob an die Sender oder die Verantwortlichen einer bestimmten Sendung zu richten. Besonders wichtig ist dabei die betont sachliche Formulierung. Beschimpfungen oder gar anonyme Schreiben bzw. Anrufe haben keine Chance, in die Programmgestaltung einzufließen, während besonnen vorgetragene Kritik von den Programmdirektionen oftmals durchaus ernstgenommen wird.

3 Sat, Postfach 4040, 55100 Mainz, Tel: (06131) 701,
   Fax: (06131) 706120
ARD Programmdirektion, Arnulfstraße 42, 80335 München,
   Tel: (089) 59002890, Fax: (089) 59003249
Arte, 2a, Rue de la Fonderie, F-67000 Straßburg, Tel: (003388) 522277
Bayerischer Rundfunk, Rundfunkplatz 1, 80335 München,
   Tel: (089) 590001, Fax: (089) 59002375
CNN International, CNN House, 19, Rathbone Place,
   GB-London W1P 1DF, Tel: (004471) 6376700, Fax: (004471) 6376738
DSF - Deutsches Sportfernsehen, Bahnhofstraße 27, 85774 Unterföhring,
   Tel: (089) 950020, Fax: (089) 95002392
Eurosport, 54, Avenue de la Voie Lactie, F-921000 Boulogne,
   Tel: (00331) 41412890
Hessischer Rundfunk, Bertramstraße 8, 60320 Frankfurt/M.,
   Tel: (069) 1551, Fax: (069) 1552900
Kabel 1, Bahnhofstraße 28, 85774 Unterföhring, Tel: (089) 9508070,
   Fax: (089) 95080754
Mitteldeutscher Rundfunk, Kantstraße 71, 04275 Leipzig,
   Tel: (0341) 55950, Fax: (0341) 5595544
MTV Europe, Hawley Crescent, GB-London, NW1 8TT,
   Tel: (004471) 2847777, Fax: (004471) 2847775
NBC Super Channel, Melrose House, GB-London E14 9QD,
   Tel: (004471) 4189418, Fax: (004471) 4189420
Norddeutscher Rundfunk, Gazellenkamp 57, 22529 Hamburg,
   Tel: (040) 41560, Fax: (040) 4155426
Österreichischer Rundfunk, Würzburggasse 30, A - 1136 Wien,
   Tel: (0043) 18 78 78, Fax: (0043), 17 78 78 - 3701

Ostdeutscher Rundfunk Brandenburg, August-Bebel-Straße 26, 14482 Potsdam, Tel: (0331) 723688

Premiere, Tonndorfer Hauptstraße 90, 22045 Hamburg, Tel: (040) 66800, Fax: (040) 66801199

Pro 7, Bahnhofstraße 28, 85774 Unterföhring, Tel: (089) 950010, Fax: (089) 95001230

Radio Bremen, Bürgermeister-Spitta-Allee 45, 28333 Bremen, Tel: (0421) 2461, Fax: (0421) 2462010

RTL, Aachener Straße 1036, 50858 Köln, Tel: (0221) 4560, Fax: (0221) 4562090

RTL 2, Jenfelder Allee 80, 22045 Hamburg, Tel: (040) 66885860, Fax: (040) 66885866

Saarländischer Rundfunk, Schloß Halberg, 66100 Saarbrücken, Tel: (0681) 6020, Fax; (0681) 6023874

SAT.1, Otto-Schott-Straße 13, 55127 Mainz, Tel: (06131) 9000, Fax: (06131) 900100

Sender Freies Berlin /Videotext ARD/ZDF, Masurenallee 8, 14057 Berlin, Tel: (030) 30310, Fax: (030) 3015062

Süddeutscher Rundfunk, Neckarstraße 230, 70190 Stuttgart, Tel: (0711) 9291, Fax: (0711) 9293305

Südwestfunk, Hans-Bredow-Straße, 76503 Baden-Baden, Tel: (07221) 920, Fax: (07221) 922021

Viva, Claudius-Dornier-Straße 5b, 50829 Köln, Tel: (0221) 956820, Fax: (0221) 9568282

VOX, Richard-Byrd-Straße 6, 50829 Köln, Tel: (0221) 95340, Fax: (0221) 95 34800

WDR Fernsehen, Appellhofplatz 1, 50667 Köln, Tel: (0221) 2201, Fax: (0221) 2204800

ZDF, Postfach 4041, 55101 Mainz, Tel: (06131) 702, Fax: (06131) 702157

Personenverzeichnis

Adam-Schwaetzer 12
Agayants 61
Alexander 110
Allen 115
Armengaud 123
Aronson 15
Aust 80
Baader 80, 138
Bach 131 f.
Bacque 125
Bahr 95
Baker 94
Banner 130
Barkholdt 97
Barron 61
Barschel 28
Beckenbauer 99
Becker 50
Bednarz 24 ff., 36
Beethoven 131 f.
Behling 124
Benedix-Engler 103
Bengt 118
Benrath 119
Ben Salem 92
Berger 90
Biolek 143 f.
Bismarck 37, 141
Boehm 17
Bogart 140
Bogen 129
Bondarjew 114
Borchert 142
Bormann 110 f., 128
Born 5, 19, 22 ff., 35
Bouteiller 56 f.
Brandt 148
Braun 100, 128, 151
Brauner 141

Breschnjew 134
Bresser 8 f., 34
Brill 30
Brock 75
Brosius 81 ff.
Bruch 7
Buchheim 120
Burghart 14, 35
Bush 38
Butler 124
Casdorff 137 f.
Chaplin 139
Christ 144
Christen 31
Christiansen 54
Chruschtschow 134
Churchill 110, 116
Clinton, H. 17
Curtiz 140
Cziffra 142 f.
Danella 147
Delmer 137
Derwall 104
Deubel 46
de Zayas 141
Diers 45
Dillinger 140
Dinort 123 ff.
Dittert 98
Dönitz 113, 120
Donovan 141
Donsbach 13
Dufour 39
Duncan 40
Ehrenburg 114
Eichelbaum 140
Eichmann 48, 151
Einstein 147
Engert 123 ff.

Ensslin 138
Erb 45 f.
Erdsiek-Rave 57, 73 f.
Eschwege 126
Esser 81 ff.
Eyck 142
Faßbender 144
Fassbinder 92
Fechner 130
Fiedler 98
Forell 148
Frenzel 46
Frey 5, 10, 35, 57,
    69 ff., 74 ff., 88
Friedman 58
Friedrich d. Große 141
Fröbe 144
Funcke 91
Furtenbach 86
Gandhi 152
Geffen 21
Geißendörfer 144
Geißler 146
Gemmer 47
Gerard 139
Ginsberg 136
Gladitz 150
Glaeser 106
Glas 145
Glöckner 98
Godfrey 75
Goebbels 9, 74 f.,
    109 f., 120,
    128, 130,
    136, 149
Goldmann 69
Göring 128
Gottschalk 19
Grätz 91

Grass 95
Groebel 17
Gütt, D. 137
Gütt, A. 137
Gutjahr 67
Gysi 12 f., 127
Haffner 111
Hagen 145
Hahne 148
Hallervorden 146
Hanske 50
Harig 133
Harris 113
Hart 110
Hase 98
Hauser 11
Heck 146
Heidenreich 146
Heinemann 15
Held 143
Herder 69
Herles 146
Herzog 56
Hess 111
Hitler 8 ff., 43, 48,
65, 68, 79, 100,
105 f., 109,
113 f., 119,
128 f., 132,
136 f., 139,
142, 147 f., 151
Hirsch 67
Höfer 149 f.
Hohmann 29
Holzamer 35, 136
Honecker 131
Hussein 33, 37 ff.
Ibrahim 38 f.
Irving 141
Jackson 141
Jäckel 125 f.
Jasow 134

Jauch 24 f.
Jelzin 94
Jens 34
Kahn 130
Kanther 91
Katz 103
Katzenberg 21
Kempf 115
Keneally 135 f.
Keppel 51
Kertesz 140
Kettl 15
Kienzle 11
Kiesbauer 24, 28
Kindler 150
Kingsley 152
Kinkel 42, 57
Kirch 153
Kishon 35
Kissinger 133
Klein 36
Klemperer, O. 130
Klemperer, W. 130
Klink 74
Knef 142
Knopp 9
Köchl 86
Koestler 133
Köhler 73 f.
Kohl 12 f., 120 f.
Koslow 134
Kotzebue 101
Krähling 88
Krebs 106
Kreindl 48
Kreiten 149
Kresnick 8
Krüger 147
Küchl 86
Kühnen 25
Küppersbusch 22, 31
Lancaster 119

Lange 98
Lang, F. 124
Lang, J. v. 48, 110 f.
Lanzmann 117 f.
Lemke 66 f.
Lenin 152
Lettmayer 27 f.
Lettow-Vorbeck 107
Levison 151
Leyendecker 35
Littbarski 99
Lion 124
Loch 137
Lubeley 35
MacArthur 40
Mallebrein 101
Mandela 94
Mann 142
Matthäus 99
Meinhof 80, 138
Meißner 30
Menge 51, 147
Meyer 10
Milch 125
Mira 92
Mitchum 115
Mohler 46 f.
Mommertz 108
Mozart 131 f.
Mühe 109
Mühlen 118
Müller, E. 98
Müller, H. 93
Müller, K. 98
Mussolini 100
Naumow 114
Neubert 124
Nichols 35
Nipkow 7
Nissen 16
Northrup 75
Nowottny 150

Ophüls 117
Patterson 13
Pfefferberg 135
Piechocki 48, 110
Piekalkiewicz 104
Pinter 132
Pleitgen 33 f.
Posser 48
Postman 7
Pretzel 111
Pribill 30
Quadflieg 113 f.
Raspe 138
Reichow 91
Reitlinger 105
Riefenstahl 150
Ristau 43
Röhl, H. 36
Röhl, K. 36
Rökk 114
Roland 50
Roman 94
Roosevelt 140, 147
Roschmann 135
Rose 149
Rosenbaum 151
Rosh 125 ff., 138
Rost 114
Rudel 104, 124
Rühle 103
Saft 35
Sager 101
Sager-Zille 53 f.
Saur jr. 129
Saur sen. 129
Schäfer 31
Scharping 12
Schatzberg 132
Schell 143
Schindler 135
Schirinowskij 21, 36, 41 ff.

Schmidt, H. 100, 148
Schmidt, R. 12
Schmitt 83
Schnitzler 136 ff.
Schön 104
Schönherr 147 ff.
Schönhuber 36
Schorlemmer 54
Schreiber 83
Schumacher 98 f.
Schumann, H. 132
Schumann, R. 98
Schwarzer 148
Schwarzkopf 37
Schwerin 53 f.
Seghers 122
Selas 129
Sell 103
Shakespeare 149
Sigel 123, 125
Simonis 58
Sinkel 119
Smirnow 133
Sollmann 141
Sommer 13
Spaight 110
Spanner 133
Speer 102, 129
Spielberg 21, 135
Stalin 114, 118 f., 134, 140
Staudte 142 f.
Stoltenberg 28
Stouffer 31
Stromberger 52
Strothmann 129
Süßmuth 12
Taege 112 f.
Tanenbaum 49
Thatcher 94
Tittmann 36
Toelle 51

Trenker 151
Uhlmann 132 f.
Ulbricht 105, 137, 142
Ulrich 56
Uphoff 98
Vetten 104
Vollmer 133
Wagner, J. 151
Wagner, K. 30
Wagner, R. 132
Waldheim 100, 146
Wedel 48
Weidinger 112
Weller 98
Weirich 34
Wicki 114
Wickert, E. 148
Wickert, U. 64, 148
Wickert, W. 148
Wiebel 43
Wiesenthal 151 f.
Wischnewski 51
Wolf, F. 105
Wolf, K. 105
Wolf, M. 105
Wolter 151
Woronzow 119
Wouk 115 f.
Wuermeling 111
Wussow, B. 148
Wussow, K. 148
Zaun 39
Ziel 53 f.
Zinnemann 122
Zimmermann 32